Freier
Herausgegeben vom Prostituiertenprojekt Hydra

# Freier
## Das heimliche Treiben der Männer

Herausgegeben
vom Prostituiertenprojekt Hydra

Die Autorinnen:

Helga Bilitewski
Maya Czajka
Claudia Fischer
Stephanie Klee
Claudia Repetto

Galgenberg

Danke an:

Bärbel Röder
Beate Leopold
Birgitt Stark
Christiane Beck
FreundInnen und Freier
unsere Interviewpartner
Margret Rosing
Michael Sommer
Monika Hofmann
Ruth Nicolai
Wolfgang Heckmann

Die Deutsche Bibliothek — CIP-Einheitsaufnahme
**Freier** : das heimliche Treiben der Männer / hrsg. vom Prostituierten-Projekt Hydra. - 1. Aufl. - Hamburg : Galgenberg, 1991
ISBN 3-87058-103-4
NE: Prostituiertenprojekt Hydra


Redaktion: Susanne Wallbaum
Titelgestaltung: Johannes Nawrath
unter Verwendung eines Motives von Ernst Ludwig Kirchner
Lithographieherstellung: Druckerei in St. Pauli
Satzherstellung: Axel Eiling, Kaufungen
Gesetzt aus der Garamond-Buch
Druck und Bindung: Bercker Grafische Betriebe Kevelaer
1. Auflage September 1991
ISBN 3-87058-103-4

Für die schweigende Mehrheit

# Inhaltsverzeichnis

# VORWORT

Prostitution war und ist in unserer Gesellschaft ein tabuisierter, mit Vorurteilen, aber auch stets mit voyeuristischem Interesse betrachteter Bereich. Die am Prostitutionsgeschäft Beteiligten genießen dabei unterschiedliche Aufmerksamkeit.

Der Prostitution nachgehende Frauen — Prostituierte, Huren, Nutten, Dirnen, Freudenmädchen, Liebesdienerinnen, käufliche, leichte oder gefallene Mädchen, wie auch immer sie bezeichnet werden — sind Objekt der vielfältigsten Begierde und des unterschiedlichsten öffentlichen Interesses. Jede/r meint, über sie Bescheid zu wissen. Den Prostituierten werden alle möglichen beziehungsweise eher unmöglichen Eigenschaften unterstellt, vorhandene Moralvorstellungen und bestehende Rechtsnormen tragen wesentlich zu ihrer gesellschaftlichen und individuellen Diskriminierung bei. »In der Vorstellung der allgemeinen Bevölkerung ist die Prostituierte in der Regel ein gewissen- und gefühlloses Sexmonster, geistig minderbemittelt, ein Ansteckungsherd für alle möglichen Geschlechtskrankheiten und unfähig, selbstverantwortlich für ihre Gesundheit zu sorgen.« (Hydra, »Beruf: Hure« S. 142) Prostituierte werden jedoch auch mit Faszination betrachtet. So wären manche Opern, Musicals, Dramen, Lustspiele, Romane, Erzählungen, Filme und vor allen Dingen Krimis ohne die Prostituierte als wesentliche Protagonistin unvorstellbar beziehungsweise gar nicht erst geschrieben worden.

Um ihre Kunden jedoch, die Freier, besteht ein großes Geheimnis, sie sind der tabuisierte Teil des Prostitutionsgeschäftes. Keiner will es gewesen sein, kein Mensch kennt sie, man könnte beinahe denken, es gäbe sie gar nicht.

Auch die Wissenschaft trug bislang nicht viel zur Erhellung des Dunkels um die Freier bei. Zwar wurden seit Anfang dieses Jahrhunderts in zahlreichen wissenschaftlichen Publikationen unterschiedliche Theorien für den Ursprung der Prostitution entwickelt. Im Mittelpunkt vielfältigster Abhandlungen steht jedoch auch hier fast ausschließlich die sich prostituierende Frau — sie ist das bevorzugte Objekt diverser Untersuchungen. Je nach Erklärungsansatz gilt sie entweder als unverbesserlich asozial oder als Opfer elender Verhältnisse und/oder brutaler Männer.

Biologisch orientierte Erklärungsansätze unterstellen der Prostituierten zum Beispiel eine starke geschlechtliche Sinnlichkeit oder gingen von der geborenen Dirne, die das Gegenstück des geborenen männlichen Verbrechers sei, aus. Ökonomische Theorien führen die Prostitution auf die materielle Situation der Frau, insbesondere auf Arbeitslosigkeit und niedrigen Lohn, zurück. Milieutheorien stellen Zusammenhänge zwischen sozialer Herkunft und Prostitutionstätigkeit her. Weitere Untersuchungsansätze erklären die Prostitution aus einer Verschränkung von Anlage- und Umweltbedingungen, und neuere Publikationen beziehen sich auf den labeling approach* beziehungsweise enthalten feministische Erklärungsansätze oder ökologisch und ökonomisch fundierte Analysen. Daneben melden sich verstärkt (Ex-)Prostituierte selbst zu Wort und wehren sich in Selbsterfahrungsberichten oder Interviews gegen gängige Vorurteile und einseitige Betrachtungsweisen. »Wir sind Frauen wie andere auch«, so die selbstbewußte Aussage der Hurenbewegung.

Herrschende Moralvorstellungen und Vorurteile sind bekanntlich zählebig, Hure bleibt Hure, und mit »so einer« will man(n) lieber nichts zu tun haben, färbt doch das negative Image der Prostituierten auf ihre Kunden ab. Freier existieren lediglich als anonyme, konturlose Masse. Undenkbar, daß ein Freier sich der Öffentlichkeit stellt und dann auch noch die Popularität beispielsweise einer Domenica erreicht. Ist es die Angst vor Diskriminierung, die Kapitulation vor der die Prostitution verurteilenden öffentlichen Moral? Warum geben nur wenige Männer zu, die Dienstleistungen von Prostituierten in Anspruch zu nehmen? Gilt doch sexuelle Aktivität und Promiskuität als Zeichen von Potenz und somit von Männlichkeit. Oder ist es etwa die Tatsache, daß es bei Prostituierten nichts umsonst gibt und alles seinen Preis hat, die die Kunden davon abhält, zu ihrem Freiersein zu stehen?

* labeling approach = theoretischer Ansatz der Soziologie des abweichenden Verhaltens; wonach abweichendes Verhalten nicht durch das Verhalten selbst, sondern durch die Interaktion zwischen einem Menschen, der eine Handlung begeht, und Menschen, die darauf reagieren, »konstruiert« wird (auch als »Ansatz der gesellschaftlichen Reaktion«, »Etikettierungsansatz«, »Stigmatisierungsansatz« oder »Interaktionistischer Ansatz« bezeichnet)

Analog der allgemeinen Vorstellung von der Hure als geistig minderbemitteltem, gewissen- und gefühllosem Etwas gilt der Freier als häßlich, fett und frauenverachtend, als ein Mann, »der es nötig hat, zu »so einer« zu gehen«, weil »er eine andere nicht abkriegt«. Einerseits ist es daher zwar durchaus verständlich, daß Freier nicht gern zugeben, welche zu sein. Andererseits werden die gängigen Vorurteile durch diese Unpersonifizierbarkeit nur noch genährt. Salopp ausgedrückt: Der Mangel an Anschauungsmaterial verführt immer zu Spekulationen. Wer sich nicht vom Gegenteil überzeugen kann, hält seine Überzeugung für real, egal wie (un)realistisch sie ist. Oder: Alles, was man nicht sehen und anfassen kann, existiert nicht.

Da nützt es leider wenig, wenn Prostituierte immer wieder sagen, Freier seien eigentlich ganz normale Männer, jedenfalls keine Wesen von anderen Sternen. Im Gegenteil, man glaubt ihnen nicht. Wahrscheinlich enthält diese Aussage zuviel Bedrohliches, denn wenn sie stimmt, dann könnte ja jeder ein Freier sein: also auch der Kollege oder der Nachbar oder der Freund oder der Bruder oder der Vater oder der eigene Ehemann — oder man(n) selbst.

Zumindest muß es eine ganze Menge Freier geben. In der Literatur wird je nach Autor/in die derzeitige Zahl der Prostituierten in Deutschland mit 60.000 bis zirka 200.000 angegeben. Expertinnen und Kennerinnen der Szene, wie Prostituiertenprojekte, gehen von zirka 400.000 Prostituierten aus. Die Schwankungen resultieren unter anderem aus unterschiedlichen Begrifflichkeiten. Während die einen nur die bei den Gesundheitsämtern als Prostituierte registrierten Frauen als solche rechnen, beziehen andere die nicht registrierten und Gelegenheitsprostituierten in ihre Angaben ein. Aus diesen Angaben lassen sich zumindest auf die Anzahl der Freier Rückschlüsse ziehen. »Wenn jede Prostituierte in der BRD täglich auch nur zwei Kunden hat (Urlaub und Gelegenheitsprostituierte eingerechnet, manche haben täglich auch über zehn Kunden), dann sind es den offiziellen Schätzungen zufolge pro Tag 400.000 Männer, die Prostituierte aufsuchen.« (Schmackpfeffer, »Frauenbewegung und Prostitution« S. 85)

Vermehrt ins Blickfeld der Öffentlichkeit rückt der Freier erst seit der Existenz von HIV/AIDS. Die Angst vor einem Eindringen des Virus in die heterosexuelle Bevölkerung und die Notwendigkeit von HIV-präventiven Maßnahmen und Verhaltensweisen führten dazu, daß Fragen nach dem Freier nicht mehr nur hinter vorgehaltener Hand, sondern auch öffentlich und unter wissenschaftlichen Aspekten gestellt wurden. Verschiedene Untersuchungen bemühen sich um eine Charakteristik von Kunden weiblicher Prostituierter und entwickeln Ansatzpunkte für Freierorientierte HIV-Präventionsstrategien.*

Obwohl sich kein zwangsläufiger Zusammenhang zwischen Prostitution und HIV/AIDS feststellen läßt, gelten Prostituierte häufig als Risikofaktor für die heterosexuelle Bevölkerung. Professionelle Prostituierte stellen jedoch keine Hauptbetroffenengruppe dar, und die Annahme einer HIV-Gefährdung der heterosexuellen Bevölkerung durch Prostituierte erweist sich aufgrund vorliegender Untersuchungen als nicht haltbar.

Einem Rechenexempel zufolge ist im Gegenteil das Risiko der Prostituierten, durch einen Freier mit HIV infiziert zu werden, bedeutend höher als das der Freier, sich bei einer professionellen Prostituierten anzustecken. »Wenn die HIV-Prävalenz** bei Freiern der durchschnittlichen HIV-Prävalenz von allen überwiegend heterosexuellen Männern im Alter von 20 bis 60 Jahren entspricht, kann bei Freiern von einer HIV-Prävalenz von zirka 0,07 % ausgegangen werden. Wenn davon ausgegangen wird, daß Prostituierte eine HIV-Prävalenz von 1 % aufweisen und daß ein Freier im Durchschnitt sechsmal pro Jahr zu einer Prostituierten

* U.a. Gersch/Heckmann/Leopold/Seyrer (1988): »Drogenabhängige Prostituierte und ihre Freier«. Kleiber/Velten/Jacobowski (1990): »Soziale und psychologische Charakteristika von Besuchern weiblicher Prostituierter«. Kleiber/Wilke (1991): »AIDS und Sextourismus. Untersuchung zu sozialen und psychologischen Charkateristika deutscher Sextouristen«.

** Die HIV-Prävalenzrate gibt an, wie hoch der Anteil HIV-Infizierter an einer entsprechenden Grundgesamtheit beziehungsweise einer Untersuchungsgesamtheit ist. Die folgende Annahme einer HIV-Prävalenz von 1 % bei Prostituierten beruht auf durchgeführten Untersuchungen an ausgewählten Gesundheitsämtern, wonach 1 % der im Rahmen dieser Untersuchungen auf HIV-Antikörper getesteten professionellen Prostituierten HIV-infiziert war. Dies bedeutet jedoch nicht, daß 1 % aller Prostituierten HIV-positiv ist. Nach offiziellen Angaben des Bundesgesundheitsamtes wurden bislang in der Bundesrepublik Deutschland seit 1982 insgesamt knapp 45.000 HIV-Infektionen diagnostiziert, der Frauenanteil beträgt knapp 15 %.

geht, würde ein Freier im Durchschnitt einmal in 17 Jahren auf eine HIV-infizierte Prostituierte treffen. Umgekehrt würde eine Prostituierte bei einer HIV-Prävalenz der Freier von 0,07 % und bei drei Freiern pro Tag im Durchschnitt alle 500 Tage auf einen HIV-infizierten Freier treffen.« (Mielck, »Weibliche Prostitution und HIV-Ausbreitung« S. 186)

Daraus dürfen Freier jetzt natürlich nicht den Schluß ziehen, sie könnten ohne Bedenken bei Prostituierten auf das Kondom verzichten. Wie sie es überhaupt mit dem Kondom halten und welchen Einfluß HIV/AIDS auf ihr »öffentliches« und privates Sexualverhalten hat, waren nur einige von vielen Fragen, die Freiern im Rahmen der vorliegenden Studie gestellt wurden.

Bislang galt es immer als ausgesprochen schwierig, wenn nicht sogar unmöglich, ernsthafte und verallgemeinerbare Aussagen von Männern über ihre Prostitutionserfahrungen und vor allen Dingen über ihre Motive zum Prostituiertenbesuch zu gewinnen. Charakterisierungen beziehungsweise Typologien von Freiern wurden daher eher aufgrund von Befragungen von Prostituierten oder aufgrund teilnehmender Beobachtung im Milieu erstellt. Daß Männer sehr wohl bereit sind, ausführlich auf diverse und sehr intime Fragen rund um ihre Prostitutionserfahrungen zu antworten, beweist die vorliegende Studie, für die Kunden von weiblichen Prostituierten unter anderem über ihre Motive, ihre sexuellen Vorlieben, ihr Verhältnis zu Prostituierten einerseits und zu »soliden« Frauen andererseits befragt wurden.

Diese Untersuchung ist aus mehreren Gründen bemerkenswert: Die Idee entstand aus der beruflichen Praxis und aus den Erfahrungen der Mitarbeiterinnen im Prostituiertenprojekt HYDRA heraus. Sie wollten wissen, ob ihre über Jahre hin vertretene These, es gäbe keinen speziellen Freier-Typ und jeder Mann sei ein potentieller Freier, wissenschafltich haltbar ist. Wurde doch oft genug unterstellt, Aussagen dieser Art seien nur Wunschdenken und durch nichts bewiesen. Das Erkenntnisinteresse ging also dahin, entsprechende Aussagen über Freier nicht nur durch bisherige praktische Erfahrungen zu legitimieren, sondern überprüfbare und soweit wie möglich verallgemeinerbare Aussagen treffen zu können. Was lag also näher, als Freier selbst zu befragen und die Ergebnisse einer breiten Öffentlichkeit vorzustellen?

Es handelt sich um eine offen parteiliche Studie, parteilich für Prostituierte und ihre Kunden. Die Ergebnisse verlieren dadurch nichts von ihrem Wert; jeder Schritt dieser Untersuchung hält wissenschaftlichen Standards stand.

Diese Studie wurde von keiner Seite finanziell gefördert. Sie wurde von Anfang bis Ende, von der Entwicklung der Fragestellungen über die Durchführung der Interviews bis hin zu deren dezidierter Auswertung von allen Beteiligten neben ihrer eigentlichen Tätigkeit in unbezahlter Arbeit geleistet.

Ich wünsche mir, daß diese Untersuchung einige Aha-Erlebnisse vermittelt und daß sie dazu beiträgt, das Tabu um die Kunden von Prostituierten zu brechen und bestehende (Vor-)Urteile über beide am Prostitutionsgeschäft beteiligten Seiten, die Hure und den Freier, zu revidieren. Anstöße zur Diskussion sind jedenfalls zur Genüge enthalten.

Beate Leopold

1

## WARUM DIESE FREIERSTUDIE?

Wer sind die ominösen Freier? Was wollen sie? Was machen sie? Was sind ihre geheimen Wünsche, und warum kennt sie niemand? Angeblich niemand!

»Angeblich«, weil wir sie ja schon immer kannten, tagtäglich und Nacht für Nacht mit ihnen zu tun haben, mit ihnen »verkehren«, die meisten mögen und achten, weil wir Spaß mit ihnen haben, Zeit mit ihnen verbringen, von ihnen lernen, an ihnen wachsen, uns im Kontakt mit ihnen persönlich weiterqualifizieren und Geschäfte mit ihnen machen. Sie sind unsere Geschäftspartner, unser Pendant, unsere zweite Seite, ohne die wir nicht existierten und nicht das wären, was wir sind: Prostituierte.

Natürlich kennen wir sie! Zum Teil kennen wir ihre Namen, ihre Adressen, ihre familiäre und berufliche Situation, ihren gesellschaftlichen Status und ihren Einfluß. Und immer haben wir darüber Stillschweigen bewahrt, haben uns in absoluter Verschwiegenheit geübt, um das Geheimnis — ihr Geheimnis — nicht zu lüften; wenn überhaupt, haben wir Pauschalurteile abgegeben und unser Wissen allgemein kundgetan, um einzelne Freier nicht zu kompromittieren.

In anderen Geschäftsbereichen ist es durchaus üblich und auch erforderlich, die Wünsche und Bedürfnisse und das Verhalten der Konsumenten zu erforschen und zu analysieren! Ohne Marktanalysen ist unsere kapitalistische Industriegesellschaft nicht mehr zu denken. Wir dagegen haben ganz andere Erfahrungen gemacht. Wenn wir über unsere Kunden sprachen, stießen wir auf Desinteresse, Unglauben und auch auf Skepsis. Niemand wollte uns glauben, daß — mit einem Schlagwort gesagt — jeder Mann ein potentieller Freier ist, zum Beispiel auch der Nachbar, der seriöse Kollege und Vorgesetzte, der Bäcker an der Ecke, der Taxifahrer und der Fabrikmalocher, der renommierte Rechtsanwalt und der sich an der Diskriminierung von Prostituierten beteiligende Polizist oder Richter. Aber auch der Moral predigende Priester, der reisende Geschäftsmann und, nicht zu vergessen, die Politiker jeglicher Coleur; und — was Frauen besondere Angst macht — auch der Vater, Ehemann und/oder Partner. Wir finden ihn in jedem Land, in jeder gesellschaftlichen Schicht, in jeder Berufssparte, jeden Glaubens und jeden Alters, arm und reich.

Er ist: Otto Normalverbraucher!

Der Begriff Prostitution ist ein Reizwort wie kaum ein anderer. Wissenschaftler und Pseudowissenschaftler sehen sich seit Jahrhunderten genötigt, ihre Forschungen über Prostituierte durchzuführen, sei es aus medizinischer, psychologischer, soziologischer, juristischer oder kriminologischer Sicht. Und manch ein(e) JournalistIn (oder auch StudentIn, DoktorandIn) trug dazu bei, Vorurteile über das Prostitutionsgeschäft festzuschreiben. Über die Kunden von Prostituierten, die Freier, gibt es so gut wie keine Untersuchungen, Analysen oder Einschätzungen, Bilder oder Berichte.

Das fiel uns im Rahmen unserer elfjährigen HYDRA-Arbeit auf, und wir fragten uns: Warum war der Freier nie für die Wissenschaft von Interesse? Warum stürzten sich nie die Medien auf ihn oder suchten ihn zumindest? Kennt ihn niemand?

AIDS veränderte alles. Schon bald nach Bekanntwerden der Immunschwächekrankheit standen die Prostituierten, hier in Deutschland bereits seit 1985, mehr und mehr im Rampenlicht. Doch die Spots waren wieder nur auf die Prostituierten gerichtet, auf die Frauen und Männer, die anschaffen gehen. Durch HIV/AIDS gerieten die Prostituierten zudem unter immer stärkeren Druck, denn sie bekamen — ungeprüft — den Status von TäterInnen. Sie wurden zu denjenigen erklärt, die die Männer mit der Krankheit anstecken und der Volksgesundheit schaden.

So nannte die damalige Bundesgesundheitsministerin Rita Süssmuth in der ersten Aufklärungsschrift, die Mitte 1985 allen Haushalten als Hauswurfsendung zuging, den Kontakt mit Prostituierten »gefährlich« und warnte davor. Im Bayerischen AIDS-Maßnahmenkatalog wurden speziell für Prostituierte besondere Maßnahmen per Verordnung und mit Gesetzeskraft eingeführt. Seitdem haben unsere Kolleginnen in Bayern bei allen geschäftlichen Sexualkontakten Kondome zu benutzen, sich regelmäßig dem HIV-Antikörper-Test zu unterziehen und müssen bei Zuwiderhandlungen Geldbußen und sogar Berufsverbote hinnehmen.

Dieser »Lex Bavaria« schlossen sich die Städte Oberhausen und Bochum mit einer sogenannten »Kondomverordnung« an, obwohl die Bundesregierung zum damaligen Zeitpunkt bereits erklärtermaßen eine Aufklärungspolitik betrieb und damit auf eine Veränderung des Sexualverhaltens zielte. Zwangsmaßnahmen wurden wegen ihrer Unwirksamkeit grundsätzlich abgelehnt. Daß Politiker Maßnahmenkataloge für Prostituierte entwickelten, mag man noch mit Unkenntnis entschuldigen, aber daß Gesundheitsämter diesen Beispielen folgten, können wir nur als Schikane gegenüber Prostituierten verstehen. Diese Ämter müßten sich zuallererst hinter die Prostituierten stellen und darauf hinweisen, daß nur der Mann, der Freier, das schützende Kondom benutzen kann.

Kondome sind für Schwänze da!

Die Gesundheitsämter wußten auch, daß Prostituierte, damals wie heute, epidemiologisch nicht zu den Hauptbetroffenengruppen gehören. Denn gleich nach Bekanntwerden der Krankheit testeten sie die registrierten Prostituierten, selten anonym und oft ohne Wissen der Frauen. Sie fanden zu ihrer eigenen Überraschung keine HIV-Infizierte, die sich bei der Ausübung ihres Berufes angesteckt hatte. (So gab es zum Beispiel in Nürnberg eine Studie und Massentestung, angeblich zum Schutz der dort stationierten US-Soldaten.)

Es zeigt sich deutlich, daß Prostituierte »Objekte besonderer Beobachtung« sind und dadurch diskriminiert werden. Die Zwangsmaßnahmen betreffen nur sie, nicht aber alle polygam lebenden Menschen und schon gar nicht die Freier!

Doch auch die Medien, selbst die feministische Zeitschrift EMMA, erklärten noch 1990 »Prostituierte als gefährlich«. Das macht uns zornig. Denn nicht die sich prostituierende Frau und auch nicht das Geschäft, die Prostitution, sind gefährlich, sondern ausschließlich der ungeschützte Geschlechtsverkehr. Schützen kann sich jede/jeder nur selbst. Das beweist einmal mehr, daß noch viel Aufklärungsarbeit und Bewußtseinsbildung vonnöten sind. Es kann nicht länger angehen, daß Prostituierten einseitig der Status von Täterinnen zugeschrieben, während ihre Geschäftspartner, die Freier, völlig außer acht gelassen werden. Bei der »käuflichen Liebe« gibt es immer mindestens zwei Beteiligte.

*Wer sind die ominösen Freier?*

In unserer Projektzeitung, dem »Hydra-Nachtexpress, Zeitung für Bar, Bordell und Bordstein«, stellten wir bereits 1988 folgende Berechnung an: »In der Bundesrepublik arbeiten nach Schätzungen zirka 400.000 Prostituierte. Geht man davon aus, daß jede Frau pro Tag 3 Kunden hat, heißt das, daß täglich 1,2 Millionen Männer Prostituierte aufsuchen. Diese Zahl kann man natürlich nicht mit 365 Kalendertagen pro Jahr hochrechnen (Feiertage und Urlaub sind zu berücksichtigen, manch eine Frau arbeitet nur wenige Tage im Jahr, und Doppelzählungen der Freier sollen auch vermieden werden), aber sie mit 10 Tagen zu multiplizieren, scheint uns als Minimalansatz realistisch.

Demnach gibt es in der Bundesrepublik: 1,2 Millionen Freier x 10 Tage = 12 Millionen Freier.

Knapp 60 Millionen Einwohner leben zur Zeit (1988) in der Bundesrepublik, und schätzungsweise die Hälfte davon sind Männer, das heißt, knapp 30 Millionen Männer, wovon sich zirka 16 Millionen Männer derzeit im geschlechtsaktiven Alter (Kinder und alte Menschen ausgeschlossen) befinden. Stellen wir diese beiden Zahlen — *12 Millionen Freier und 16 Millionen Männer im geschlechtsaktiven Alter* — gegenüber, so müssen wir sagen, daß es sich bei 3 von 4 Männern um Freier handelt (unberücksichtigt blieben bei diesem Zahlenbeispiel die Schwulen).«

3 von 4 Männern haben demnach Erfahrungen mit Prostituierten! (Seit der deutschen Vereinigung sieht das Zahlenbeispiel natürlich anders aus; aber es wäre denkbar, daß sich die Situation in den neuen Bundesländern innerhalb weniger Jahre der in den alten angleichen wird.)

Mit der AIDS-Hysterie und der damit einhergehenden zunehmenden Diskriminierung von Prostituierten setzte eine wachsende Mobilisierung, Bewußtwerdung und Politisierung von Prostituierten ein. Wir sind selbstbewußter geworden, vertreten unsere Forderungen selbst und setzen uns für unsere Rechte ein. Vor allen Dingen lassen wir uns nicht mehr von anderen »erforschen«, sondern berichten selbst von unseren Lebens- und Arbeitsbedingungen. Und wir finden in der Gesellschaft und bei den politisch Verantwortlichen zunehmend Gehör und gewinnen Einfluß.

Dabei verblüfft uns jedoch immer wieder, wie wenig unsere Kunden zu uns stehen. Sie verbringen ihre Zeit mit uns, vertrauen uns ihre Sorgen und Nöte an, leben mit uns ihre sexuellen Bedürfnisse aus und verlassen uns in der Regel befriedigt. Aber sie stehen nicht zu ihrem Tun! Sie beteiligen sich darüber hinaus sogar beruflich und privat an der Diskriminierung von Prostituierten! Und sie reden schlecht über uns! Das macht uns nicht nur wütend, ist nicht nur enttäuschend für uns, sondern vor allem unverständlich. Was sind Freier für Menschen, daß sie Prostituierte für ihre sexuelle Befriedigung, als Freundinnen und Vertraute benutzen, ohne Konsequenzen daraus zu ziehen? Warum helfen sie uns nicht bei dem Abbau von Diskriminierung und bei unserem Kampf um Anerkennung unseres Berufes? Unverständlich ist uns ihr Verhalten auch deshalb, weil die Diskriminierung von Prostituierten gleichzeitig ihre eigene Diskriminierung bedingt.

Eigentlich müßten Prostituierte viele Freunde haben!

Natürlich stimmt auch das gängige Bild vom Freier nicht. Sein Status ist in der öffentlichen Meinung vergleichbar mit dem stigmatisierten Status der Prostituierten: Er sei intellektuell minderbemittelt, sexuell verklemmt, krank, gefährlich, ein Sexmonster — auf keinen Fall normal und liebenswert!

Dieses negative Bild vom Freier droht zudem ständig auf die Prostituierte zurückzufallen. Sein Stigma wird zu ihrem Stigma: Wenn sie sich mit *solchen* Männern abgibt, dann kann sie selbst doch nicht normal sein!

Mit der vorliegenden Studie wollen wir mit diesen Vorurteilen aufräumen und eine Bestandsaufnahme der Freier vorlegen, die ihre Individualität, ihre positiven und negativen Verhaltensweisen zeigt. Gleichzeitig wollen wir aufklären über die sexuellen Bedürfnisse von Männern, wobei der Besuch bei einer Prostituierten und die sexuelle Befriedigung gegen Geld nur eine von vielen Formen ist, seine Sexualität auszuleben. Vor allen Dingen wollten wir der Frage nachgehen: Sind Freier anders als andere Männer? Sind Freier gar die bewußteren und selbstbewußteren Männer, die die Einengung, die traditionelle, verkrustete, von Zwangsmonogamie geprägte Sexualklischees bedeuten, überwunden haben, sich über ihre sexuellen Wünsche im klaren sind und sie ausleben; Männer die gleichzeitig auch gegenüber anderen Menschen und deren Sexualität tolerant sind?

Auch wollen wir eine Lanze für unsere Kunden brechen und sie unterstützen, zu ihrem Tun zu stehen, und zwar nicht nur im vertraulichen Gespräch mit Freunden und Verwandten, sondern auch in der Öffentlichkeit. Nur so ist langfristig eine größere Akzeptanz gegenüber dem Freiersein zu erreichen. Wir wollen das Coming-out des Freier fördern — nicht zuletzt in unserem ureigensten Interesse.

Wenn der Freier zu seinem Tun stehen kann und keine Diskriminierungen befürchten muß, ist er auch für gesundheitliche Aufklärungsmaßnahmen (Informationen über Geschlechtskrankheiten einschließlich HIV/AIDS) eher ansprechbar und wird sich eher präventiv verhalten. Denn solange Freier zumindest einen Teilbereich ihrer Sexualität verdrängen, sind sie auch nicht zum Nachdenken und zur folgerichtigen Veränderung ihres Sexualverhaltens (indem sie sich, uns und andere mit Kondomen schützen) bereit. AIDS-Aufklärungsmaßnahmen bei Schwulen zeigen, daß durch eine konsequente, klare, offene und parteiliche Aufklärung, die selbstverständlich politische Forderungen sowie eine Akzeptanz von schwuler Sexualität beinhaltet, sexuelle Verhaltensänderungen erreicht werden können.

Analoges wünschen wir uns für die Freier, auch wenn das heute noch in den Ohren vieler absurd und nach einer scheinbar unerreichbaren sexuellen Revolution klingen mag. Warum sollten wir mit unserer Studie nicht die Veränderung der Sexualmoral, das heißt unter anderem Offenheit gegenüber Polygamie und käuflicher Sexualität, einläuten? Was spricht dagegen, den Besuch eines Freiers bei einer Prostituierten und seine sexuelle Befriedigung als ein normales sexuelles Bedürfnis anzuerkennen? Wird in unserer Gesellschaft monogames Verhalten nicht vergebens gefordert? Wer kann so schon leben? Wir wissen, daß Menschen, insbesondere Männer — trotz aller Beteuerungen — nicht monogam leben, und das wollen wir aufzeigen, um danach endlich vom monogamen Dogma und der herrschenden Doppelmoral wegzukommen.

Die Arbeit an dieser Studie hat uns viel Spaß gemacht! Bereits die Diskussionen und Phantasien bei der Vorbereitung schlugen Wellen, die gelegentlich auch mal den Boden der Realität verließen: Mit dieser Studie wollen wir reich und berühmt werden und mindestens einen solchen Bekanntheitsgrad erreichen wie Marx und Engels. Wir hatten keine Schwierigkeiten, uns vorzustellen, daß dieses Buch umgehend in alle Sprachen übersetzt werden würde. Alle sollten sich mit unseren Thesen und Analysen auseinandersetzen, sie heiß diskutieren, für wahr befinden und nach Mitteln und Wegen suchen, unsere Erkenntnisse in die Praxis umzusetzen. Ein eigener Lehrstuhl für Prostitutionsforschung und -lehre wäre die logische Konsequenz.

Außerdem wollten wir unserem eigenen Voyeurismus nachgehen, unsere Neugier befriedigen und viele unterschiedliche Männer, ihre sexuellen Wünsche und ihre Meinung über Prostitution im gesellschaftlichen Kontext kennenlernen, von ihnen lernen (Wissen und kennen sie etwas, was wir noch nicht kannten?) und mit ihnen Spaß haben.

Und natürlich, und das war uns das Wichtigste, werden alle nach der Lektüre dieses Buches einsehen, daß Prostituierte durch bestimmte Gesetze und die Rechtssprechung ungerecht behandelt und diskriminiert werden und daß der Beruf Hure in jeder Hinsicht unbedingt seine Anerkennung finden muß.

*Was war den Freiern wichtig?*

Die Antworten der Freier auf unsere Frage nach ihrer Motivation zur Teilnahme an unserer Studie zeigen deutlich, wie groß bei allen das Bedürfnis war, über das Freiersein zu reden; wobei die Gründe im einzelnen unterschiedlich waren.

— Einigen Männern war es wichtig, sich mit ihrer Sexualität mit Prostituierten auseinanderzusetzen und mit uns darüber zu reden.
— Wenige Männer erklärten ausdrücklich, sie wären nicht feige, sondern wollten und könnten zu ihrem Freiersein stehen.
— Andere fanden das Thema Prostitution ganz allgemein interessant; unsere Anzeigen hatten sie neugierig gemacht, und sie wollten deshalb an der Studie teilnehmen.
— Wieder andere kannten die Arbeit und die Ziele von HYDRA und wollten uns mit ihrer Teilnahme an der Studie unterstützen. Sie wollten damit einen konkreten Beitrag leisten zu unserer Arbeit gegen die auch von ihnen als ungerecht empfun-

dene Diskriminierung von Prostituierten und gegen das unehrliche Verhalten vieler Menschen den Frauen gegenüber.

- Einige Männer nahmen aus Solidarität mit Prostituierten an der Studie teil; sie hätten mit ihnen schöne Erlebnisse gehabt und gute Erfahrungen gemacht.
- Es gab Männer, die Hydra näher kennenlernen wollten und die Gelegenheit nutzten, uns zu besuchen und mit uns zu sprechen.
- Die Männer setzten unser Verständnis für ihre Form der Sexualität voraus; so nutzten beispielsweise einzelne die Chance, das Interview bei uns in Frauenkleidern zu geben.
- Einige Männer wollten auch explizit etwas für Freier und für deren Ansehen tun.

> Ich habe so viele schöne Erlebnisse mit Prostituierten gehabt, daß ich dachte, wenn ich euch mit Antworten irgendwie helfen kann, tu ich das gern. Denn wenn man mit Prostituierten zusammen ist, denkt man das immer mal kurzfristig an, und dann ergibt es sich oft einfach nicht, das auf andere Weise auszudrücken. (leitender Beamter, 60 Jahre)

> Meine Motivation ist einfach dadurch gegeben, daß ich meine, daß solche Dinge, wie ihr sie macht, eine unterstützungswürdige Sache sind. Das ist meine innere Überzeugung, obwohl man es vielleicht auch aus Eigennutz sagt, denn man will diesen Makel, daß Prostituierte als minderwertig betrachtet werden und man selbst auch, loswerden. Man will, daß das als normale Dienstleistung gesehen wird und die Leute, die die Dienstleistung nehmen, Freier, wie ihr sie bezeichnet, als normale Leute. Ich meine, daß man ein Wissen über diese ganzen Dinge haben muß. Das ist ein rein überlegungsmäßiger Vorgang, der da abgelaufen ist. Und andersrum mag es vielleicht auch schön sein, daß man über solche Probleme quatschen kann. Also ganz schlicht und ergreifend auch Eigennutz. (Beamter im mittleren Dienst, 44 Jahre)

Indem man solche Fragen beantwortet, muß man nachdenken und kommt dann manchmal auch dahinter, was irgendwie nur aufgesetzt ist oder hohl bei einem selber. Und dann habe ich aber auch die Motivation, Hydra zu nützen. (Kommunikationsorganisator, 40 Jahre)

Ich finde einfach eure Projektarbeit interessant und bin eigentlich für eine Ehrlichkeit in der Gesellschaft, was den Umgang mit Prostituierten angeht, sowohl von seiten der Freier aus als auch von den erwerbstätigen Mädchen aus. (Industrieller, 42 Jahre)

# 2

# VORGEHENSWEISE

Grundlage der vorliegenden Studie sind 38 Interviews mit Kunden von weiblichen Prostituierten. Die Interviews wurden im Zeitraum von Oktober 1989 bis August 1990 geführt. Der Kontakt zu den Interviewpartnern entstand über unterschiedliche Wege:

Zunächst sprachen wir die Freier an, die wir persönlich oder beruflich kannten. An die Männer, mit denen wir schriftliche Kontakte pflegen, schickten wir einen standardisierten Brief mit Rückantwortschein.

HYDRA Kantstraße 54, 1000 Berlin 12

HYDRA

TREFFPUNKT
UND BERATUNG
FÜR PROSTITUIERTE
Kantstraße 54,
1000 Berlin 12
Telefon 030/312 80 61
Mo, Di, Fr 10–14 Uhr
Di 17–20 Uhr
Do 16–20 Uhr

September 1989

HYDRA arbeitet seit 1980 gegen die rechtliche und gesellschaftliche Diskriminierung von Frauen, die in der Prostitution arbeiten. Sowohl das Bild der Prostituierten als auch das des Kunden von Prostituierten ist stigmatisiert. Die öffentliche Meinung über ihn ist eine schlechte und sieht ihn als sexuell verklemmt, minderbemittelt und abartig an.

Dies zu verändern ist unser Ziel. Wir möchten Männern die Gelegenheit geben, sich zu ihren Prostitutionserfahrungen zu äußern, um der Öffentlichkeit zu zeigen, daß es sich um "normale" Männer mit "normalen sexuellen Bedürfnissen" handelt. Prostitution ist eine Form von Sexualität. Wir wollen das Tabu um dieses Thema aufheben.

Wir bitten Dich deshalb, Dich als Interviewpartner zur Verfügung zu stellen. Selbstverständlich behandeln wir Deine Daten diskret, Deine Anonymität ist gewährleistet. Solltest Du daran interessiert sein, uns zu unterstützen, schicke bitte die Rückantwort ausgefüllt zurück. Wir melden uns umgehend zwecks näherer Information und Terminabsprache.

Viele liebe Grüße

HYDRA
Verein zur Förderung der beruflichen und kulturellen Bildung gem. e.V.
Berliner Bank (BLZ 100 200 00)
Konto Nr. 1988 690 000

<u>Rückantwort</u>

O Ja, ich wollte Euch schon immer einmal kennenlernen und werde deshalb Interviewpartner.

O Nein, ich habe kein Interesse, spende aber DM ..... auf untenstehendes Konto.

O Ich finde Euch unverschämt und aufdringlich.

Name, Vorname: ____________

Adresse: ____________

____________

Telefon: ____________

Darüber hinaus haben wir in ausgewählten Zeitungen und Zeitschriften Berlins mit eindeutigen Texten Interviewpartner für unsere Studie gesucht.

## TAZ

**F R E I E R**

■ **Hydra sucht Männer** für Freier-Interviews. Diskretion selbstverständlich. ☎ 312 80 61

## TIP

**Profis**

**Bei den meisten Anzeigen in dieser Rubrik sollten Sie schon daran denken „Money makes the world go round."**

★ **Langeweile - muß nicht** sein - schlanke, junge Frau, begleitet und besucht Ihn gerne ab 19.00 Uhr in Haus / Hotel, ☎ 213 17 96

★ **Bildhübsches Mädchen,** 20 Jahre, verwöhnt großzügigen Herren mit Massage. Mo. - Fr. 10 - 18 Uhr, Kennwort: Massage, ☎ 262 58 64

★ **Junger Mann mit sportlicher** Figur, massiert Ihn. ☎ 323 11 78

★ **Schönes, kluges Fräulein** schult und berät. Entspannung für Körper und Seele. ☎ 781 96 78

★ **Travestie-**[redacted], vollbusig, 26 J., mit Zeit u. Können erwartet Ihn tägl. v. 11-23 Uhr, auch Massage - ☎ [redacted]

★ **Freier, Hydra, sucht** Männer für Freierstudie. Diskretion selbstverständlich, ☎ 312 80 61

★ **Türken!** [redacted] per Nachnahme zu verk. - 8 Modelle. ☎ 20 0467 Kw: Türkvideo

★ **Typ, 25 J., sportlich,** kräftig, gutaussehend, gibt bei Gelegenheit erotische Massagen v. zart bis fest. ☎ 453 39 78, öfter vers.

★ **Finnische Rutenmassage** von zart bis hart - ☎ 892 88 25

## BZ

**Klassentreffen!** Suchen Mitschüler/innen, 4. OPZ, Levetzowstraße, Abgang 1957, Kl. Frau Seidel (Bade), Lettmann, 822 41 99

**Männer!** Hydra interviewt Sie. Tel. 312 80 61

**Pelzstola** am 3. 2. im Volkspark Wilmersdorf oder Umgebung bis Mannheimer Straße verloren. Finderlohn! 822 56 32

## Tagesspiegel

**Gesundheit, Kosmetik**

**Für** Streßgeplagte: Ganzmassage 8 83 23 97

**Chinesische** Massage oder individuell, 7 71 33 11

**M. Pech,** Sanitätsfachgeschäfte, vermie- [redacted]

**Hydra sucht Männer** für Freier-Interviews. Diskretion selbstverständlich. Telefon 3 12 80 61

**Masseurin,** Hausbesuch, 8-24 Uhr, [redacted] Masseur bietet klassische Massage, Akupunkturmassage, Fußreflexzonenmassage, Lymphdrainage, auf Wunsch auch Hausbesuch. 6 92 35 92

**Neu,** Massageparadies, Montag-Freitag: 11-18 Uhr, Telefon 3 66 93 90

**Klassische-** und Aromatherapiemassage: 3 91 32 88

**Orientalische** Massage, 7 82 86 09

**City,** Sensitivmassage: 8 83 73 48

**Fußpflege,** Hausbesuche. 8 24 75 00

**Massagen,** 8 83 40 13, vormals Württembergische Straße

**Heimmassagen** 3 94 69 46

**Anzeigenannahme Montag bis Freitag unter folgender Sammelrufnummer: 2 60 09 811**

**Dran denken:**

Die zu erwartende Unterschiedlichkeit der Leserschaft einzelner Zeitungen und Zeitschriften machte unterschiedliche Inseratstexte notwendig. Die Inserate erschienen in folgenden Zeitungen und Zeitschriften:

BZ (Tageszeitung, Auflage: 338.000)

Tagesspiegel (Tageszeitung, Auflage: 146.000)

Zitty (Stadtillustrierte, Erscheinungsweise: vierzehntägig, Auflage: 74.460)

TIP (Stadtillustrierte, Erscheinungsweise: vierzehntägig, Auflage: 80.000)

Prinz (Stadtillustrierte, Erscheinungsweise: vierzehntägig, Auflage: 29.525)

Zweite Hand (Anzeigenmagazin, Erscheinungsweise: dreimal wöchentlich, Auflage: 80.000)

taz (Tageszeitung, Auflage: 27.000)

Zusätzlich wurde im Stadtkanal 4 (Kabelfernsehen) mehrmals eine Suchanzeige gesendet.

Nicht in allen Zeitungen durften wir den Begriff »Freier« direkt nennen oder die Anzeige in der von uns gewünschten Rubrik unterbringen. Ideal waren Rubriken wie »Profis« (TIP), »Gesundheit/Kosmetik« (Tagesspiegel) oder »Kontakte« (Zitty). Eine Zeitung (taz) schuf aufgrund unserer Anzeige eine eigene Rubrik »Freier«. Demgegenüber war es in der BZ noch nicht einmal möglich, unsere Suchanzeige unter den Modellanzeigen unserer Kolleginnen oder unter den Bar- und Clubanzeigen zu plazieren. Statt dessen wurde sie unter der Rubrik »Wahrsagerinnen« beziehungsweise »Vermischtes» gedruckt.

Weiterhin wurden über die Freiergruppe »Lust und Prostitution«, die sich auf unsere Anregung und Förderung Ende 1988 gründete, Interviewpartner gewonnen.

Insgesamt meldeten sich 16 Interviewpartner über die Zeitungsinserate und 9 über den Stadtkanal 4. Über die Freiergruppe und durch HYDRA bestehende Kontakte zu Freiern konnten 5 Interviewpartner gewonnen werden. Durch unsere Öffentlichkeitsarbeit (Infostände, Publikation unseres ersten Buches, »Beruf: Hure«, Hurenball und öffentliche Auftritte) sowie durch persönliche Kontakte wurden 8 Freier zu einem Interview bewegt.

Durch die Auswahl der Medien wurde ein breiter Kreis möglicher Interviewpartner angesprochen. Zu einem Interview fanden sich aber zwangsläufig nur diejenigen bereit, die über das Thema reden wollten. Diese Form der Selektion war bis zu einem gewissen Grad auch beabsichtigt, weil erfahrungsgemäß Fragen nur dann ehrlich beantwortet werden, wenn die Bereitwilligkeit, über das Thema zu reden, bei den Interviewpartnern vorhanden ist. Zudem wurden die Männer vorab über Inhalt, Ziel und Umfang der Studie informiert.

Die Freier, die sich auf die Inserate hin telefonisch bei uns meldeten, wurden in der Anfangsphase unserer Studie zu Vorgesprächen in unsere Projekträume eingeladen. Nach sechs Vorgesprächen ließen wir von dieser Vorgehensweise ab. Hierfür gab es verschiedene Gründe: Die Freier hatten uns einen ausreichenden Vertrauensvorschuß gewährt und benötigten nur allgemeine Informationen zur Studie. Einigen war der Aufwand, zweimal zu kommen, zu groß. Des weiteren zeigte sich, daß in den Vorgesprächen häufig bereits Themenkomplexe angesprochen wurden, deren Vorwegnahme sich beschränkend und hinderlich auf das eigentliche Interview auswirkte.

Die Interviews wurden anhand eines zuvor entwickelten Leitfadens geführt. Er umfaßte neben den unerläßlichen Sozialdaten die Bereiche ›erste‹ und ›spätere Kontakte‹ zu Prostituierten, sexuelle Vorlieben, das Verhältnis des Interviewpartners zu Prostituierten, Zuhältern, Clubbesitzern und zum Geld. Wir stellten Fragen zum Selbstbild als Freier, zum politischen Verständnis, zum Gesundheitsbewußtsein und zur Kondomakzeptanz.

Leitfadengestützte Interviews haben den Vorteil, daß die Fragestellungen entsprechend dem jeweiligen Gesprächsverlauf, der Atmosphäre und dem vom Interviewpartner gesetzten Schwerpunkt flexibel gehandhabt werden können. Im Gegensatz zum Abhaken beziehungsweise Ausfüllen eines Fragebogens wird so eine Gesprächssituation möglich. Über vorhandene Fragestellungen hinausgehende Aspekte und Informationen können einfließen.

Die Interviews fanden in unseren Projekträumen statt. Lediglich zwei uns bekannte, in Westdeutschland wohnende Interviewpartner haben wir besucht. Einigen (auswärtigen) Männern war die Teilnahme an unserer Studie so wichtig, daß sie deswegen sogar nach Berlin reisten.

Um eine freundliche und angenehme Gesprächsatmosphäre zu schaffen, ließen wir den Männern ausreichend Zeit, sich mit der Interviewsituation vertraut zu machen. Die bei einigen Interviewpartnern vorhandene Skepsis, ob ihre Anonymität gewahrt werden würde, konnten wir reduzieren beziehungsweise ausräumen. Viele Interviewpartner verliehen ihrer Hoffnung Ausdruck, daß die Studie zum Abbau der Diskriminierung von Prostituierten und Freiern beitragen möge. Die meisten Interviews führten wir zu zweit. Damit wollten wir sowohl unsere eigene Gesprächsführung kontrollieren, als auch der Interviewerin eine sichere Gesprächssituation garantieren.

Die Interviews wurden auf Tonband aufgenommen; das Gerät wurde nur zum Wechseln der Tonträger, beim Verlassen des Raumes und auf ausdrücklichen Wunsch des Interviewpartners abgeschaltet. Nach jedem Interview wurde von den beiden beteiligten Kolleginnen ein Beiblatt erstellt, auf dem die Gesprächsatmosphäre und besondere Anmerkungen festgehalten wurden. Die Tonbandaufzeichnungen haben wir wörtlich transkribiert. Die vorliegenden 38 Transkripte bildeten die Grundlage für die Auswertung.

Die Auswertung erfolgte analog der Fragenkomplexe des Interviewleitfadens. Die Aussagen der Interviewpartner wurden den entsprechenden Fragestellungen zugeordnet, gekennzeichnet und auf EDV übertragen. In einigen Fällen wurden Textauszüge doppelt zugeordnet, da die in ihnen enthaltenen Informationen inhaltlich mehr als einem Auswertungsmerkmal entsprachen. Die auf diese Weise merkmalsmäßig zusammengefaßten Aussagen wurden einer weiteren Inhaltsanalyse unterzogen, deren Ergebnisse in den folgenden Kapiteln zusammengefaßt und dokumentiert sind.

Um die Heterogenität der Interviewpartner und ihrer Aussagen zu dokumentieren, haben wir den jeweiligen Zitaten das Alter und die berufliche Tätigkeit nachgestellt. Um jedoch die zugesicherte Anonymität unserer Interviewpartner gewährleisten zu können, handelt es sich in einigen Fällen neben dem Alter lediglich um Berufskategorien.

Insbesondere bei Studien, die auf qualitative Aussagen zielen, stellt sich die Frage nach der Repräsentativität. »Wenn man soziale Realität als einen dauernd vor sich gehenden Konstruktionsprozeß ansieht, an dem alle Gesellschaftsmitglieder in größerem oder kleinerem Maße mitwirken, dann kann man nicht damit rechnen, daß es überhaupt eine Forschungsmethode gibt, die es gestattet, völlig eindeutige, längerfristig gültige, unwiderlegbare, zweifelsfrei wahre Aussagen über Elemente und Relationen der sozialen Realität zu machen.« (zitiert nach Lamnek, 1988, S. 141 f) Es geht vielmehr darum, »die empirische soziale Welt so darzustellen, wie sie für die Untersuchten tatsächlich existiert, und nicht so, wie der Forscher es sich vorstellt.« (ebenda, S. 142) Dabei sind monokausale Erklärungsmuster wenig hilfreich zum besseren Verstehen der sozialen Wirklichkeit.

Heinz Bude weist in seiner Untersuchung über elf Flakhelfer im Zweiten Weltkrieg auf einen Umstand hin, der uns besonders bedeutsam erscheint: »Soziale Gesetze erkennt man nicht, indem man Häufigkeiten registriert, sondern indem man nach dem inneren Zusammenhang der Phänomene forscht.« (Bude, 1987, S. 109) Mit unserer Vorgehensweise wollten wir die soziale Wirklichkeit der Interviewpartner zutage fördern, um das Phänomen »Freier« erklärbarer zu machen und zu entmythologisieren.

# 3

## »Ich steh' im Regen und warte auf Dich ...«
### Interviews, die nicht zustandekamen

An dieser Stelle wollen wir über einige Pannen berichten, die uns im Laufe der Interviewphase ereilten.

Anfang April 1990 schalteten wir unsere Anzeige »Freier! HYDRA sucht Interviewpartner ...« in dem auflagenstarken Berliner Anzeigenblatt »Zweite Hand«. Nach ihrem Erscheinen stand unser Telefon nicht mehr still. Vielleicht war es die Vorstellung: »Hier gibt es etwas umsonst«, die die Männer veranlaßte, uns zu kontakten. Lange Gespräche am Telefon, Erklärungen, wer wir sind und was wir mit dieser Studie wollen, führten dann zwar zu vielen Terminen, die jedoch leider von neunzig Prozent der Männer nicht eingehalten wurden.

Hatten wir hier die Männer erreicht, die nicht Nein sagen können oder unzuverlässig sind? Sind »Zweite Hand«-Leser anders als andere Männer? Während unser Kaffee kalt wurde, machten wir uns unsere Gedanken und kamen zu keinem befriedigenden Ergebnis. Wir konnten nur spekulieren, und weil wir das nicht wollen, fassen wir kurz und knapp zusammen: Mann hatte uns schlicht und ergreifend sitzengelassen!

In einigen Fällen mußten wir auf Interviewpartner verzichten, da sie nicht unentgeltlich antworten wollten. Die Spanne der Forderungen ist weit: Ein Interviewpartner war nur bereit, uns Rede und Antwort zu stehen, wenn er als Belohnung einen Gratis-Fick bekäme, ein anderer wollte mindestens ein Buch oder einen Nachtexpress, ein Dritter sah die Chance, einen Arbeitsplatz in unserem Projekt zu erhalten.

Viele Anrufer waren durchaus bereit, am Telefon auf unsere Fragen zu antworten, scheuten aber den direkten Kontakt. Weil wir an unserer Erhebungsmethode festhalten wollten, verzichteten wir auf diese Freier. Ebenso bot sich ein uns seit langer Zeit bekannter Freier an, 40 Fragebögen »unter die Männer« zu bringen, was zwar sehr nett gemeint, aber in diesem Fall wenig hilfreich war.

Diverse Male erschienen pünktlich zum vereinbarten Termin Männer, bei denen sich dann während des Interviews zeigte, daß sie noch nie Kontakt zu einer Prostituierten gehabt hatten. War es die Neugier, die sie in unsere Arme trieb, oder hatten sie das Wort »Freier« falsch gedeutet und gehofft, sich nach einem Interview mit uns freier zu fühlen?

Wir sehen diese Begegnungen trotzdem positiv und gehen davon aus, daß die Männer auf diesem Weg an kompetenter Stelle Kenntnisse über Prostituierte, ihre Lebens- und Arbeitsbedingungen erwerben wollten. Einige Männer hatten seit langer Zeit die Absicht, einmal zu einer Prostituierten zu gehen, und wünschten sich so etwas wie Absolution aus berufenem Mund. Das verdeutlichte sich in den anschließenden Gesprächen und Diskussionen. Zwar führten diese Kontakte nicht zu den von uns gewünschten Interviews, bei den Männern konnten jedoch einige Klischeevorstellungen über Prostituierte beseitigt werden.

# 4

# Sozialstatistische Merkmale der Interviewpartner

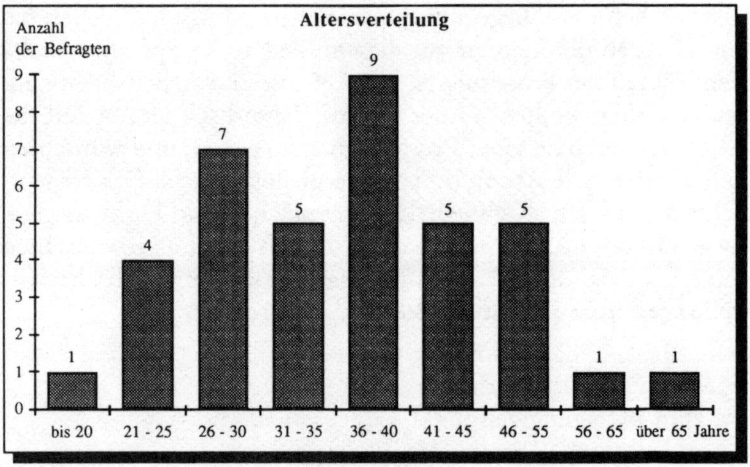


Unsere Interviewpartner waren zwischen 19 und 72 Jahre alt. 31,6 Prozent waren bis 30 Jahre alt, der Altersgruppe zwischen 31 und 40 Jahren gehörten 36,8 Prozent an; weitere 26,3 Prozent waren 41 bis 55 Jahre alt, und nur 5,3 Prozent waren über 56 Jahre alt.

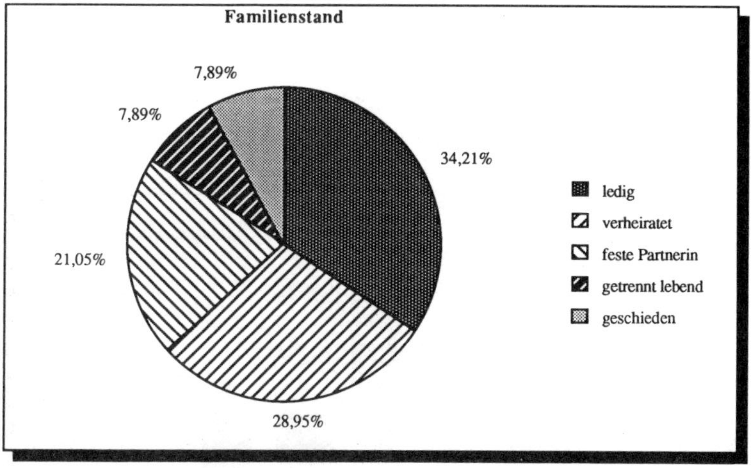


Die Hälfte der 38 Interviewpartner lebt mit einer festen Partnerin zusammen, 11 davon sind verheiratet. Weitere 3 Interviewpartner leben von ihrer Partnerin getrennt. 16 Interviewpartner unterhielten zum Befragungszeitpunkt keine Partnerschaft, 13 von ihnen waren ledig und 3 geschieden.

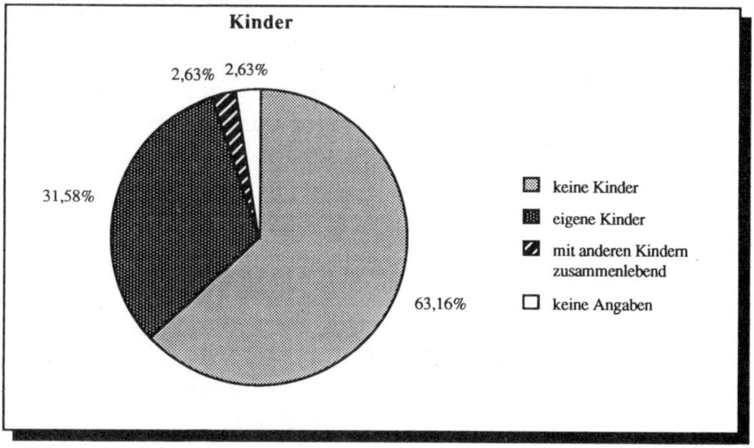


24 von unseren Interviewpartnern haben keine Kinder. 12 hatten eigene Kinder, 1 Interviewpartner lebt mit anderen Kindern zusammen; einer machte keine Angaben.

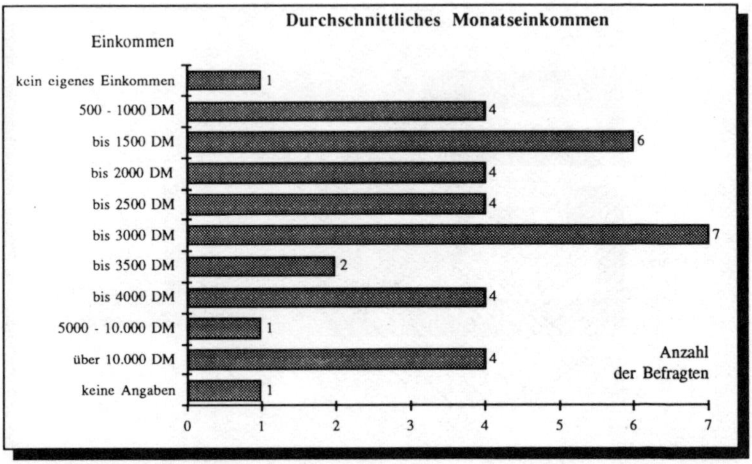


26,3 Prozent unserer Interviewpartner haben ein durchschnittliches Monatseinkommen von 500 bis 1.500 DM. 39,5 Prozent verdienen 1.500 bis 3.000 DM und 15,8 Prozent 3.000 bis 4.000 DM. 13,2 Prozent verfügen über ein durchschnittliches Monatseinkommen von mehr als 5.000 DM. Jeweils 2,6 Prozent hatten kein eigenes Einkommen beziehungsweise machten keine Angaben.

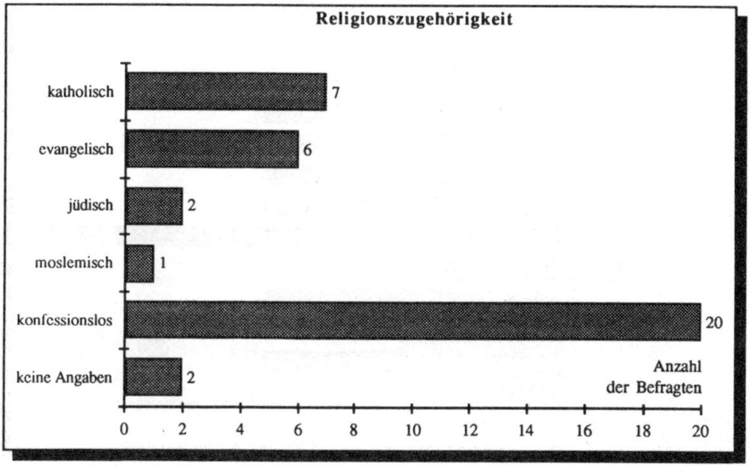


52,6 Prozent der Interviewpartner gehören keiner Religion an, 18,4 Prozent sind katholisch, 15,8 Prozent evangelisch, 5,3 Prozent jüdisch, und 2,6 Prozent gehören dem moslemischen Glauben an. 5,3 Prozent machten keine Angaben zu ihrer Religionszugehörigkeit.

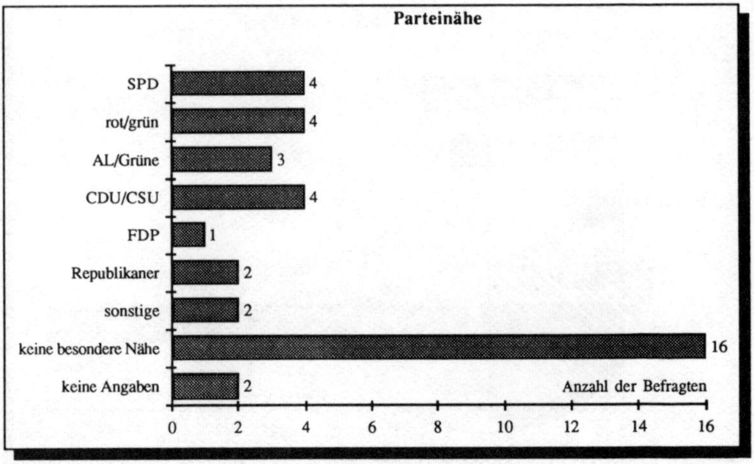


42,1 Prozent unserer Interviewpartner gaben an, keiner Partei besonders nahezustehen. Jeweils 10,5 Prozent stehen der SPD beziehungsweise der CDU nahe oder sympathisieren mit der politischen Linie rot/grün. 6,9 Prozent stehen AL/Grünen nahe. Jeweils 5,3 Prozent sympathisieren mit den Republikanern oder sonstigen Parteien beziehungsweise machten keine Angaben. 2,6 Prozent stehen der FDP nahe.

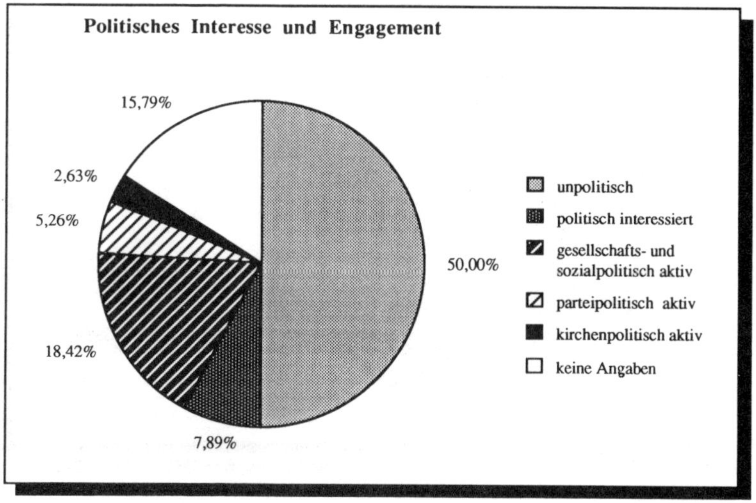


Die Hälfte der Interviewpartner bezeichnete sich als unpolitisch, und 3 Männer bezeichneten sich als politisch interessiert. 7 Interviewpartner sind gesellschafts- oder sozialpolitisch aktiv, 2 engagierten sich in einer Partei, und 1 Interviewpartner arbeitet in kirchlichen Gremien mit. 6 Interviewpartner machten keine Angaben.

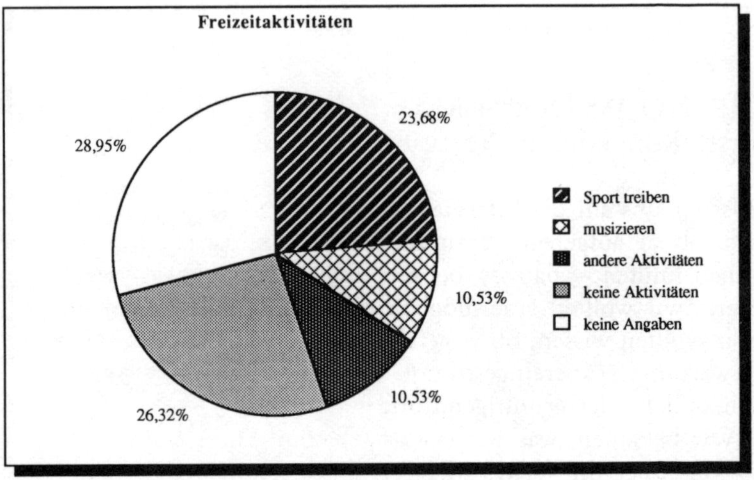


Insgesamt 17 Interviewpartner gestalten ihre Freizeit aktiv: 9 treiben Sport, 4 musizieren, und weitere 4 erwähnten unterschiedliche Freizeitaktivitäten. 10 Interviewpartner haben keinerlei Hobbys, und 11 machten keine Angaben.

5

# He, Komm Doch Mal Rüber!
## Erste Kontakte zu Prostituierten

Als wir uns auf die Interviewpartner stürzten, wollten wir wissen, ob sie aufgeregt waren, feuchte Hände hatten, wie sie sich genau fühlten — damals, bei der ersten Hure, die sie besuchten. Kurz, wir wollten eine möglichst spannende Geschichte hören. Wir wollten wissen, ob es gefallen, Spaß gebracht und mit ihren Erwartungen übereingestimmt hatte, ob es abschreckend und scheußlich oder ermutigend und schön war.

Wir bekamen, was wir erwartet hatten: Die Geschichten, die sie uns über ihr »erstes Mal« erzählten, sind so heterogen und bunt wie die Menschen, die sie erlebt haben.

*Wann?*

Ich bin der Meinung, daß ich deren Dienste nicht in Anspruch genommen habe, weil ich auf 'ne Professionelle aus war, sondern — so, wie ich das heute in Erinnerung habe — weil ich damals schon länger den Wunsch hatte, mal mit 'ner anderen Frau zu schlafen. Und daß das in dem Falle halt relativ einfach war. Das war in München, im Hilton-Hotel ... wo ich beruflich für eine Nacht gewohnt habe. Da ist mir im Laufe des Abends klar geworden, daß zumindest einige der Damen, die sich da aufhielten, offensichtlich Prostituierte waren. An eine Dame kann ich mich genau erinnern, die hatte eine fast hundertprozentig durchsichtige Bluse an; und 'ne weitere Dame, kann ich mich erinnern, saß da und hat sehr interessiert im »Playboy« gelesen. Kam mir untypisch vor ... Ich mußte aus irgendeinem Grund mit dem Aufzug 'runterfahren, und die Dame war, mit einem anderen Herrn zusammen, ebenfalls im Aufzug. Da ist sie mir wegen ihrer Bluse aufgefallen; und als ich dann ungefähr 'ne halbe

Stunde später gemerkt hab', daß sie mit 'nem anderen Herrn ebenfalls wieder aus'm Aufzug kam, und wieder 'ne halbe Stunde später noch mal das Spiel — da ist bei mir irgendwann der Groschen gefallen. Ja, und dann kam dieses innerliche: Sollste, sollste nicht? Ich mußte dann mit meinem Kollegen zu so 'nem späten Termin, und dann hab' ich mit dem in der Bar noch einen getrunken. Dann war es etwa Mitternacht, und ich hab' meinen sämtlichen Mut zusammengenommen, hab' eine der Damen angesprochen, aber nicht die mit der Bluse ... Eine, die aussah wie deine oder meine Nachbarin. Möglicherweise wirkte das zunächst mal ungefährlicher — ich hatte ja auch ein bißchen Angst vor der ungewohnten Situation ... Ich hab' der erst mal nichts angeboten; ich bin eigentlich ziemlich ausgenommen worden, wenn ich mir das im nachhinein überlege. Ich war mir also ziemlich sicher, daß das 'ne Prostituierte ist, aber eben nur ziemlich sicher, ein gewisses Restrisiko hab' ich in Kauf genommen. Also bin ich losgegangen, wahrscheinlich mit hochrotem Kopf, und hab' die gefragt, ob sie mich auf meinem Zimmer besuchen will. Sie sagte selbstverständlich oder so was, für die war das also kein Thema. Sie hat nur nach der Zimmernummer gefragt und gesagt, sie wollte nachkommen. (Rechtsanwalt, 40 Jahre)

Ach, das ist furchtbar kitschig. Es war ein kalter Winterabend, und ich war wirklich traurig und allein, bin in einer entsprechenden Straße vorbeigekommen und habe mich da eben ansprechen lassen. (Bäcker, 25 Jahre)

Mit sechzehn Jahren war das, an der Straße des 17. Juni. Ich hatte da so ein bißchen meine Rockerphase, war ein bißchen aufmüpfig. Ich hatte meiner Mutter fünfzig Mark entwendet, um mal was von der Liebe zu erfahren; denn ich war der Typ in der Schule, der immer den Mädchen imponieren wollte, und dann kam doch nichts bei 'raus. Eines Tages bin ich also dahin gegangen, und dann war das ein Transvestit. Das wußte ich vorher auch nicht. (Einzelhandelskaufmann, 31 Jahre)

Da gab es eine Klassenfahrt nach Westdeutschland, nach Braunschweig, und ich habe mich dort selbständig gemacht. Da lief dann das übliche Spiel: Mehrere Jungs sind zusammen, und dann wird gewettet. Einer mußte sich trauen. Und ich war halt derjenige, der sich traute. Dann habe ich das Geld von den anderen in der Tasche gehabt und bin stolz da reinmarschiert — nachdem wir uns eine ausgesucht hatten, die saßen da so im Schaufenster ... Sechs Jungs, die sich von der Museumsbesichtigung abgesetzt hatten und lieber das andere besichtigten, weil sie's viel interessanter fanden. Alle haben ihr Taschengeld zusammengeschmissen, und ich sagte: Okay, ich marschier' da rein. Alles andere stand davor und war begeistert, neugierig, was nun passieren würde. Und da bin ich an eine sehr nette, sehr tolle Frau gekommen. (Industrieller, 42 Jahre)

Das war im Tiergarten, ganz einfach, 17. Juni, logisch ... Wollte mal sehen, wie es läuft. Erst mal mich dran gewöhnen. Also geht man zu jemandem hin, der Bescheid weiß, dachte ich mir ... Ja, mein Freund hatte ein Auto, war ja im Auto, sowieso, wie das so üblich ist. Damals kostete es ja noch ein Pfund, also zwanzig Mark ... Na ja, sie fragte: Machst du es das erste Mal? Ich sage: Natürlich. Aufgeregt war man natürlich, nicht wahr, man hat ein bißchen gezittert ... Na, wir machen das schon. Es war eben eine ausgereifte Frau. Da muß ich gleich einwerfen, daß ich schon mit vierzehn, fünfzehn, als ich langsam an mehr gedacht habe als an Räuber- und-Prinzessin-Spiel, nie was von gleichaltrigen oder jüngeren Frauen wollte. Immer so sechs, sieben Jahre älter oder noch älter, ist heut' noch so. Immer ausgereifte. Ich würde sagen, die damalige Prostituierte war ungefähr doppelt so alt wie ich, also fünfunddreißig. Man hat ja geguckt, wen nimmt man denn, natürlich, ist ja logisch. Na ja, und dann: Warte mal ab, ja, und: Halt mal Luft an, und dann der Gummi 'rüber, und dann, na ja, wie es so üblich ist. Hat mir schon was gebracht, war ja neu, hab' ich ja noch nie gehabt ... (Polizeibeamter, 41 Jahre)

Das Alter der Männer lag beim Erstkontakt zwischen 15 und 30 Jahren. Die meisten der Interviewpartner waren damals noch nicht volljährig.

13 Männer waren 15 bis 17 Jahre, 13 Männer waren 18 bis 21 Jahre alt. Die bereits »erwachsenen« 12 Männer waren 22 bis 30 Jahre alt.

*»Jungmänner«?*

Das früher stärker geltende Gebot der Jungfräulichkeit bis zur Ehe und die mangelhaften beziehungsweise zum Teil schwer zugänglichen Verhütungsmittel hielten viele Frauen vom vorehelichen Geschlechtsverkehr ab. Männer haben ihre ersten sexuellen Erfahrungen häufig bei Prostituierten gesammelt. Wir wollten von unseren Interviewpartnern daher auch wissen, ob sie beim Erstkontakt bereits sexuelle Erfahrungen hatten und in welcher persönlichen Situation sie sich damals befanden.

Für die meisten (22) war der Erstkontakt mit einer Prostituierten auch gleichzeitig der erste sexuelle Kontakt zu einer Frau. Sie waren »Jungmann«.

Ich bin da hingegangen, weil ich vor allem — ich darf es mal so ausdrücken — meine Jungfräulichkeit loswerden wollte, denn ich hatte bis zu diesem Zeitpunkt noch keinerlei Erfahrungen ... (Chemiekaufmann, 48 Jahre)

> Es war mein erster sexueller Kontakt überhaupt, also Geschlechtsverkehr, ich hatte mal eine Freundin, aber die war streng katholisch, wollte nicht und so. Das war der Grund. (Raumausstatter, 27 Jahre)

> Ich hatte damals überhaupt keine Erfahrung mit Frauen, und diese Frau hat mir praktisch meine ersten sexuellen Erfahrungen vermittelt. (Krankenpfleger, 38 Jahre)

> Ich hatte noch nie eine Frau ausgezogen gesehen, ich hatte noch nie Kontakt mit ihnen ... Ja, ich war Jungmann ... Warum? Mein Gott, in der Zeit war es nicht so leicht, eine Frau zu bekommen. Damals gab es noch keine sicheren Empfängnisverhütungsmittel, Studentinnen waren nicht immer bereit, sich herzugeben, Mädchen aus guten Familien erst recht nicht ... Nein, zu der Zeit hatte ich keine Freundin. (belgischer Fotograf, 72 Jahre)

Gut ein Viertel (9) der Befragten gab an, »gerade keine Freundin« gehabt zu haben. Der Besuch bei einer Prostituierten ersetzte die momentan fehlende private sexuelle Beziehung.

> Erfahrung hatte ich ein bißchen, aber ich hatte einfach viel zu lange keine Freundin oder keinen Partner, mit dem ich Sex gemacht habe. Es ging halt nicht anders. (Musiker, 25 Jahre)

> Ich hatte mit einer Freundin gerade abgebrochen und war relativ sauer, verzweifelt; und dann kam die Reaktion: Ach, wenn du ein normales Weib nicht finden kannst, dann gehst du in'n Puff. (Akademiker, 50 Jahre)

> Meine Freundin war gerade in Dortmund, und da hatte ich irgendwie auch Ruhe. (Erzieher, 30 Jahre)

5 der Interviewpartner hatten zum Zeitpunkt des ersten Kontaktes mit einer Prostituierten eine Partnerin.

> Wir waren noch verlobt, kurz vor der Heirat ... Ach, Freundinnen bei uns, das war ja nicht möglich, das geht eigentlich nicht, die könnte man nicht Freundinnen nennen und mit ihnen ins Bett gehen. Aber gegen einen Betrag, da konnte man in ein Hotel oder so ein nettes Weib, ja, anbaggern oder so was. (türkischer Taxifahrer, 34 Jahre)

> Meine damalige Situation mit meiner Frau war gut ... (Lehrer, 36 Jahre)

> Nee, Kontakte hatte ich schon vorher mit 'ner Frau. Meine spätere Frau, ja, befreundet waren wir schon damals, die war zu der Zeit aber in Westdeutschland ... Wir haben ja auch später erst geheiratet. (Monteur, 48 Jahre)

2 Interviewpartner gaben an, sich nicht mehr erinnern zu können, in welcher persönlichen Situation sie sich damals befanden.

Wir schauten uns die 22 Freier, die beim Erstkontakt noch keine sexuellen Erfahrungen hatten, genauer an. Hatten sie außer ihrer »Jungmännlichkeit« und ihrem jugendlichen Alter weitere Gemeinsamkeiten?

Die sexuellen Erstkontakte dieser 22 Männer fanden zwischen 1938 und 1989 statt. Ab Mitte der 60er Jahre setzte eine Liberalisierung der Sexualmoral ein. Aufklärungsfilme à la Oswald Kolle und die Studentenbewegung enttabuisierten die Sexualität auf unterschiedliche Weise. Das Zeitalter der sexuellen Freizügigkeiten oder die sogenannte sexuelle Revolution begann. Ein Einbruch fand mit der Pillenmüdigkeit vieler Frauen Anfang der 80er Jahre statt. Trotz sexueller Liberalisierung hatten 13 der 22 »Jungmänner« ihren ersten sexuellen Kontakt mit einer Prostituierten (Tabelle).

Fand die sexuelle Revolution im Puff statt?

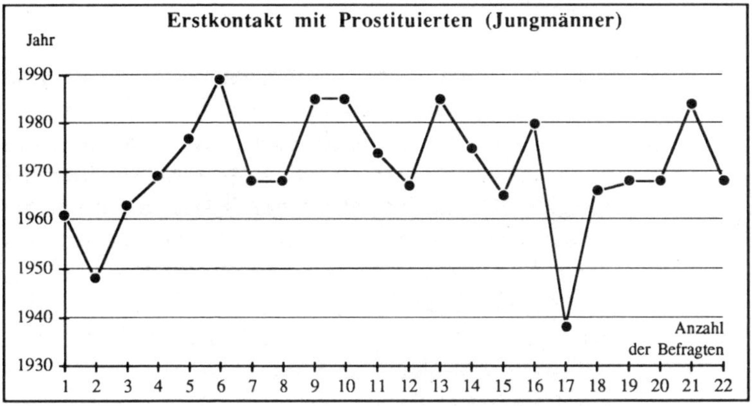


Weitergehende Überlegungen zu diesem Phänomen mögen der Phantasie überlassen bleiben.

*Zufrieden?*

Knapp zwei Drittel unserer Interviewpartner empfanden ihr erstes Erlebnis mit einer Prostituierten als angenehm. Ihre Erwartungen wurden im großen und ganzen erfüllt; die Frauen wurden überwiegend als nett und einfühlsam beschrieben.

> Das war gut, und ich habe mich eigentlich wohl gefühlt, trotz meiner Aufregung und so. Da war sehr viel Zeit, und die Frau war auch unheimlich nett. Die hat mir abgenommen, daß es was ganz Neues für mich ist. Ja, ich hatte auch einen Orgasmus ... Das hat schon meinen Erwartungen ungefähr entsprochen; es war natürlich entkleidet aller Zeremonien; aber das hatte ich mir auch so gedacht. War eigentlich fast noch mehr Drumrum, als ich erwartet hatte. Ich habe

einen Kaffee angeboten gekriegt und so, auch ein kleines Stückchen Gebäck. (Kommunikationsorganisator, 40 Jahre)

Ich weiß noch — daß es der gelungen ist, mich so schnell zum Orgasmus zu bringen, daß ich fast gedacht habe: Für das Geld hättste dir mehr versprochen. Dann hat sie mich gefragt — wahrscheinlich hat sie gemerkt, daß ich sehr wenig Erfahrung in der Beziehung hatte —, ob ich nicht noch irgendwelche anderen Dinge machen wollte. Und da ich einmal auf dem Sündentrip war, hab' ich gedacht, kannst ja morgen wieder damit aufhören, aber jetzt probierste erst mal weiter. Sie hat mir empfohlen, sie könnte noch eine Freundin dazuholen, und da das in meinen sündhaftesten Träumen noch nicht vorgekommen war, wollte ich es probieren. Also hat sie 'ne Freundin geholt. Dann haben die zwei mir was vorgespielt ... Das war der Anfang, ja, und dann sollte ich mit dieser anderen schlafen. Ich weiß nicht, woher ich das weiß, aber ich wußte damals schon, daß man »Falle schieben« kann, und die hat das versucht — das ist mir aufgefallen ... Die hab' ich 'rausgeschmissen ... Aber nur die, denn die erste fand ich eigentlich richtig nett. Mit der hab' ich mich richtig gut unterhalten, eine oder zwei Stunden lang. Die hat mir auch etwas über ihr angebliches Privatleben erzählt, daß sie 'n Kind hat und was weiß ich. Ob das stimmt oder nicht, weiß ich nicht. Jedenfalls hat sie mir ihre Telefonnummer gegeben. Wenn ich noch mal in München wäre, sollte ich sie anrufen, man könnte doch zusammen essen gehen. Und zum Schluß der ganzen Angelegenheit haben wir noch mal zusammen geschlafen — eigentlich richtig zärtlich, und das war das Schönste in der ganzen Nacht. Ohne irgendwelches Getue oder ohne irgendwelche Beschleunigungsversuche. Dann ist die gegangen — so um fünf Uhr. Um sechs hätte ich aufstehen müssen, um die erste Maschine nach Düsseldorf zu nehmen; da hab' ich mir das Ins-Bett-Gehen gespart. (Rechtsanwalt, 40 Jahre)

Ich wollte ein positives sexuelles Erlebnis mit einer Frau ... Sie sollte weiblich aussehen, vor allem, natürlich nicht über vierzig sein, sollte sich schon irgendwie in meinem Alter bewegen. Aber so klar umrissen, daß ich gesagt hätte, ein Meter fünfundsiebzig, dunkelhaarig, Oberweite so und so, mit Sicherheit nicht ... Ja, das war ein sehr angenehmes Erlebnis. (Tischler, 26 Jahre)

Entscheidend für die Bewertung des »ersten Mal« als positiv ist nicht allein die Erfüllung vorhandener Erwartungen. Die gesamte Situation und die Atmosphäre sowie der Stellenwert, den das Erlebnis für die »Mannwerdung« des jeweiligen Interviewpartners hatte, spielen ebenfalls eine große Rolle bei der Charakterisierung der Erlebnisse. So bewerteten einige Männer ihre erste Begegnung mit einer Prostituierten auch dann als eher positiv, wenn es nicht zum Geschlechtsverkehr beziehungsweise zum Orgasmus gekommen war.

Na ja, sie hat sich meinen Schniebelwutz angeguckt und sich mit mir unterhalten, und ich durfte mal ihre Brust anfassen, sehr verschüchtert. Wir haben über alles mögliche geredet, nur nicht über ihren Beruf. Und zusammen ins Bett gegangen sind wir auch nicht, weil sie meinte, das wäre nicht richtig. Die sagte: Okay Kleiner, wenn du ein bißchen größer und ein bißchen reifer bist, dann darfst du mal wiederkommen. Aber es war unheimlich nett, und als man herauskam, war man der große Held, der wer weiß was Tolles erlebt hat. Da war man der große Aufreißer. (Industrieller,42 Jahre)

Wir hatten fünfzig Mark ausgemacht, sind auf sein Zimmer gegangen, und dann stellte sich heraus, daß es ein Transvestit war. Der hatte einen Busen und unten dann eben einen Penis ... Na ja, oral hat der mich verwöhnt, und ansonsten habe ich ihn am Busen gestreichelt, er fand's auch schön, und so war das der erste Kontakt zu den Prostituierten ... Einen Orgasmus hatte ich nicht, weil ich wußte, daß das ein Mann war. Da war 'ne Sperre. (Einzelhandelskaufmann, 31 Jahre)

Also das war richtig toll. Das fand in Guatemala statt, ich kann mich noch ganz gut dran erinnern ... Ich hatte von Tuten und Blasen keine Ahnung. Dank Maria bekam ich dann ein bißchen Ahnung, und das hat sich später als gut herausgestellt ... Ich hatte die Vorstellung, daß ich endlich mal Mann werden sollte, daß ich erwachsen bin, wenn ich das hinter mir habe. Ich hatte zwar schon nackte Frauen gesehen, vorher, durch irgendwelche Löcher, aber das war eben völlig neu ... Meine Matrosen hatten mir von Maria erzählt. Ich hab' ja Matrosen bedient, an Bord, mußte denen Frühstück servieren, Mittagessen und so weiter. Ja, und die gingen dann weg, und ich ging mit. Die kannten schon von früheren Fahrten her die und die Bar oder das und das Mädchen. Maria kam dann mit an den Tisch, und dann ging's los. Die anderen wollten mich auch verkuppeln, die haben mir auch mehr Mut gemacht irgendwie. Na ja, ich war ein bißchen frustriert, weil's bei mir nicht geklappt hat. Aber ich hab' mir gesagt: Beim nächsten Mal wird's besser klappen. Und das hat dann ja auch besser geklappt. (Kaufmann, vormals Seemann, 38 Jahre)

Gut ein Drittel unserer Interviewpartner war allerdings vom ersten Erlebnis mit einer Prostituierten enttäuscht. Es entsprach nicht ihren Vorstellungen, die Atmosphäre wurde als unpersönlich geschildert, das Geschäftliche am Prostitutionsgeschäft als störend empfunden. Sie bewerteten ihr »erstes Mal« daher eher negativ.

Es war kurz und teuer, und es war recht unpersönlich. Also, sie war noch nicht mal nett. Für hundertfünfzig Mark, hätte ich gedacht, kriege ich wenigstens mal ein Lächeln oder so ... Es ging ruck-zuck, ja, das war alles. (Medizinstudent, 23 Jahre)

Irgendwie habe ich mich ziemlich unruhig gefühlt, und es war eigentlich nicht so toll, wie ich es mir vorgestellt hatte. Ich habe sogar, als ich mit ihr auf dem Zimmer war, überlegt, ob ich nicht weglaufen soll. Ich fand die Atmosphäre nicht so toll ... Eigentlich hat sie sich schon bemüht, nett zu sein, aber mir hat das Persönliche gefehlt. Was wahrscheinlich einfach auch nicht kommen konnte ... Ich bin nicht weggerannt, ja, einen Orgasmus hatte ich, aber so ein richtiger Geschlechtsverkehr war es auch nicht ... Mir war das zu geschäftlich, die Sexualität in diesem Rahmen ... Ansonsten war sie, ja, eher nett, also ich könnte mir vorstellen, daß ich mich mit der ansonsten auch ganz gut verstehen könnte. (Raumausstatter, 27 Jahre)

Ja, wie war das. Das war ein absolut mieses Erlebnis. Irgendwie habe ich gedacht, na ja, das sind Menschen und so ... und ich bin auch einer. Ich bin da erst mal so naiv 'ran. Gut, erst mal einen Kaffee trinken, und da habe ich mich dann unterhalten. Wir hatten eine Stunde ausgemacht, und fünf Minuten später hieß es dann ganz formell: Ja, jetzt kommen wir mal zur Sache, ich meine, machen wir mal Kasse ... Und dann laß uns das auch mal abwickeln, so. Das habe ich nie überwunden, daß es eigentlich ein Geschäft ist. Aber heute kann ich besser damit umgehen. Damals habe ich nicht begriffen, daß es ein Geschäft ist. Obwohl ich das wußte, das weiß ja jeder, weiß jedes Kind. Nun gut, dann ging es zur Sache, und was das Schlimme war, ich war total erregt, logisch, und die hat mir das Ding übergezogen, mit einer phantastischen Feinfühligkeit, und dann ging eben der Schuß ab. Da war die

Sache vorbei. Und dann hat die Frau gesagt: Jungchen, das war's dann wohl. Und ich sage: Können wir es nicht noch mal probieren, das war nur das Schlimmste, das mußte einfach raus, weil du da angefaßt hast. Und dann sagt die: Nee, dann mußt du was drauflegen. Ich hatte nichts mehr, und dann hat sie mich eben vor die Tür gesetzt. (Musiker, 25 Jahre)

*Kondome*

Viele Männer gelten als regelrechte Kondommuffel. Sie lehnen zum Beispiel aus Angst vor einem Gefühlsverlust die Benutzung eines Kondoms ab oder sehen im Zeitalter der Pille nicht ein, warum sie sich aktiv um die Empfängnisverhütung kümmern sollten.

Demgegenüber legen Prostituierte jedoch sehr großen Wert darauf, daß ihre Freier Kondome benutzen, sei es, um Schwangerschaften und sexuell übertragbare Krankheiten zu verhindern, sei es, um geschäftliche und private Kontakte voneinander zu trennen. Aus unterschiedlichen Gründen wurde und wird jedoch auch ohne Kondom gearbeitet.

Uns interessierte natürlich besonders, wie »unsere« Freier es beim Erstkontakt mit dem Kondom gehalten hatten. Gab es Diskussionen um die Benutzung oder nicht? Welchen Einfluß hatte die Zeit, in der der erste Kontakt stattfand? War es »in früheren Zeiten« ganz normal, Kondome zu benutzen? Und wenn nicht, hat sich durch AIDS etwas verändert?

Die Erstkontakte fanden zwischen 1938 und 1989 statt, die meisten in den Jahren von 1960 bis 1980. Einheitliche Aussagen über die Normalität der Kondombenutzung wurden jedoch nicht gemacht. Während ein Teil der von uns befragten Männer angab, ein Kondom sei »in früheren Zeiten« die Norm gewesen, behaupten andere das Gegenteil.

Ja, natürlich. Unser erster Offizier hatte uns schreckliche Angst gemacht. Der hat die jungen Leute, die das erste Mal auf so einer Fahrt waren, zu sich bestellt, in seine Kabine, und hat da einen Mordsvortrag gehalten von wegen Syph, Schanker, Rachenschanker, Tripper und so weiter. Er hat alle Register gezogen, hat uns regelrecht eingeschüchtert. Dann hat er jeden von uns mit 'ner Zigarrenkiste voll Präservative verabschiedet. Ich erinnere mich auch noch an die Marke, die hieß nämlich Swing. Die Firma hat mittlerweile verkauft an Blausiegel. (Kaufmann, vormals Seemann, 38 Jahre)

Nee, also ich hätte in dieser Situation bestimmt nicht daran gedacht (ein Kondom zu benutzen), muß ich ganz ehrlich sagen. Und damals war ja nichts mit AIDS oder mit irgendwelchen Geschlechtskrankheiten, so wie heute. Das stand überhaupt nicht zur Diskussion. (Hausmeister, 40 Jahre)

Das wurde damals sehr propagiert wegen Tripper, Syphilis und diesen ganzen Krankheiten; da wurde ja auch Werbung in der Öffentlichkeit gemacht, so ähnlich wie jetzt mit AIDS. Warum Präservative? Damit man sich nicht ansteckt, aber eben auch aus dem Grund, daß man noch kein Kind haben will. Sicherlich nicht aus Verantwortung dem Wesen, was da heranwächst, gegenüber, sondern wegen der Verantwortung, die man dann übernehmen müßte. Weil man sich fest binden müßte. Ich fand es unangenehm, es hat viel Gefühl weggenommen. Auch diese Handlung, wenn man das 'rüberstreift, das war störend im ganzen Ablauf. (Ingenieur, 55 Jahre)

Nie. Ich habe nie ein Kondom benutzt. Bis heute nicht. Seitdem diese AIDS-Welle war, möchte ich sagen, von zehnmal mindestens achtmal ohne Kondom. (Taxifahrer, 53 Jahre)

Bei allen 8 Erstkontakten, die ab 1985 stattfanden, wurden dagegen Kondome benutzt. Angesichts von AIDS ist das ein ermutigendes Ergebnis.

> Das ging von mir aus. Na ja, sie hat die Kondome dabeigehabt, ich glaube, das war für sie auch keine Frage, natürlich nur mit Kondom. Aber die Frage stand für mich gar nicht, das ohne zu machen, weil das Kamikazehafte für mich nicht in Betracht kam ... Ich muß sagen, ich habe durch Prostituierte auch endlich das Kondom gefunden, das mir gefällt. (Erzieher, 30 Jahre)

> Ja, ich wollte es. Sie wollte es auch ... Nein, das war keine Frage, nein ... Sie hatte es dabei, aber ich hatte damals auch immer eins dabei. (Medizinstudent, 23 Jahre)

> Ich hätte es bestimmt nicht gemacht, wenn sie es nicht gewollt hätte. Ich hätte es verlangt ... Ich habe es verlangt, weil es eine Prostituierte war. (amerikanischer Betriebswirt, 27 Jahre)

> Ja, hab' ich ... Die Frau wollte das ... Eigentlich fand ich das nicht gut, aber ich mußte mich damit abfinden ... (Azubi, 20 Jahre)

Von den 38 Interviewpartnern benutzten beim Erstkontakt insgesamt 17 ein Kondom, und 13 benutzten keins. 6 Freier konnten sich nicht mehr erinnern, und in 2 Fällen ist es nicht zum Geschlechtsverkehr gekommen.

# 6

# Und Dann Aber Ran
## Spätere Kontakte zu Prostituierten

Nachdem wir die Männer über ihr »erstes Mal« mit einer Prostituierten befragt hatten, wollten wir natürlich auch wissen, wie sich diese Erfahrung auf ihre weiteren Kontakte zu Prostituierten ausgewirkt hat.

Wie häufig waren sie seitdem bei Prostituierten? Gehen sie regelmäßig hin oder sporadisch? Wir wollten nicht nur erfahren, ob sie Gründe oder Anlässe für den Besuch bei Prostituierten benennen können, sondern auch ermitteln, wie viele Männer zu Prostituierten gehen, obwohl sie eine feste Partnerin haben.

Die Antworten lassen sich schwer verallgemeinern. Sie sind so unterschiedlich wie die Interviewpartner, die ihre Aussagen mit zahlreichen Begründungen und Erläuterungen untermauerten. Der weitere Kontakt zu Prostituierten ist offensichtlich nicht allein von der positiven oder negativen Erfahrung beim Erstkontakt, sondern auch von anderen Faktoren abhängig. So schildern zum Beispiel 2 Männer, die beim Erstkontakt eher negative Erfahrungen gemacht hatten, den weiteren Verlauf der Kontaktaufnahme zu Prostituierten völlig unterschiedlich:

> Ich hab' danach bestimmt drei Jahre keine Prostituierte mehr mit dem Arsch angeguckt, wenn man das so sagen darf ... Erstens mal, vermutlich, weil ich damals relativ besoffen war und nicht mehr wußte, was ich tat. Ich hab' auch nichts Positives davon behalten, fühlte mich irgendwie überrumpelt und noch nicht reif dazu. Und das Ganze ist mir hinterhergelaufen, bis ich so achtzehn, neunzehn war. Also bis neunzehn, zwanzig gar nicht mehr ... und dann alle drei Monate ungefähr ... Ich muß das jetzt mal hochrechnen, rechne ich mal drei Monate, macht viermal im Jahr, fünf Jahre, zwanzigmal. Könnte hinkommen. (Fleischer, 26 Jahre)

> Nee, danach war keine Pause ... Man schaut ja, was hat man falsch gemacht, analysiert das und versucht es dann eben das nächste Mal neu. Vor allen Dingen konnte man das erst machen, wenn man wieder Geld hatte, klar, ich war damals Lehrling, und da mußte man erst mal wieder sparen. (Wirtschaftswissenschaftler, 41 Jahre)

Für die weitere Auswertung dieses Themenkomplexes teilten wir die befragten Männer zunächst einmal in zwei große Gruppen auf: zum einen die Gruppe der Männer, die zum Zeitpunkt der Befragung eine feste Partnerin hatten, und zum anderen die Gruppe der Männer, die zu diesem Zeitpunkt keine feste Partnerin hatten. Beide Gruppen waren exakt gleich groß.

*Männer mit fester Partnerin*
2 Männer aus dieser Gruppe sagten, daß sie schon seit längerer Zeit keine Prostituierten mehr aufsuchen. Die Gründe dafür und ihre Erfahrungen mit Prostituierten schildern sie wie folgt:

> Danach war so gut wie nichts mehr, weil ich wieder Freundinnen hatte, und dann fing es noch mal an, als ich um die Dreißig war ... Über ein Jahr hinweg so fünf-, sechsmal ... In dem Moment, wo ich zu weit von meiner Frau entfernt war, bin ich zu Prostituierten gegangen ... Ja, in meinen Fällen war es immer nur der Mangel an Sexualität ... Seit zwanzig Jahren war ich nicht im Puff. (Akademiker, 50 Jahre)

> Der Abstand zwischen dieser ersten Geschichte und dem zweiten Besuch bei einer Prostituierten dürfte etwa ein halbes Jahr gewesen sein. Ich weiß auch, daß es bei diesem zweiten Mal immer noch ziemlich schwierig war, den Kontakt zu kriegen, daß ich verlegen und befangen war — ich weiß jetzt nicht mehr, wie groß der Abstand vom zweiten bis zum dritten

Mal war, aber das war sicherlich nicht noch mal 'n halbes Jahr, sondern weniger. Und im Laufe der Zeit sind die Abstände dann immer kürzer geworden ... Das ist am Schluß sicherlich zwei- bis dreimal die Woche gewesen ... Ich bin sowieso der Auffassung — jetzt, im nachhinein —, daß das Aufsuchen von Prostituierten was mit Sucht zu tun hat ... In dem Maße, in dem die Besuche bei Prostituierten häufiger geworden sind, hat es abgenommen, daß ich mit meiner Ehefrau geschlafen hab'. Und nachher hat das ganz aufgehört. Ehe ich mich von ihr getrennt hab', hab' ich, glaub' ich, zweieinhalb oder drei Jahre nicht mehr mit der geschlafen gehabt ... Danach hab' ich die Frau kennengelernt, mit der ich heute verheiratet bin — und bei der ich bis jetzt eigentlich auch das Gefühl hatte, daß ich alles kriege, was ich haben möchte ... Weil ich Dinge, die ich gesucht, möglicherweise da immer gesucht hab', plötzlich von jemandem anders bekommen hab' — und dann brauchte ich die Prostituierten nicht. Ich hab' zum Beispiel plötzlich Zärtlichkeit bekommen ... Nein, ich bin seit vier oder fünf Jahren nicht mehr hingegangen. (Rechtsanwalt, 40 Jahre)

Einige der Männer mit fester Partnerin suchen Prostituierte auf, weil sie mit ihrer Partnerin gewisse Sexualpraktiken nicht ausleben.

Ja, der Anlaß ist eben der, daß meine Frau und ich nicht dasselbe gleich schön finden in der Sexualität ... Um mal die Katze aus dem Sack zu lassen, also meine Frau kann mir keinen blasen ... Nein, regelmäßig kann man das vielleicht nicht nennen ... noch zweimal ... Im Abstand von vier Jahren. (Lehrer, 36 Jahre)

Ich konnte meine Kamera mitbringen ... die Mädchen haben für die Aufnahmen bezahlt gekriegt, aber da ist es dann eben auch mal zu sexuellen Handlungen gekommen. Wir haben auch unterschiedliche Neigungen festgestellt, haben auch mal Aufnahmen mit Fesseln gemacht oder mit Ketten, aber im ganz kleinen Stil, ohne Grobheiten. Und da habe ich gemerkt, daß manche Frauen sich gut in diese Situation 'reinfinden, daß es ihnen auch Spaß machte. Da kam die Sexualität auch von seiten der Frau, also die sexuelle Neugierde, meine ich. Und das hat mich gereizt. Daraufhin habe ich diese Art der Sexualität bei Prostituierten gesucht ... Ja, es gab Zeiten, wo ich regelmäßig hingegangen bin ... Ich bin nicht interessiert an sechzig oder achtzig Mark, schnelle Sache, und deswegen kann ich das allenfalls ... alle ein oder zwei Monate mal machen ... Da ich Familie habe, muß ich auf die Kosten ja auch achten, ich bin verantwortungsvoller Familienvater ... (Ingenieur, 55 Jahre)

Mein Problem ist es, daß ich zwar immer eine dominante Frau gesucht, aber keine gefunden habe. Meine Frau ist auch masochistisch veranlagt. In der Ehe wird mir eben mehr oder weniger die Rolle aufgezwungen, sehr dominant zu sein. Ich kann von meiner Frau nicht verlangen, daß sie sadistisch ist ... Ganz einfach, weil sie das nicht kann ... Oft ist es, wenn ich außerhalb der Ehe Kontakt habe, so, daß ich wesentlich stimulierter bin. Deswegen gehe ich oft noch zusätzlich zu Prostituierten. (Wirtschaftswissenschaftler, 41 Jahre)

Die Grenzen zwischen dem Bedürfnis, bestimmte Sexualpraktiken auszuüben, und dem nach Abwechslung oder einem Ventil sind jedoch fließend.

Im Monat einmal, kann man schon sagen ... Auch wenn das Verhältnis zu meiner Freundin recht gut war, bin ich trotzdem gegangen ... War einfach so ein Impuls. Und das ist auch jetzt noch so, auf dem Nachhauseweg setzt sich so ein Gedanke fest, und dann kommt man davon nicht mehr weg ... Ich wäre froh, wenn ich nicht davon betroffen wäre, wenn ich nicht den Drang hätte, zu Prostituierten zu gehen. Aber ich weiß, daß ich das eben einfach muß. Daß so ein Ventil da sein muß ... Man muß ja nicht immer penetrieren. Orgasmus durch Öl oder so was, da kann man, glaube ich, ganz dolle Sachen machen ... Natursekt und so ... (Diplom-Ingenieur, 43 Jahre)

Auffällig war, daß am ehesten die Männer Abwechslung suchten, deren Beziehung zu einer festen Partnerin schon seit Jahren andauerte.

Es war nicht so, daß ich mit meinen Freundinnen in der Sexualität keine Befriedigung gehabt hätte ... Seitdem ich siebzehn war, hatte ich immer eine Freundin und bin auch immer — meistens — ein paar Jahre mit der zusammen geblieben. Da war dann immer das Problem, daß sich der Kick ganz schön abnutzt, ganz schnell ... Ich bin bis vor drei Jahren mit großer Regelmäßigkeit zu Prostituierten gegangen ... Bestimmt zehn Jahre lang fast einmal wöchentlich, manchmal sogar öfter. (Soziologe, 36 Jahre)

Sie war eine hübsche Frau und eine geile Frau, die Ehefrau. Sie war immer noch eine meiner besten Partnerinnen. Aber sie ist eben zehn Jahre älter geblieben als ich, sie ist jetzt einundachtzig, das ist doch ein bißchen zu alt, um noch richtig verliebt zu bleiben. Man hat sie gern, man hat sie lieb, aber verlieben kann man sich nicht mehr in eine Einundachtzigjährige. (belgischer Fotograf, 72 Jahre)

Diese Männer bewerteten ihre Kontakte zu Prostituierten offensichtlich nicht als Untreue gegenüber der festen Partnerin.

Ich bin seit dreiunddreißig Jahren verheiratet ... Und ich habe kein schlechtes Gewissen, weil ich Kunde bei euch bin. Wie gesagt, ich kann, ohne tot umzufallen, von mir behaupten, daß ich meine Frau noch nie betrogen habe, mit Freundinnen oder Bekannten oder anderen Frauen. Und wenn man das als Betrügen bezeichnet, dann habe ich meine Frau mit Prostituierten betrogen, da schon ein paar hundertmal, aber das hat mir unheimlich Spaß gemacht. Anderen macht es Spaß zu trinken, und mir macht es Spaß, zu Frauen zu gehen. (Taxifahrer, 53 Jahre)

Andere Interviewpartner begründeten den Besuch bei Prostituierten damit, daß sich der Kontakt so unkompliziert und problemlos herstellen läßt.

Mit anderen Frauen, das war mir alles zu nervig und zu anstrengend. Da gibt's immer erst dieses ganze Kennenlernen, diese ganzen Beziehungskisten, und man gibt sich in Abhängigkeiten 'rein, man kann nicht Schluß machen, wenn es nicht das Richtige ist, und das zieht sich alles so. Außerdem habe ich ein Faible für dieses ganze Milieu entwickelt, ich mochte die Frauen einfach. Ich mochte die mehr als die dummen Disco-Mädchen. Die waren mir irgendwo sympathischer, hatten viel mehr Lebenserfahrung, waren viel interessanter, viel spannender. (Industrieller, 42 Jahre)

Ab und zu brauch' ich das. Das ist für mich einfach mal was anderes außerhalb meiner jetzt laufenden Beziehung ... Auch wenn ich nicht unbedingt Frust mit meiner Freundin habe, einfach wenn die Lust mich überkommt ... Es ist viel einfacher mit einer Prostituierten ... Man muß sich keine Gedanken drüber machen. Das hört sich sicher schlimm an, aber ich vermute, das ist der Hauptgrund für mich. Das ist schlicht und einfach Sex, und ich bezahle das und krieg' was dafür. Es ist auch kein Notstand für mich, wenn ich ein Stück Schokolade esse; ich habe Bock auf ein Stück Schokolade, und dann ess' ich das. So ungefähr ist das. Verschiedene Stellungen kann ich auch zu Hause haben. Was mich primär interessiert an einem Puff, ist, wirklich einen schnellen, problemlosen, unkomplizierten Sex zu haben. (Medizinstudent, 23 Jahre)

Für andere Männer hat der Besuch bei Prostituierten eine Ventilfunktion in Streß- und Frustsituationen.

Je mehr Streß ich habe, desto häufiger gehe ich hin, und darum läßt sich schlecht ein Schnitt errechnen. Manchmal drei, vier Monate gar nicht, und dann vielleicht zwei, drei Wochen lang einmal wöchentlich ... Mit der Freundin habe ich seit eineinhalb Jahren überhaupt keinen Streß mehr, ich habe irgendwann begriffen, daß es nicht sein muß. Ich bin jetzt einunddreiviertel Jahre fest mit einer Frau zusammen, und mit der verstehe ich mich hervorragend. Streß sind eher die Dinge, die sich außen 'rum bewegen ... Und wenn man sich darum viele Gedanken macht, dann muß man sich irgendwo entspannen. Da die Zeit relativ knapp ist, wenn man abends zur Schule geht, wenn man nicht abends 'rausfahren und sich an einen See setzen kann, um wieder zu sich selbst zu finden, ist dies die etwas teurere, aber auch zeitlich verkürzte Version der Entspannung ... Bei mir ist das auch eine Frage der zeitlichen Koordination. Nicht immer, wenn sich bei mir das Bedürfnis einstellt, nun mal entspannen, habe ich auch die Möglichkeit, mit meiner Freundin zusammenzusein. Sonst würde ich vielleicht nicht zu einer Prostituierten gehen. (Tischler, 26 Jahre)

Irgendwann habe ich mal das Gefühl, daß ich sehr viel gebe, auch beruflich, und daß wenig zurückkommt. Dann sage ich: So, es ist soweit, heute willst du mal der totale Egomane sein. Und dann denke ich mir, wenn ich eine Prostituierte nehme, kann ich egoistisch sein ... Ich sage mir zwar immer, das war das letzte Mal; aber nach fünf bis sechs Wochen bin ich eigentlich immer wieder soweit, daß ich eine Prostituierte besuche oder die zu mir nach Hause hole ... Das ist manchmal schon irgendwie rauschhaft, wenn man überlegt, daß eigentlich alles okay ist in der Beziehung. Es gibt überhaupt keinen Grund, man ist sexuell mit seiner Partnerin vollauf zufrieden, und sonst harmoniert man auch. Warum dann noch eine Prostituierte? Weiß ich nicht. Ich denke mir, es hat was mit Rausch zu tun. (Erzieher, 30 Jahre)

*Männer ohne feste Partnerin*

Die Interviewpartner, die zum Zeitpunkt der Befragung keine feste Partnerin hatten, lassen sich in drei Gruppen unterteilen: 1. Männer, die zu Prostituierten gehen, weil sie keine feste Beziehung haben (4); 2. Männer, die während einer festen Beziehung nur bei Streit oder in Frustsituationen zu Prostituierten gehen (4); 3. Männer, die an festen Beziehungen nicht interessiert sind oder unabhängig davon zu Prostituierten gehen (11).

Die Männer, die während einer festen Beziehung nicht zu Prostituierten gehen, gaben an, daß sie dann den Kontakt zu ihnen suchten, wenn sie keine feste Partnerin hatten.

Intensiveren sexuellen Kontakt mit Prostituierten habe ich immer dann gesucht, wenn ich längere Zeit unterwegs war, ich bin sehr viel im Bundesgebiet herumgereist. Ich war ledig, konnte es mir also jederzeit erlauben. Da ich es mir aber wiederum nicht erlauben wollte, in jeder Stadt eine Freundin zu haben — das wäre mir auf Dauer zu anstrengend geworden —, habe ich eben diesen Kontakt gesucht ... Einfach um — wenn ich es hier mal so ausdrücken darf — einfach um einen gewissen Druck loszuwerden ... Während meiner Ehe oder einer festen Beziehung habe ich es nie getan. Ich gehöre noch zu denen, die ein bißchen treu sind; das ist ein ziemlich ausschlaggebendes Moment in meinem Leben. (Chemiekaufmann, 48 Jahre)

Die unter 2. zugeordneten Männer suchten nach ihren Angaben, wenn sie feste Beziehungen hatten, dann den Kontakt zu Prostituierten, wenn die Beziehung kriselte oder als nervig empfunden wurde.

> Ich habe 1965 geheiratet, und 1968, '69 fing das an zu kriseln. Dieses geht nicht, und das geht nicht, na ja, gut. Da sucht man einen Ausweg ... Mit meiner zweiten Bekannten, wir waren zwei, drei Jahre zusammen, da lief alles wunderbar, und in dieser Zeit hat mich das auch gar nicht interessiert. Wir hatten Verschiedenes besprochen, was man mal ausprobieren kann im Bett. Jeder hatte seine Befriedigung, und da interessierte mich das andere nicht ... Ich war ja ausgelastet. (Monteur, 48 Jahre)

> So ein-, zweimal im Vierteljahr geht es mir irgendwie schlecht, das bahnt sich über eine ziemlich lange Zeit an, eine emotionale Notsituation. Sonst kann ich mir ja selbst helfen ... Dann ist es soweit, und es ist schon aufregend, das auszuführen, einfach loszugehen ... Freunden mute ich mich in solchem Zustand nicht zu. Mit Prostituierten trage ich das auf einer anderen Ebene aus, da werde ich akzeptiert, und dann geht es mir besser ... Wenn ich eine Beziehung hatte, ist mir das eigentlich nur passiert, als es mal gerade am Kippeln war. (Bäcker, 25 Jahre)

Ein anderer Interviewpartner äußerte generelle Schwierigkeiten, eine feste Partnerin zu finden:

Die Mehrzahl der Nummern, die ich geschoben habe, für die habe ich gezahlt. Und eine längere Beziehung hatte ich nie. Es war für mich ziemlich hart, das zu verkraften, ich dachte, das kommt so einer Art Offenbarungseid gleich, ich bin eine Niete oder so. Ich kenne viele Frauen, die mit mir quatschen wollen; Sex haben sie mit anderen. Ich weiß nicht, wie vielen Männern das genauso geht, ob es so ein großes Tabu ist, oder ob ich wirklich der einzige bin weit und breit. Ich schätze mal: Es gibt viele Männer, die haben eine langweilige Frau oder eine, die das nicht mag, oder eine, die alt geworden ist; und die stehen insgeheim auf Jüngere oder, was weiß ich, wollen eben mal eine Abwechslung. Das ist bei mir eben nicht so, weil ich gar keine Partnerin habe im Moment ... Wenn ich das während einer Beziehung machen würde, dann nur, wenn das schon am Auseinanderbrechen wäre ... Oder wenn die mich betrügen würde, dann ja, dann würde ich keinen Hinderungsgrund sehen, aber ansonsten nicht. (Bibliothekar, 38 Jahre)

Die meisten der Interviewpartner, die an festen Beziehungen nicht interessiert sind oder unabhängig von Beziehungen zu Prostituierten gehen, begründeten dies mit Lust auf Abwechslung, Abenteuer und Zeitvertreib oder damit, daß die Sexualität mit Prostituierten ihnen mehr Spaß mache.

Mit sechsundzwanzig, siebenundzwanzig habe ich angefangen, Prostituierte aufzusuchen ... regelmäßig zwei-, dreimal im Monat ... Schlicht und ergreifend deshalb, weil ich bei Prostituierten — wenn ich sie ein bißchen länger kenne, und ich versuche, möglichst immer zu ein und derselben zu gehen — nicht diese verklemmte Sexualität finde, wie sie teilweise draußen ist. Wenn eine Prostituierte nicht mag, dann zeigt sie es. Dann weiß ich auch hundertprozentig, das ist echt. Und wenn sie mag, wenn sie mich akzeptiert, dann zeigt sie es auch, dann ist sie ehrlicher als manch andere Frau. Deswegen gehe ich gern zur Prostituierten, nicht, weil es da einfacher ist, schnell mit einer Frau ins Bett zu kommen, ich muß ja dafür bezahlen, und dafür muß ich auch 'ne ganze Weile arbeiten. Aber ich habe das Gefühl, daß ich den schöneren sexuellen Kontakt habe. Und wenn ich ein Mädchen längere Zeit kenne, dann freue ich mich auch drauf und fühle mich dabei auch wohl. (Hausmeister, 40 Jahre)

Ich gehe heute auch hin und wieder mal, wenn es mich überkommt, zu Prostituierten. Allerdings war ich lange Zeit, zwölf Jahre, verheiratet, und in der Zeit war ich nur zwei-, dreimal dort. Der Anlaß ist Geilheit. Bedürfnis nach Zärtlichkeit. Von mir aus könnte es jeden Tag sein, aber finanziell geht es nicht öfter. Wenn ich eine feste Partnerin habe und zu einer Prostituierten gehe, habe ich nicht das Gefühl fremdzugehen. Das ist einfach ein Geschäft. Wie das, wenn ich ins Geschäft gehe und irgendein Kleidungsstück kaufe. (Krankenpfleger, 38 Jahre)

Immer dann, wenn ich überhaupt nicht weiß, was ich mit meiner Zeit anfangen soll, dann komm' ich auf so doofe Gedanken. Manchmal war ich alkoholisiert. Lust muß vermutlich vorhanden sein, aber ansonsten gibt es keinen festen Grund. Es kommt auch vor, daß ich hingehe, nur um zu reden ... (Fleischer, 26 Jahre)

Nach dem ersten Mal war ich ungefähr zwei-, dreimal im Jahr dort. In New York gibt es eine Straße, wo die herumstehen, und ich bin öfter mal vorbeigefahren — es hat mich aufgeregt, es hat mich sehr nervös gemacht, und es war komisch. Es war ein komisches Gefühl, denn ich hatte irgendwie Angst, aber ich wollte hin. Die Frauen dort sind ziemlich aggressiv und nicht nett. Ab und zu mal gibt es eine Nette, aber die meisten Male bin ich einfach vorbeigefahren, ohne eine

Frau anzusprechen oder mit ihr zu gehen. Neunzig Prozent der Zeit habe ich nichts gemacht. Und wenn, dann habe ich mir die für zwanzig Dollar ins Auto geholt und irgendwo im Dunklen geparkt. Mit der Hand oder mit dem Mund, aber immer mit Kondom ... Mit meiner Freundin hatte es nie zu tun. Egal, ob ich eine hatte oder nicht — ich habe es genauso gewollt und gemacht. Und die Hälfte des Gefühls war Langeweile. Zum Beispiel hatte ich Samstag abend nichts zu tun, und anstatt zu Hause zu sitzen und fernzugucken, habe ich es gemacht. Einfach eine neue Frau. Das ist es einfach; ich meine, wenn ich jeden Tag zur selben Prostituierten gehen müßte — das würde ich nie machen ... Abwechslung, das ist für mich das Wichtigste. (amerikanischer Betriebswirt, 27 Jahre)

Spaß gemacht hat es mir immer nur mit Prostituierten ... Ich bin an einer festen Beziehung nicht interessiert, weil ich die Frauen, zumindest hier in Berlin, die keine Prostituierten sind, richtig unattraktiv finde. Weil ich meine, die haben überhaupt keine Ahnung von Erotik. (Student der Völkerkunde, 32 Jahre)

Ein Dreivierteljahr ungefähr hat es gedauert, bis ich wieder eine Prostituierte aufgesucht habe ... Aus einer Sufflaune 'raus, oder ein Freund hatte mal eine gute Adresse. Anfänglich wenigstens im Duett, immer mit einem Freund zusammen. Die Beziehung, die war dann wohl gerade auseinander, und ich hatte nicht so den Bedarf nach einer neuen. Wir haben drüber gelacht und hatten unseren Spaß, und ob man die hundert Mark versäuft, oder ob sie so über'n Jordan gehen, ist Wurst. Wir hatten was zu erzählen, und dann war das Thema erst mal wieder vom Tisch. Der Sex war dabei eigentlich sekundär. Das Abenteuer war, daß das mal eine Frau war, der gegenüber ich unsicher war ... Mensch, so eine richtige Profifrau, Gott, wie redest du mit der, was machste da. Eine Unsicherheit,

> die ich sonst nicht habe. Und das ist auch heute noch ein Beweggrund; das sind schon die einzigen Frauen, die mir einen gewissen Respekt einflößen. Ich lebe nie in festen Beziehungen, prinzipiell, das wird sich auch nicht ändern. Ach Gott, später, ja. Man ist ja noch jung. (Laborant, 27 Jahre)

Andere Männer begründeten ihre Besuche bei Prostituierten mit ihren sexuellen Vorlieben.

> Ich bin in Sex-Shops gegangen, um mir mal die Pornomagazine anzusehen. Und mich hat es auch ein bißchen angeekelt, manche Sachen, die da gezeigt wurden ... Danach hat man im Bett nachgedacht über die Phantasien und das, und dann habe ich mal 'ne Domina angerufen. Eine Annonce in der BZ, bei Diverses. Da bin ich hingegangen, mit siebzehn. Oft war es nicht, dafür gab es auch finanzielle Gründe. Und ich habe mich nicht so getraut, mich den Frauen zu offenbaren, meine Wünsche zu äußern, weil ich damals noch dachte, das wäre ein bißchen pervers und nicht alltäglich ... Während einer festen Beziehung bin ich auch gegangen, ja. Mit neunzehn hatte ich meine erste Freundin, das ging zwei Jahre lang, und da gab's in der Hinsicht auch Probleme. Ich war nicht der Typ, der jemandem was aufzwingt. ... Danach hatte ich eine Zeitlang, etwa zwei Jahre lang, keine Freundin; da habe ich mich auf die Arbeit konzentriert und bin ab und zu mal zu 'ner Domina gegangen. Ich wollte auch versuchen, 'ne private Freundschaft zu 'ner Domina aufzubauen, aber meistens war es schwer, die wollten ihre Freizeit anders verbringen. Konnte ich auch verstehen, die hatten mehr Geld zur Verfügung und auch 'ne andere Klientel, meistens Professoren, ich weiß nicht, die hatten eben andere Sachen zu tun. (Einzelhandelskaufmann, 31 Jahre)

Während manche Interviewpartner sich undifferenziert über ihre Gründe dafür, warum sie zu Prostituierten gehen, äußerten, gab es auch einen, dessen Aussage sehr widersprüchlich war. Zunächst gab er an, daß er Prostituierte nur bei der Trennung von seiner Frau aufgesucht habe. An anderer Stelle räumt er jedoch ein, daß es durchaus Ausnahmefälle gab.

> Gelegentlich, kann man sagen. Die Häufigkeit wird bestimmt von meiner eigenen Anschauung und vom Geldbeutel, diese beiden Sachen müssen natürlich in Übereinstimmung sein. Und das kann logischerweise bei meinem Verdienst nicht jeden Tag sein, auch nicht jeden zweiten und jeden dritten; vielleicht, im Schnitt, einmal im Monat. Wenn eine Beziehung nicht stimmt, aus welchen Gründen auch immer, dann fehlt irgendwas. Dann klappt irgendwas nicht mehr. Das hat mit Reden gar nichts zu tun. Wer das behauptet, man kann über alles reden, der behauptet Quatsch. Wenn ich nicht mit dem anderen reden will, dann kann ich nicht, ganz einfach. Und manchmal finde ich einfach den Draht nicht, dann red' ich über sonstwas, aber nicht über das, worüber ich eigentlich reden will ... Anlaß war immer, wenn ich zu Hause was vermißt hab'. Ist ja klar, wenn man meint, man kriegt das zu Hause nicht, dann versucht man, es sich woanders zu holen. Es gab auch mal mit Kollegen 'ne Fete, halbbetrunken haben wir mal so was gemacht. Zwischendurch ist schon mal was gewesen, aber das kann man gar nicht rechnen. Es war nicht bewußt und mit Vorsatz. Da ist so 'ne Fete und jeder ist der Größte, in so einem Kreise von mehreren Männern. Ist vielleicht auch normal. Ich meine, normal ist es nicht, aber es wird so gemacht. Und da kann sich auch gar keiner gegen wehren, es sei denn, er ist nicht dabei. (Polizeibeamter, 41 Jahre)

Fassen wir zusammen: Ein positiver beziehungsweise negativer Eindruck vom ersten Erlebnis mit einer Prostituierten führt nicht automatisch dazu, daß später entsprechend häufiger oder seltener Prostituierte besucht werden. Ebensowenig ist das Vorhandensein beziehungsweise das Fehlen einer festen Partnerschaft ein Kriterium. Der weitere Kontakt zu Prostituierten ist von diversen Faktoren abhängig: von der finanziellen Situation, davon, ob die Partnerin zu sexueller Offenheit bereit ist, von Streß in der Beziehung, von Trennungssituationen, vom Wunsch nach Abwechslung oder nach speziellen sexuellen Dienstleistungen oder von der Faszination, die das Prostituiertenmilieu ausübt.

Behauptungen wie: Männer gingen nur zu Prostituierten, wenn sie keine Partnerin haben; Männer gingen nur bei Streit mit der Partnerin zu Prostituierten; Männer gingen vor allen Dingen in Männerbünden (zum Beispiel Kegelklub) zu Prostituierten; oder Männer lebten bei Prostituierten vor allem »perverse« Wünsche aus, haben sich als Vorurteile erwiesen. Sicher können das Gründe für den Besuch bei einer Prostituierten sein, aber unsere Ergebnisse bestätigen nicht, daß sie vorherrschend sind.

# 7

# Das Ist So Meine Welt ...
## Sexuelle Vorlieben

Unter der Überschrift »Sexuelle Präferenzen« befragten wir unsere Interviewpartner, wie sie ihre Besuche bei Prostituierten bewerten, wie sie zu ihrer erkauften Sexualität mit Prostituierten stehen, ob sie sie als einen Notstand empfinden. Natürlich wollten wir auch genau von ihnen erfahren, welche Dienstleistungen sie im einzelnen von Prostituierten erwarten und inwieweit sich die mit einer Prostituierten erlebte Sexualität von der Sexualität mit der Partnerin in einer privaten Beziehung unterscheidet.

Zu diesem Themenkomplex schwirrten uns vor Beginn der Studie zwei Bilder im Kopf herum:

Freier haben mit einem ihnen von der Gesellschaft auferlegten Stigma zu kämpfen; es dichtet ihnen eine besondere, ausgefallene, ungewöhnliche, gewalttätige oder gar perverse Sexualität an, zu deren Befriedigung sie zu Prostituierten gehen, während ihre Partnerinnen mit diffusen Konkurrenzängsten kämpfen.

Dagegen kennen wir aufgrund unserer jahrelangen Arbeit überwiegend liebenswerte Freier, die keineswegs bei einer Prostituierten etwas anderes als »normale« Sexualität ausleben. Doch was bedeutet normale Sexualität?

*Sucht?*

Sexualität scheint in unserer Gesellschaft trotz der sogenannten sexuellen Revolution Ende der 60er/Anfang der 70er Jahre, die die sexuelle Befreiung der Frau bewirkt haben soll, weiterhin ein Tabu-Thema zu sein, sowohl im wörtlichen als auch im praktischen Sinne. Gehen Männer damit anders, *freier,* um? Was bedeutet es für sie, zu einer Prostituierten zu gehen?

Die meisten Antworten waren ambivalent. Kaum ein Mann gab ohne jede Einschränkung zu, daß er gern zu Prostituierten geht und den Besuch bei ihnen als lustvoll erlebt. 10 Interviewpartner äußerten sich diesbezüglich gar nicht.

Insgesamt bewertete dies nur ein Mann uneingeschränkt als »normal«. Und Vergleiche wie der folgende sind ebenfalls die Ausnahme:

> Das ist vergleichbar — mit einem Spezialitätenrestaurant. Wenn die Frau sich nicht durchringen kann, grünen Hering zu braten, wenn sie es vielleicht eklig findet, das anzufassen, dann gehe ich halt in ein Fischrestaurant ... In diesem Bereich wird das jeder akzeptieren, bloß im Bereich Sexualität wird es eben nicht akzeptiert, jedenfalls von der Mehrheit nicht ... Ja, diese unterschiedlichen Erfahrungen bewerte ich positiv. (Lehrer, 36 Jahre)

10 Männer verglichen ihre Sexualität mit Prostituierten mit anderen Süchten, fühlten sich einem undefinierbaren Zwang ausgeliefert, bezeichneten sie sogar als Notstand. Deutlich werden hier das Übergewicht der gesellschaftlichen Normen und Moralvorstellungen und die Schwierigkeit, den eigenen Bedürfnissen zu folgen, sie auszuleben und vor sich selbst und vor anderen dazu zu stehen. Vor und während des Aktes wird das Erlebnis noch genossen, doch danach kommt oft von einer Sekunde auf die andere das »plötzliche Erwachen«, gepaart mit üblem Beigeschmack und einem schlechten Gewissen, das es schnell, schnell zu vergessen gilt.

> Ich bin sowieso der Auffassung, daß das Aufsuchen von Prostituierten was mit Sucht zu tun hat ... Aber ich glaub', daß das grundsätzlich so ist. Inzwischen hab' ich auch von den Sexualgewohnheiten vieler anderer Männer etwas mitbekommen und sehe, daß die ähnlich reagieren. Es werden immer mehr und immer andere Frauen, ein Faß ohne Boden, wobei du aber nie zufrieden bist. Fast jedes Erlebnis läßt dich mit der Frage zurück: Warum hast du das eigentlich gemacht? Und das hast du bei anderen Süchten auch;

wenn du morgens total verkatert aufwachst, dann fragst du dich auch, warum du abends gesoffen hast. Und trotzdem tust du es vielleicht am nächsten Abend wieder. (Rechtsanwalt, 40 Jahre)

Ja, ich gehe nicht ungern hin, aber ein gewisser Notstand ist es natürlich auch. (Student der Völkerkunde, 32 Jahre)

Alles, was mich an meinem »Freierdasein« stört, ist, daß es, in gewissen Zeitabständen, ganz zwanghaft ist. Ich komme nicht drum 'rum; da kämpfe ich einen ganzen Tag und weiß genau, ich fall' um. Ich habe es auch schon geschafft, nicht umzufallen, und habe wieder meine Ruhe gehabt ... Warum ich dagegen kämpfe? Weil es mich einfach nervt, ich will nicht hin. Eigentlich will ich schon, aber meistens kommt es dann, wenn ich es mir überhaupt nicht leisten kann. Ja, Puffgehen ist volle Droge. (Musiker, 25 Jahre)

In der Notlage. In meinen Fällen war es immer nur der Mangel an Sexualität (Akademiker, 50 Jahre)

*Bereicherung*

Immerhin stehen diesen 10 insgesamt eher negativen Berichten die überwiegend positiven von 17 Männern gegenüber. Für sie bedeutet Prostitution eine sexuelle Bereicherung und eine Fülle von unterschiedlichen Erfahrungen — neben der magischen Anziehungskraft, die das Milieu auf sie ausübt. Hier befriedigen sie nicht nur ihre Neugier, sondern auch viele andere Bedürfnisse, von denen das sexuelle nur eines ist.

Ich erinnere mich an drei, vier Frauen, zu denen wäre ich, wenn das finanziell möglich gewesen wäre, bestimmt alle drei Tage gegangen. Das waren die ganz tollen Erlebnisse, im Regelfall in den etwas gepflegteren Clubs, wo ich dann eine Stunde oder länger war, also auch mit Zeit. Wenn ich mir bestimmte Frauen, bei denen ich war, vor Augen halte, bestimmte Prostituierte, die für mich sehr viel ausgestrahlt haben, bei denen ich was gelernt habe, wo es aber, abgesehen vom Lernen, auch sehr viel Spaß gemacht hat im Bett, dann bin ich der Meinung, daß ich damit auch weitermachen möchte. Auch wenn ich eine feste Freundin hätte. (Kommunikationsorganisator, 40 Jahre)

Schon das ganze Studium hindurch war das — daß ich als Kunde zu Prostituierten ging — kombiniert mit dem anderen Interesse: Kontakte zu haben. Das hängt also sehr mit dem Zölibat zusammen. Es hat für mich wahrscheinlich eine magische Anziehungskraft ... (österreichischer Religionslehrer, 31 Jahre)

Ich empfinde es als sexuelle Bereicherung ... Es gibt sehr perfekte Damen, von denen man wirklich beglückt nach Hause geht; und es gibt auch perfekte Damen, die auch eine emotionale Seite zulassen — das ist natürlich das Höchste, obwohl es gar nicht immer Ziel der Sache ist ... Ich persönlich würde Prostituierte allerdings sehr weit oben ansiedeln, und zwar die guten, denn für mich sind gute Prostituierte unglaublich viel wert. Die haben in meinen Augen einen gesellschaftlichen Wert, den manche einfach ignorieren; und ich frage mich, wieso ignorieren die das eigentlich? Was für Neurosen, was für Sachen die sicherlich schon geheilt haben und wie viele Menschen die beglückt haben — auch das muß man mal sagen —, das kann keine Heilslehre. Ich bin schon von einer Prostituierten weggegangen, da schwebte ich auf sieben Wolken. Das vermittelt sich ja auch den Mitmenschen, ich bin dann nicht mehr so aggressiv, bin ruhiger, gelassener — das ist doch was Tolles! (Wirtschaftswissenschaftler, 41 Jahre)

*Lust* und *Sucht, Freude* und *Notstand* stehen dicht nebeneinander und müssen von den Männern als konträre Gefühle in Einklang und unter einen Hut gebracht werden. Mit dieser Ambivalenz haben sie gelernt zu leben.

Bei der Frage nach ihren sexuellen Präferenzen merkten wir, daß die Männer explizit und klar danach befragt werden wollten. Sonst sah die Antwort etwa so aus:

> Ja, halt gewissermaßen normalen Geschlechtsverkehr. (Sicherungsposten, 30 Jahre)

Welche Dienstleistungen erwarten Freier nun von Prostituierten?

*Zärtlichkeit*

Auffällig ist das starke Bedürfnis vieler nach Zärtlichkeit, Nähe, Streicheln/Kuscheln, Unterhaltung und viel Zeit — neben der Befriedigung ihres als normal bezeichneten sexuellen Bedürfnisses. Darunter verstehen sie außer der traditionellen Missionarsstellung auch alle möglichen anderen Stellungen bis hin zur Einbeziehung des gynäkologischen Stuhls, Verkleidungsspiele und alle Praktiken, über »französisch« (oral aktiv und passiv) bis hin zum Analverkehr.

> Ich hab' schon als Schüler den Traum gehabt, daß man auch zwischen den Brüsten einer Frau kommen kann; aber ich hab' mich nie getraut, das mal irgendwo zu erfragen oder vorzuschlagen. Aber einer Prostituierten hab' ich es mal vorgeschlagen, weil ich dachte, für sie müßte das viel leichter sein, weil sie sich im Verhältnis zu ihrem Freund weniger vergibt. Die schien auch ganz erleichtert darüber zu sein, und ich fand es schön, diesen Traum mal zu verwirklichen. (Rechtsanwalt, 40 Jahre)

> Von großer Zärtlichkeit bis zu großer Härte alles — ob das normaler Verkehr in allen möglichen Stellun-

gen war oder Mundverkehr. Außer Analverkehr habe ich alles gemacht. Aufgehört damit habe ich, als diese AIDS-Geschichte kam. (leitender Beamter, 60 Jahre)

Ich verbinde das Sexuelle sehr mit dem Seelischen. Obwohl das nicht immer in Einklang zu bringen ist. Manchmal fühlt man sich dann auch schlechter als vorher, je nachdem, was sie gebracht hat, und wie sie war, das kommt auf die Frau an. Manchmal hat man das Gefühl, es ist nur Geschäft, schnell, schnell, fertig, aus, abspritzen und fertig. Aber es gibt auch andere, die lassen sich ein bißchen mehr Zeit. Ich glaube, ich erwarte ein bißchen Zärtlichkeit ... Schmusen, einfach zärtlich zusammen liegen, auch ein bißchen reden. Da laß ich dann auch gerne mal ein paar Mark mehr springen. (Krankenpfleger, 38 Jahre)

Ich seh' sie gern an, und dann streichel' ich sie gern. Ich bin, wie man so sagt, ein Softy. Ich hab' das gern, wenn sie schmusen. Bei manchen sieht man, daß sie sich dazu zwingen; aber die kleine Thaibraut, die hat das wirklich gern gemacht. Oder sie war 'ne besonders gute Schauspielerin. Außerdem hab' ich das gern, wenn sie ihn in den Mund nimmt. Dann kommt's zum normalen Verkehr, und dann hau' ich wieder ab. Bei mir geht es meistens sehr schnell ... (Taxifahrer, 53 Jahre)

Mir macht es am meisten Spaß, wenn ich mit einer Frau zusammen bin, die es gut abkann, wenn ich relativ tief in sie eindringen kann und dann ... Nicht so hin- und herschuckeln. (Kommunikationsorganisator, 40 Jahre)

Doch so sicher sich die Männer in ihren Wünschen und Vorstellungen nach emotionaler Nähe sind, so schwer fällt es ihnen, dieses gegenüber einer Prostituierten zu äußern und es von ihr zu fordern.

Mir hat oft die Zärtlichkeit gefehlt, aber umgekehrt hätte ich wahrscheinlich nicht die Traute gehabt. Oder ich wär' vielleicht gar nicht auf die Idee gekommen, 'ne Frau zu fragen, ob ich möglicherweise auch noch 'n bißchen Zärtlichkeit abbekommen könnte. (Rechtsanwalt, 40 Jahre)

Ich denke immer, daß das Mädel, dem ich da gegenüberstehe, genauso ein Mensch ist wie ich auch, daß es keine Sexmaschine ist, und ich habe da genau die gleichen Hemmungen, irgendwelche Wünsche zu äußern. Sie muß mich also ziemlich ermutigen, damit ich sage, was ich eigentlich möchte. (Chemiekaufmann, 48 Jahre)

*Abwechslung*

Bei Prostituierten suchen die Männer den Kontrast zu ihrer Partnerin und eine große Abwechslung in ihren sexuellen Kontakten. Sie wollen ihre Phantasie anregen und Neues erleben, hoffen aber gleichzeitig, ihre Traumfrau/Idealfrau zu finden.

Es war mal anders, aber ich ging eigentlich nie wegen des eigentlichen Geschlechtsverkehrs. Ich ging, weil ich die Idealfrau, die Traumfrau suchte. (belgischer Fotograf, 72 Jahre)

Sie genießen es, eine Auswahl unter vielen Frauen treffen zu können, und finden sexuelle, seelische und körperliche Befriedigung und Selbstbestätigung.

Sie genießen aber auch den unkomplizierten, schnellen, problemlosen Sex mit einer Prostituierten, die sofortige Lustbefriedigung, aber ohne Verpflichtung.

Das Schöne bei einer Prostituierten ist einfach, daß da eine Sexualität stattfindet ohne viel Brimborium.

Ich meine so eine Koketterie, so ein Anmachen, was sonst natürlich schwer nötig ist, wenn man schnell eine Frau haben möchte für's Bett. Dazu habe ich manchmal gar keine Lust, die ganzen Umstände, die normalerweise erwartet werden: Essen gehen, Tanzen gehen, Blumen, Wein, dieses und das. Manchmal bin ich eben so drauf, daß ich einfach Lust habe, und dann soll es auch schnell dazu kommen ... (Kommunikationsorganisator, 40 Jahre)

Das ist so meine Welt, in der ich richtig aufblühe ... Es gibt 'ne Menge Prostituierte, die das wissen und selbst auch mitmachen. Was ich gern habe, ist, wenn ich mich umziehe, ich habe einen kleinen Fundus an Sachen zu Hause. Oder wenn die Frau sich umzieht, irgendwas Verrücktes macht. Schon wenn ich weiß, daß meine Bekannte, also keine Prostituierte, zu meiner Freude unter ihrem Rock kein Höschen anhat und sogar mal mit mir tanzen geht, so, in diesem Zustand, das ist ein schönes Gefühl. Ich erwarte, daß 'ne Prostituierte meine Phantasie anregt ... (Ingenieur, 55 Jahre)

Auf der einen Seite hat man gesagt, gut, das ist eine Möglichkeit, ohne daß man großartig Vorbereitungen treffen und Verhandlungen machen muß, um zu dem da zu kommen; und auf der anderen Seite war man am Überlegen und hat gesagt: Ja, was bringt das eigentlich. Und da kam man nachher, da kam ich zu dem Schluß, daß es im Grunde genommen nicht viel bringt, daß es einfach 'ne Abwechslung ist. (Monteur, 48 Jahre)

Es geht einfacher und schneller und unkomplizierter, wenn man zu 'ner Prostituierten geht. Außerdem ist es geiler, weil man die Frau nicht kennt und sie zum ersten Mal sieht. Da ist die Attraktion da; man kann neue Brüste sehen, die man noch nie gesehen hat, und

> Beine und alles mögliche. Die Prostituierte gibt mir den Quickie, ohne Anlaufzeit, ohne Kontaktgespräch, so aus dem Stegreif, aus dem Stand, aus der Hüfte. (Kaufmann, vormals Seemann, 38 Jahre)

*Phantasien ausleben*

Einige Männer gehen zu Prostituierten, weil sie sich von ihrer Partnerin in ihrer Sexualität nicht verstanden fühlen und es ihnen unmöglich ist, ihre sexuellen Wünsche gemeinsam mit dieser auszuleben. Zum Beispiel wurden als von der Partnerin verweigerte Wünsche sowohl aktiver als auch passiver Oralverkehr, getrennte Masturbation ohne Geschlechtsverkehr, Fußfetischismus oder Quickies genannt.

Die Angst, als pervers angesehen zu werden, hält sie davon ab, mit ihrer Partnerin offen zu reden, sich ihr anzuvertrauen, sich mit ihr gemeinsam sexuell zu erfahren, mit ihr neue Dinge auszuprobieren und gemeinsam auszuleben.

> Ich bin ein bißchen dominant veranlagt, und aus Schamgefühl oder aus Angst oder aus Rücksichtnahme habe ich bisher noch nie den Mut gefunden, einer Freundin oder Bekannten, die ich hatte, diese Ambition mitzuteilen. Gerade die Fesselungen haben einen solchen Reiz, weil man sich nicht wehren kann. Man ist seinem Gegenüber total ausgeliefert. Andererseits habe ich auch eine panische Angst davor, daß mir irgendwo mal was passiert, daß man im Krankenhaus liegt und dann auch wieder hilflos ausgeliefert ist. Das habe ich so im Unterbewußtsein. Aber bewußt Dinge erleben, wo man sich nicht wehren kann, das finde ich gut, das bedingungslose Ausgeliefertsein — bedingungslos ist es ja nicht, denn man spricht vorher ab, was man haben möchte oder welche Ideen man verfolgen, welche Spiele man durchspielen möchte. Allerdings, bei der langen Erfahrung, die wir miteinander haben, ich gehe immer zu derselben Dame, bedarf es

manchmal keiner Worte. Man unterhält sich dann hinterher über bestimmte Dinge, und da kommt mir schon wieder eine Idee fürs nächste Mal; und so entwickelt sich das fort. Ich glaube, gerade weil man ein freier Mensch ist, braucht man irgendwo auch mal einen Moment der Unfreiheit, auch wenn's nur im Spiel ist. Wobei der Höhepunkt eigentlich gar nicht sein muß, das Spiel an sich ist eigentlich das Wesentliche ... Das kann auf einem gynäkologischen Stuhl sein, das kann ein Kreuz oder auch ein Bock sein, das kann, im Extremfall, an den Füßen aufgehängt sein, Kopf nach unten, das können die unmöglichsten Stellungen sein. Der Phantasie ist freier Raum gelassen. Zum Beispiel die Beine über den Kopf 'rüber gefesselt und dann in den Analbereich eine Kerze 'reingesteckt, das sind alles Spiele, die, glaube ich, eine verständnisvolle Domina, wenn sie es lange genug macht, einfach drauf hat. Und sie läßt sich immer neue Ideen einfallen, so daß es nie langweilig ist. Man läßt sich mit den Beinen an irgendeinem mechanischen Aufzug fesseln und hochziehen, und dann hängt man kopfüber dort — und ähnliche Spiele. Manchmal ist es auch recht abenteuerlich, aber mir ist es eigentlich bisher nur einmal passiert, daß das ein bißchen weiter gegangen ist, daß es vielleicht schon in eine gewisse Härte ausgeartet ist. Das war zu einer Zeit, wo ich körperlich nicht so ganz auf der Höhe war. Na gut, dann ist man mal abgesackt, aber der Kreislauf war dann ja sofort wieder da. Bloß, das muß eine gute Domina eigentlich sehen: Wie weit kann ich gehen, was macht der Kunde, wie reagiert er. Die hat's auch sofort erkannt. Insofern sind der Phantasie Tür und Tor geöffnet, sei es, daß man Einläufe verschiedenster Art kriegt, mit Sekt oder mit normalem Seifenwasser oder Ähnliches, sei es, daß man hochhackige Schuhe ankriegt, und es ist relativ schwierig, damit zu laufen, besonders, wenn die Knie noch zusammengefesselt sind. Zwischendurch passieren immer wieder reine Erziehungssitzungen, wo mehr auf den Begriff des Gehorchens und Erziehens Wert gelegt wird; und dann stehen mal wieder Fesselungen und das Ausharren in bestimmten Positionen im Vordergrund. Wobei ich nicht so ein großer Freund des Ausgepeitschtwerdens oder Schlagens bin, aber das weiß die Dame wo man hingeht, und akzeptiert es eigentlich auch. Man braucht also kaum große Worte; das Verhältnis geht über das rein Geschäftliche eigentlich schon hinaus. Da ist eine Beziehung vorhanden. Das Spiel steht im Vordergrund, um das noch mal zu sagen, und nicht so sehr die sexuelle Befriedigung. Der Erguß krönt das Ganze noch und schließt es irgendwo ab. Aber er ist nicht wesentlich; manchmal sagt man schon: Das klappt heut' nicht. Dann werden meistens die Geheimwaffen eingesetzt, die die Dame auch noch drauf hat, sie versucht es also dennoch; aber ich bin schon mal nach Hause gegangen, ohne daß es geklappt hatte, und ich war nicht enttäuscht. Das Spiel steht im Vordergrund. (Beamter im mittleren Dienst, 44 Jahre)

Ich glaube, wenn ich zu Prostituierten gegangen bin, dann war das oft das Bedürfnis, irgend etwas auszuprobieren, wo man sich mit der Freundin erst mal nicht so traut, drüber zu reden. (Soziologe, 36 Jahre)

Ich habe mir das von den anderen Frauen geholt, weil meine Frau es mir meistens nicht gegeben hat. Sie ist unheimlich schamhaft, heute noch, obwohl sie zwei Jahre älter ist als ich. Heute noch ist es, wenn wir zehnmal zusammen sind, höchstens einmal möglich, daß ich sie mal küssen darf auf ihr Geschlechtsteil, das hat sie einfach nicht gern. Und die Damen lassen sich das bieten. Die lassen sich das gefallen, das ist mir angenehm ... Ich kann sie auch streicheln, wo ich will. Meine Frau kommt zwar manchmal bei Licht ins Schlafzimmer, nackend, aber das ist vielleicht zehmal vorgekommen ... (Taxifahrer, 53 Jahre)

*Passiv sein*
Viele Männer leiden unter der scheinbar festgefahrenen Rolle in ihrer Partnerschaft; sie wollen nicht immer den aktiven Part übernehmen, sondern genießen es, bei Prostituierten passiv zu sein, sich ausschließlich verwöhnen zu lassen und sich total egoistisch zu verhalten.

> Ich persönlich mag sehr gern, wenn die Frau mindestens so aktiv ist wie ich selber — das führt dann auch dazu, daß ich bestimmte Positionen lieber mag als andere, nämlich die, wo die Frauen 'n bißchen aktiver sind. (Rechtsanwalt, 40 Jahre)

> In einer anderen Beziehung hatte ich das Gefühl, sexuell immer präsent sein zu müssen. Und das ist etwas, was ich bei Prostituierten nicht brauche. Da habe ich das Gefühl, sie nehmen mich in dem Zustand, in dem ich bin. Umgekehrt versuche ich allerdings, es genauso zu machen. Und das ist bisher immer ganz toll gelaufen. (Hausmeister, 40 Jahre)

Sie fühlen sich bei Prostituierten, die sie für erfahrener auf sexuellem Gebiet halten, gut aufgehoben.

> Erstens ist es bei einer Prostituierten interessanter, die sind erfahrener und nett. Und zweitens macht es mehr Spaß. Mit 'ner Freundin ist es sexuell immer das gleiche, und da kann man mal was anderes machen ... Ja, auch andere Stellungen. (Azubi, 20 Jahre)

Dennoch empfinden die Männer bei der Sexualität mit ihrer Partnerin mehr Nähe und Liebe. Dabei spielt Küssen eine große Rolle.

> Eigentlich ist Sex mit einer Prostituierten nicht so schön. Weil ich mich sehr zurückhalte; ich küsse sie nicht, sie küßt mich nicht, und ich würde ihre Brüste nicht küssen, weil sie schon ein anderer Mann geküßt hat, vielleicht, und das ist irgendwie nicht schön. Das ist mit meiner Freundin viel schöner! Ich kann sie überall küssen; ich mache viel mehr mit einer Freundin, als ich mit einer Prostituierten machen würde, auch wenn es ein bißchen komisch ist, mit Leder oder so was — ich habe überhaupt keine Angst, solche Sachen mit meiner Freundin zu machen; komische Phantasien oder Vergewaltigungsphantasien oder so was. Mit einer Prostituierten würde ich mich nie trauen, so was zu machen. (amerikanischer Betriebswirt, 27 Jahre)

*Praktiken*

Wie bereits erwähnt, erhofften wir uns von den Freiern genauere Informationen über ihre Sexualität und insbesondere über ihre sexuellen Präferenzen. Sicher glaubten wir, gerade in diesem Bereich Geheimnisse lüften zu können und ganz speziell Neues zu hören. Gibt es auf sexuellem Gebiet noch Dinge, Stellungen, Praktiken, die wir nicht kannten, von denen wir bisher noch nichts erfahren hatten? Voller Spannung gingen wir daher auf die Männer zu.

Und was berichteten sie uns?

| | |
|---|---|
| 10 Männer | lieben normalen, gutbürgerlichen, heterosexuellen Sex, quasi nur die Missionarsstellung, |
| 2 Männer | bevorzugen die Kombination von Verkehr und französisch, |
| 6 Männer | lieben oralen Sex, und zwar sowohl aktiv als auch passiv, |
| 5 Männer | erklären, daß sie dominant veranlagt seien beziehungsweise von Zeit zu Zeit gern auch die Dienste einer Domina in Anspruch nähmen, |
| 2 Männer | beschränken dies auf zartdominante Behandlung, |
| 8 Männer | lehnen für sich jegliche dominanten Sexualpraktiken ab, |

| | |
|---|---|
| 2 Männer | lieben Analverkehr, |
| 2 Männer | stehen auf Dessous bei Frauen, |
| 2 Männer | verkleiden sich selbst gern, schminken sich und laufen auf hochhackigen Schuhen herum, |
| 1 Mann | liebt es besonders, wenn die Frau beim Geschlechtsverkehr unter ihm liegt und ihre Beine hoch über seine Schultern legt, |
| 1 Mann | liebt ausschließlich die Zärtlichkeit mit einer Frau und das Kuscheln mit ihr, |
| 1 Mann | liebt besonders den Sexualkontakt mit asiatischen Frauen, |
| 1 Mann | liebt die eigene Masturbation ohne den körperlichen Kontakt mit einer Frau, |
| 1 Mann | ist Fußfetischist und |
| 1 Mann | ist bisexuell veranlagt und liebt ausschließlich oralen Sex sowohl mit Männern als auch mit Frauen. |

(Mehrfachnennungen waren möglich.)

Normaler Verkehr und Blasen, mehr passiert nicht ... (Bäcker, 25 Jahre)

Ich bin ein Mensch, der ganz normal Sex haben will, weder irgendwelche Perversitäten noch irgendwelche Sonderwünsche, ich mache ganz normalen Sex ... (Krankenpfleger, 38 Jahre)

Ich mag es zum Beispiel ganz besonders, wenn ich über einer Frau bin, und die Frau packt ihre Beine über meine Schultern. Und wenn ich dann spüre, die Frau findet es halbwegs gut und kann es gut ab, wenn ich spüre, daß es nicht widerlich ist für die Frau, dann finde ich das schon sehr erregend. (Kommunikationsorganisator, 40 Jahre)

Es ist heute, im Zeitalter von AIDS, die Befriedigung ohne körperlichen Kontakt; ich bin ein Mensch, der gern etwas Schönes sieht, und für mich gibt es nichts Schöneres als einen Frauenkörper. Das Schönste, was ich also erleben kann, ist das Miteinander-Masturbieren, bis eben beide Teile — zumindest kann ich es von mir sagen, ich für meinen Teil — die Erfüllung gefunden haben. Das halte ich jedenfalls für schöner als zum Beispiel Telefonsex oder so etwas in der Richtung, das ist für micht nichts. Was ich heute noch mache, ist Telefonsex eben in Natur. (Chemiekaufmann, 48 Jahre)

Ich habe ein Faible für Dessous. Das finde ich schon sehr interessant und sehr anregend. Ich finde halt eine raffiniert bekleidete Frau interessanter als eine nackte, und nichts ist so langweilig wie ein FKK-Strand. Davon bin ich nicht frei, und ich glaube, alle anderen Männer auch nicht. (Industrieller, 42 Jahre)

Ich hab' was für knallenge Hosen übrig, logischerweise. Und so 'ne Dinger am besten anbehalten. Wenn ich das sehe, werde ich schon immer ganz schwach. Und vor allem muß ich 'ne Frau hören, die kleinen Metallstiftchen am Absatz, dann erkenne ich sie am Gang, da muß sie gar nicht den Mund aufmachen. Und ich hab' auch sehr viel für Make-up übrig, ein Strich zuviel ist mir lieber als einer zuwenig. Aber es sind mehr die Kleidungsstücke, das enge Anziehen, 'ne Corsage oder so was und 'ne enge Hose, was mir so vorschwebt. Auch Leder finde ich sehr gut. Leder ist für mich Haut, ist ja auch Haut, ist ein organischer Stoff. Leder find' ich einfach gut. (Polizeibeamter, 41 Jahre)

Heute bin ich in einem im Alter, wo ich keine Orgasmen mehr bekomme, aber ich habe immer noch Freude am Körperkontakt mit einer schönen Frau ... Mein Gott, was mir am angenehmsten ist, ist in den Armen einer Frau einzuschlafen. Wenn sie mir wenigstens die Hoden mit beiden Händen streichelt, einfach streichelt, und mich in ihren Armen hält, schlafe ich in zwei Minuten ein, besser als mit einer Schlaftablette. (belgischer Fotograf, 72 Jahre)

Ich betrachte mich als bi, schon immer. Wäre ich schlank, hätte ich auch bessere Chancen, aber das war immer ‘ne kostenlose Alternative, sich irgendwo nachts, wenn es die Zeit und die Lust erlaubte, irgendwo auf ‘ne Klappe zu stellen, sich da zu betätigen oder sich anzubiedern. Ich steh’ auf’s Orale. Auch deshalb, weil mich dahingehend natürlich das Thema AIDS sehr interessiert, das ist ja in vorderster Linie die Risikogruppe. Natursekt, das ist doch was Herrliches ... (kaufmännischer Angestellter, 40 Jahre)

In dem Augenblick habe ich zum Beispiel speziell eine asiatische Frau gesucht; wahrscheinlich, weil meinem Geschmack mehr die zierlichen, kleinen Frauen entsprechen. (Erzieher, 30 Jahre)

*Unterschiede zur privaten Sexualität*

Wir waren erstaunt über die Offenheit und das uns entgegengebrachte Vertrauen. Gerade in diesem Bereich haben sich die Freier offener und freier über ihre geheimen, zum Teil unbefriedigten Wünsche geäußert, als wir dies von anderen Männern, die wir privat kennen, gewöhnt waren. Unsere Interviewpartner hatten weder Hemmungen noch Beklemmungen oder unangenehme Gefühle bei den Gesprächen, im Gegenteil: Oft sagten sie uns abschließend, daß sie die Interviews auch diesbezüglich genossen hätten.

Doch das bisherige Ergebnis befriedigte uns noch nicht. Wir wollten den Unterschied genauer kennenlernen und hakten daher nochmals nach:

In welcher Hinsicht unterscheidet sich die privat gelebte Sexualität von der mit Prostituierten? Die vielfältigen Antworten der Freier haben wir folgendermaßen zusammengefaßt:

Was die Männer an der privaten Sexualität bevorzugen:
— das Geborgenheitsgefühl ist ausschlaggebend,
— das Vorspiel und das Nachspiel sind wichtig,
— der Orgasmus ist schöner, da man die Partnerin liebt,
— nur mit der Partnerin kann er mehr als einen Orgasmus erleben,

— Gespräche sind sehr wichtig.

Was die Männer an der Sexualität mit Prostituierten bevorzugen:

— Phantasien ausleben,
— andere Sachen ausprobieren als mit der Partnerin,
— weniger Frust und mehr Spaß,
— Einsatz des gynäkologischen Stuhls,
— Masturbation und sich gleichzeitig von der Prostituierten optisch stimulieren lassen,
— sich mit zwei bis drei Frauen gleichzeitig vergnügen,
— die Frau von hinten nehmen,
— die Frau soll beim Geschlechtsverkehr die Beine über seine Schulter legen,
— Fußfetischismus,
— egoistisch sein, passiv sein sich mal verwöhnen lassen,
— Sachen machen, die die Partnerin ablehnt, zum Beispiel:
  — französisch
  — Analverkehr
  — dominante Praktiken
  — ausgefallene Stellungen
  — Natursekt

> In privaten Beziehungen spielt meines Erachtens der Körperkontakt eine sehr, sehr große Rolle, bei mir jedenfalls. Das Kuscheln, das Streicheln, das Liebkosen und Ähnliches, das spielt eine wesentliche Rolle. Der Geschlechtsverkehr natürlich auch, aber gerade das Vorspiel und das Nachspiel, dieses Zusammensein, dieses reine körperliche Geborgenheitsgefühl, das spielt im privaten Bereich doch eine größere Rolle als in dem anderen, wo man bewußt drauf aus ist, seine Phantasien auszuleben. (Beamter im mittleren Dienst, 44 Jahre)

> Ja, wie gesagt, daß sie mir das gibt, was meine Frau mir eben nicht geben will, französisch einfach. (Lehrer, 36 Jahre)

> Bei 'ner Freundin sind noch Gespräche dabei, man

> kennt sich, das ist natürlich ein Unterschied, wird auch immer ein Unterschied sein, schätze ich jedenfalls. (Sicherungsposten, 30 Jahre)

Für den kleineren Teil der Männer machte es keinen Unterschied, ob sie mit einer Prostituierten oder mit einer Partnerin in einer privaten Beziehung sexuell verkehren.

> Jeder Mensch hat sexuelle Vorlieben; und ich hab' meine auch bei Prostituierten gehabt. Das, was ich normalerweise mag, mochte ich da halt auch. (Rechtsanwalt, 40 Jahre)

*Arbeitsplätze*

Die Männer hatten Erfahrungen in vielen verschiedenen Prostitutionsbereichen:

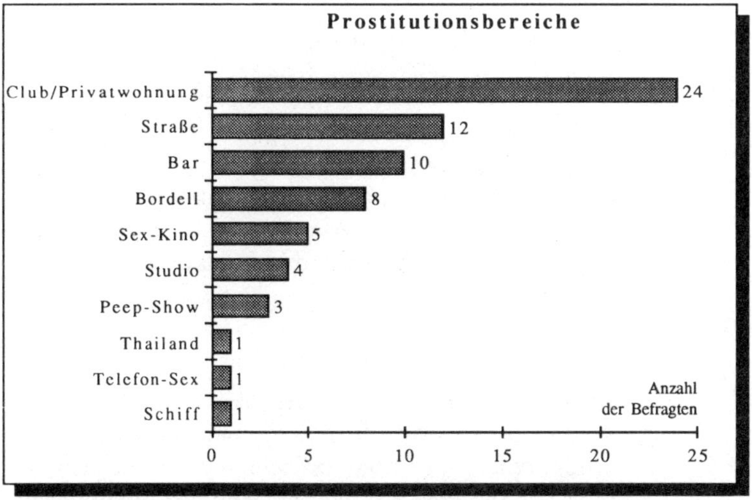


(Mehrfachrechnungen waren möglich; 2 Männer machten keine Angaben.)

In dieser Aufzählung sind alle Prostitutions-Arbeitsstätten enthalten.

Ich bin häufiger von Frauen, die ich in einer Bar oder auch in ihrem Berufsappartement kennengelernt hatte, hinterher in ihre Wohnung eingeladen worden. Aber jemanden Neues kennenlernen war sicherlich in 'ner Bar einfacher. (Rechtsanwalt, 40 Jahre)

In den letzten Jahren bin ich überwiegend in die beiden Peep-Shows am Kurfürstendamm gegangen. Oder in ein Kino. Also immer dahin, wo man die Möglichkeit hat, sich erst mal mit dem Auge auszusuchen, was einem angenehm wäre. Und in den Peep-Shows gibt's die Möglichkeit, erst mal für fünf Mark unverbindlich zu sprechen. Das wahrt dann so lange die nötige Distanz, die mir lieb ist, bis man sich entschieden hat. (Tischler, 26 Jahre)

Ich lade sie mir lieber nach Hause ein, aber ich gehe auch in Clubs, wenn es sich ergibt. Aber zu Hause ist es mir wesentlich lieber, weil da eine nettere Atmosphäre ist, privat, bei ihr oder bei mir. (Krankenpfleger, 38 Jahre)

Das ist die Welt, in der ich mich wohlfühle, obwohl eigentlich mein Freiheitsgeist sehr dagegen ist, daß ich mich von einer Domina beherrschen lasse. Aber spielerisch kann man das ja mal machen. Es ist einfach gut, bei der Domina diese Welt zu finden: an Ausstattung, an Einrichtung, an Vorbereitungen ... (Ingenieur, 55 Jahre)

Ich geh' am liebsten ins Bordell, den sogenannten Puff. Weil sie besser kontrolliert sind, meiner Ansicht nach. Und zweitens gibt es ein bißchen mehr Sicherheit, ich sehe, daß die Mädchen ein bißchen sicherer sind. (türkischer Taxifahrer, 34 Jahre)

Am liebsten ging ich in ein großes Eros-Center, da hatte ich die größte Auswahl. (belgischer Fotograf, 72 Jahre)

Als ich noch in Mexiko wohnte, mußte ich den Straßenstrich aufsuchen, weil's keinen anderen gab. Aber Straßenstrich, da kann man ja nicht viel machen, man kann ins Hotel gehen oder ins Auto. (Kaufmann, vormals Seemann, 38 Jahre)

Das war reine Neugier. Ich wollte nur einen schönen Urlaub machen. Vor zehn Jahren war das. Man ist mal 'runtergefahren nach Thailand, und teilweise war man erschreckt über die riesengroßen Hotelhallen, wo Hunderte von Mädchen 'rumsaßen und entsprechend ein Haufen besoffener Kerle. Das hat einen dann angewidert, man hat sich da kaum noch sehen lassen. Das, was eigentlich interessant ist, passiert in irgendwelchen Häusern, wo man sich eben auch in einer abschreckenden Form abreagieren kann. Es ist abschreckend, wenn man in einen Raum kommt, und die Mädchen sitzen hinter einer Glasscheibe und stricken, häkeln, machen sonstwas. Man geht dann zum Geschäftsführer, unterhält sich mit dem, und der fängt an, einem die Vorzüge der einzelnen Mädchen zu schildern. Dann werden die über Telefonhörer da 'rauszitiert, und dann marschiert man mit der auf's Zimmer. Wobei ich die Spiele, die man dort machen kann, hier noch nicht erlebt habe, die sind doch etwas anders. Zum Beispiel wird man vorher gebadet oder von einer Dame massiert, ohne daß die ihre Hände benutzt. Man legt sich auf eine Gummimatratze, wird eingeschäumt mit Schaumbad oder Ähnlichem, und dann fängt sie an, einem mit ihrem Körper zu massieren. Das hat einen starken erotischen Reiz. Oder extreme Sachen, die in Shows dargestellt werden, wo Damen Colaflaschen im Genitalbereich öffnen und Ähnliches. (Beamter im mittleren Dienst, 44 Jahre)

Bei der Auswertung der Aussagen haben wir Clubs und Privatwohnungen in einer Rubrik zusammengefaßt, da die Bezeichnungen zum Teil synonym benutzt werden. Auch als »Clubs« bezeichnete bordellartige Betriebe sind — wie »Privatwohnungen« — in der Regel kleine Wohnungen in normalen Wohnhäusern mit ein bis vier Zimmern, die zum Geschlechtsverkehr speziell eingerichtet sind, dazu gehören die sanitären Einrichtungen und ein Aufenthaltsort für die Frauen. Zudem wird der private Charakter durch die Einrichtung unterstrichen. Meistens sind hier nur wenige Frauen tätig. Frauen bevorzugen diesen Arbeitsplatz wegen seiner Anonymität und Männer zudem wegen des bereits erwähnten privaten Charakters.

Diese Form der Prostitution wird aber auch in zunehmendem Maße von Frauen bevorzugt, die selbständig arbeiten wollen. Es liegt nahe, sich mit einer Freundin oder mehreren zusammenzutun und einen eigenen »Club« zu eröffnen. Außerdem sind die Kosten und die Organisation überschaubar. Jedoch ist diese Prostitutionsform in Städten mit Sperrgebieten leider nur begrenzt möglich.

Natürlich gibt es in diesem Bereich, wie auch in allen anderen, sehr unterschiedliche Ausstattungen, Angebote und davon abhängig auch unterschiedliche Preise, die die Freier für die sexuellen Dienste von Prostituierten zu zahlen haben.

Bei der Straßenprostitution gehen die Frauen mit ihren Kunden in Pensionen oder befriedigen sie auch in deren Autos auf Parkplätzen oder in dunklen Straßen.

Die Bar bietet dem Freier »Wein, Weib und Gesang«.

Unter Bordellen verstehen wir große Betriebe, die auch oft die Bezeichnung Eros-Center oder Puff tragen. Es handelt sich meist um große Häuser (manchmal mit Fensterprostitution), Häuserzusammenschlüsse mit einem gemeinsamen Kontakthof oder eine ganze abgeschlossene oder zumindest für den Allgemeinverkehr schwer zugängliche Puffstraße, in der jede Frau für sich ein Zimmer mieten kann, um hier der Prostitution nachzugehen. In Berlin gibt es keine solchen Bordelle.

Hausbesuche werden ebenso wie Hotelbesuche in der Regel über Agenturen per Telefon bestellt. Die Prostituierte kommt in die Privatwohnung des Freiers und benötigt somit kaum Organisation und Einrichtung.

Im Sex-Kino kann sich der Freier nach Lösen der Eintrittskarte Pornofilme anschauen und — oder auch nicht — sich zusätzlich für den Sex mit einer Prostituierten entscheiden, für deren Leistungen er dann extra zahlen muß.

Dominas brauchen wegen ihrer Spezialisierung besonders eingerichtete Studios, in denen nicht nur die vielfältigen medizinischen Geräte und Peitschen zu finden sind, sondern auch Käfige, Galgen, Streckbänke und unterschiedlich eingerichtete Erziehungszimmer.

In Peep-Shows tanzen die Frauen zur Stimulanz auf einer sich drehenden Bühne, während die Männer in kleinen Kabinen rundherum stehen und, wenn sie Münzen einwerfen, den Frauen durch ein Fenster zusehen können. Ein sexueller Kontakt zwischen dem Freier und der Frau findet, allerdings selten, in den kleinen Separées statt. In der Regel ist Selbstbefriedigung angesagt.

Thailand ist nicht nur als exotisches Urlaubsland beliebt, sondern bei Sextouristen besonders wegen der dort angebotenen Prostitution.

Telefonsex bedeutet die verbale Stimulanz des Freiers bis zum Orgasmus.

Die Prostitutionsausübung auf einem Schiff ist in Deutschland bisher nicht üblich, aber zum Beispiel in Belgien und Holland weit verbreitet und auch sehr beliebt. Auf diesen Schiffen oder Kähnen werden Zimmer an die Frauen vermietet wie in den oben beschriebenen Bordellen.

*Pornographie*

Nachdem die Verbreitung pornographischer Schriften und pornographischen Bildmaterials in Deutschland sprunghaft zugenommen hatte (zum Teil entstand der Eindruck, als schössen die Pornoläden wie Pilze aus dem Boden) und nachdem die Frauenzeitung EMMA mit ihrer PorNo-Kampagne in die Offensive gegangen war, indem sie eine stärkere Kriminalisierung und härtere Bestrafung der Porno-Produzenten und -Konsumenten gefordert hatte, wurden auch wir verstärkt nach unseren Erfahrungen und unserer Meinung gefragt: »Ist Pornographie der erste Schritt zur Vergewaltigung?« — »Ist Pornographie die Theorie und Vergewaltigung die Praxis?«

Die Reaktionen vieler Feministinnen konnten wir in ihrer Heftigkeit nicht nachvollziehen. Wir sahen in ihren Attacken besonders gegen Sex-Läden und Clubs in erster Linie eine Sexualfeindlichkeit, aber wir waren uns unserer Einschätzung der Pornographie im Prostitutions-Bereich, »bedeutungslos«, nicht sicher. So ergriffen wir die Gelegenheit beim Schopfe und befragten die Freier, ob sie Pornos mögen, wie sie sie benutzen, brauchen, mißbrauchen oder ob sie sogar in Pornos gesehene gewalttätige Praktiken selbst erleben wollen und gegebenenfalls erzwingen.

Das Ergebnis war klar und deutlich. 37 Interviewpartner kannten Pornos in Form von

— Aktfotos,
— Zeitschriften wie zum Beispiel Playboy,
— Kontaktmagazinen wie zum Beispiel Happy Weekend,
— Dessouskatalogen,
— Videos- und Super-8-Filmen für den Heimgebrauch.

Sie hatten sie gesehen

— in Sex-Läden,
— in Sex-Kinos,
— in Bars und
— in Clubs
— oder bei Freunden.

Dabei mochten

— 7 Männer Pornos allgemein nicht,
— 10 Männer mochten Pornos ein wenig,
— 12 Männer mochten Pornos gern,
— 5 Männer mochten weiche Pornos,
— 2 Männer mochten harte Pornos nicht, und
— 1 Mann mochte harte Pornos.

Allgemein fiel das Urteil der Männer über Pornos schlecht aus:

— es gäbe kaum schöne Pornos,
— die meisten Pornos hätten keine Handlung, sondern seien primitiv, quasi die reine Fleischbeschau,
— sie seien bereits nach zehn Minuten langweilig,
— für Kinder- und Tierpornos hätten sie kein Verständnis.

Der harte Pornofilm regt mich heute nicht mehr auf. Denn das sind Filme, die ohne jegliches Gefühl gedreht werden, da kommt es auf den ersten Metern schon zum Geschlechtsverkehr; die Frau wird immer nur als unterwürfiges Wesen betrachtet, das nur dazu da ist, dem Mann zu dienen. Was mich anregt, sind — und diese Filme sind leider Gottes sehr, sehr selten — Filme mit einer Handlung, in der das beiderseitige Bedürfnis gefühlsmäßig dargestellt wird. Hartpornos, wie sie hier in den Kinos dargestellt werden, will ich nicht haben. Macht mich nicht an, im Gegenteil: Es langweilt mich. (Chemiekaufmann, 48 Jahre)

Zur Pornographie meine ich: Jeder kann nach seiner Fasson selig werden, wobei der Bereich Jugend und Jugendliche total ausgeschlossen ist. Für Pornographie mit Kindern habe ich kein Verständnis. Einen gewissen Abscheu habe ich auch vor Pornographie mit Tieren, aber ansonsten sollte jeder nach seiner Fasson selig werden. Ich gehöre nicht zu den Leuten, die sich in irgendwelchen Peep-Shows ergötzen, aber ich muß dazu sagen, daß man auch mal in irgendeinen Laden geht und sich ein Magazin anschaut. Aber meistens guckt man, um vielleicht neue Anregungen zu finden oder Ähnliches. Man läßt sich mal einen Wäschekatalog für Gummikleidung oder so etwas schicken; oder wenn man mal in anderen Städten ist, guckt man mal in so einen Laden rein. (Beamter im mittleren Dienst, 44 Jahre)

Also lesen nicht. Man hat natürlich so die üblichen Pornogeschichten mal gelesen, in einem bestimmten Alter. Das hört dann auch ganz schnell wieder auf, wenn man da zwei, drei von gelesen hat. Das ist genauso wie Pornovideos, die guckt man sich halt auch mal an, und dann ist es halt langweilig, dann läßt man es wieder. (Industrieller, 42 Jahre)

Unsere Interviewpartner benutzen Pornografie
- zur Anregung der Phantasie/Ideenfindung,
- zur Stimulanz,
- zur Unterstützung bei Selbstbefriedigung,
- immer nur allein,
- anstelle eines Besuches bei einer Prostituierten, aber in keinem Fall oft.

> Ich verwende Pornographie eigentlich regelmäßig, wenn ich mich selber befriedige. Das ist momentan nicht mehr so häufig, wie gesagt, weil jetzt nicht mehr so oft überschüssige sexuelle Energien da sind, aber ich hatte zur Pornographie eigentlich ziemlich bald ein ganz gutes Verhältnis. Ich finde es eine gute Sache, weil es mich einfach stimuliert und anregt, meine Phantasien begünstigt. Und es gibt ja gut gemachte Pornographie, die geilt mich unheimlich auf. Das sind Hefte — ich habe keinen Fernseher und auch keinen Videorecorder. (Kommunikationsorganisator, 40 Jahre)

> Zweimal im Jahr benutze ich auch Pornos, als Selbstbefriedigungs-Mittel. Aber seit ich die Prostitution für mich entdeckt habe, ist die für mich viel interessanter, als einen Porno anzugucken. (amerikanischer Betriebswirt, 27 Jahre)

Über Pornographie läßt sich also sagen, daß sie für die befragten Männer — über den Einsatz als Stimulanz- und Selbstbefriedigungsmittel hinaus — keine Rolle spielt. Wir können die These, daß Gewaltpornos auch zu gewalttätigem Verhalten führen, weder negieren noch bestätigen, da nur einer der Interviewpartner harte Pornos mochte.

> Das war ein Videoband, da wurde eine Frau an ihren Brüsten aufgehängt. Das fand ich erst mal interessant, weil ich mir gar nicht vorstellen konnte, daß so was

geht. Aber das war eigentlich alles, mehr haben sie nicht gemacht. Geschlagen haben sie die ein paarmal. Die sah auch ganz gut aus, die Frau, nicht uninteressant ... In gewisser Weise hat mich das stimuliert. Aber ich muß sagen, andere Sachen stimulieren mich mehr, zum Beispiel, das habe ich neulich den ganzen Abend gesehen, dieses Turnen, Geräteturnen für Damen, Weltmeisterschaft. Oder Ballett oder Eiskunstlauf. Das finde ich hocherotisch ... Die Frauen sind meistens sehr hübsch. Und bei der richtigen Kameraeinstellung sieht man sehr viel, die ziehen da mehr ab als normalerweise eine in der Peepshow. Die sind nicht nackt, müssen sie auch gar nicht sein; ich finde, eine Frau verliert unter Umständen sehr viel, wenn sie nackt ist. (Student der Völkerkunde, 32 Jahre)

Läßt das Ergebnis, daß 36 unserer Interviewpartner keine harten Pornos mögen, möglicherweise darauf schließen, daß Freier allgemein keine Konsumenten von harten Pornos sind?

Zusammenfassend läßt sich sagen, daß bezüglich der sexuellen Vorlieben unsere voyeuristischen Erwartungen weder befriedigt noch bestätigt wurden: Das Sexualverhalten der Freier entspricht im großen und ganzen dem der durchschnittlichen männlichen Bevölkerung.

Wir lernten keine neuen, außergewöhnlichen Sexualpraktiken kennen. Auffällig war, daß gängige Praktiken wie zum Beispiel »französisch« in privaten Beziehungen mancher Freier tabuisiert sind. Diese Männer muten ihren Partnerinnen ihre sexuellen Wünsche nicht zu und gehen aus Angst vor Konsequenzen für ihre privaten Beziehungen zu Prostituierten. Was dabei der Anteil der Partnerinnen sein könnte, läßt sich nur vermuten: Ist es Schamhaftigkeit oder Prüderie? Oder können sie die festgefahrenen, in der weiblichen Sozialisation erlernten Sexualnormen nicht überwinden? An der Sprachlosigkeit in der Beziehung sind beide Partner beteiligt.

Pornographie spielte bei unseren Interviewpartnern eine geringe Rolle.

Auffällig war das enorme Bedürfnis der Freier nach Zärtlichkeit und Nähe, ein Bedürfnis, das sie bei Prostituierten zu befriedigen hoffen, ohne selbst mehr als Geld investieren zu müssen, obwohl sie gleichzeitig die Hure im Kopf haben, die relativ anonym und für eine begrenzte Zeit ihre Dienstleistungen anbietet, um damit ihren Lebensunterhalt zu finanzieren. Dieses Bedürfnis nach Emotionalität konnten die Freier im Gegensatz zu ihren Wünschen nach speziellen Sexualpraktiken bei Prostituierten nicht artikulieren. Stillschweigend hoffen sie auf seine Erfüllung.

Freier mit der Vorliebe für dominante Behandlung stellten die Ausnahme dar. Sie verhandeln mit der Domina oder der nicht darauf spezialisierten Prostituierten klar über die zu erbringende Dienstleistung. Sie sind sich über die Rolle der Prostituierten und über ihre eigene Position im klaren: Es geht um ein schönes, zu genießendes Geschäft mit einer angenehmen, erfahrenen Partnerin, mit ausgehandelten, gegenseitigen Verpflichtungen, jedoch ohne Verklärungen und Verwirrungen und diffuse Liebeserwartungen.

# 8

# Von Leasing-Bräuten und soliden Frauen
## Das Verhältnis des Freiers zu Prostituierten

Wenn Männer mehr oder weniger regelmäßig Prostituierte aufsuchen, welches Verhältnis haben sie dann eigentlich zu den Frauen? Entsteht für sie dabei irgendeine Form von Beziehung, oder ist die Prostituierte für sie nur eine Frau, die eine Dienstleistung anbietet, die von ihnen benutzt wird und über die sie sich weder Gedanken machen noch machen wollen? Respektieren sie Prostituierte und ihre Tätigkeit? Wollen sie nur sexuelle Befriedigung, oder suchen sie auch noch etwas anderes (zum Beispiel einen zwischenmenschlichen Kontakt)? Können sie sich sogar vorstellen, auch privat eine Beziehung mit einer Prostituierten einzugehen, und wenn ja, unter welchen Umständen? Könnten sie auch vor anderen dazu stehen? Oder sind Prostituierte für sie grundsätzlich anders als andere Frauen?

*Was gibt sie ihm?*

Wir wollten wissen, was eine Prostituierte den Männern gibt, was die feste oder andere Partnerin ihnen nicht gibt. Dabei ging es uns nicht so sehr um die bereits beschriebenen sexuellen Praktiken, sondern wir wollten eher wissen, ob es neben den sexuellen Wünschen noch andere Gründe dafür gibt, daß Männer Prostituierte aufsuchen.

Nur wenige Interviewpartner sahen keinen Unterschied zwischen privaten Beziehungen und dem Kontakt zu Prostituierten.

> Einige Wildheiten, die ich mit Freundinnen erlebt habe, die habe ich auch mit Prostituierten erlebt. Das ist also nicht so, daß Prostituierte da mehr geboten haben als Freundinnen. (Akademiker, 50 Jahre)

Andere Männer begründen ihre Besuche bei Prostituierten ausschließlich mit den besonderen sexuellen Praktiken.

Ich habe es mit den normalen Partnerinnen, mit denen ich zusammengewesen bin — auch mit meiner Ehefrau — nicht gefunden; die haben es abgelehnt. Die sagten: Du nimmst mir etwas, weil ich dich in mir spüren möchte, und diese Form von Sex möchte ich mit dir nicht praktizieren. Und es ist für mich keine Ersatzbefriedigung, sondern ich lebe heute allein, und ich bin noch nicht Rentner, daß ich auf diese Sache völlig verzichten muß — da ich aber Angst vor AIDS und anderen Krankheiten habe, erscheint mir diese Lösung — die optische Lösung — eben als die gegebene. Es ist für beide Seiten praktikabel, aber eigenartigerweise — obwohl ich bereit bin, den gleichen Preis zu bezahlen — gibt es auch unter den Prostituierten viele, die das ablehnen. Die wollen, daß ich eben hineinkomme, und dann hat sich die Sache, dann gehe ich 'raus, das mache ich nicht. (Chemiekaufmann, 48 Jahre)

Französisch einfach ... Also diese spezielle Technik, da kann sich meine Frau einfach nicht überwinden, und ich meine, ich will das auch nicht weiter, wenn es ihr unangenehm ist, dann verzichte ich da halt drauf. Es geht wirklich nur um diese sexuelle Tätigkeit, daß man so ein richtig gutes Gewissen dabei haben kann. Das ist eine Situation, wo für beide von vornherein klar ist, was passiert. Ich kann mich nicht in so eine Frau 'reinversetzen, was für die dabei abläuft, wie sehr sie sich da überwinden muß, oder wie das geht, das weiß ich nicht. Ich hoffe, daß die das mit der Zeit mit einer gewissen Routine machen und daß das nicht mehr so schlimm ist. Aber die wissen vorher, was los ist, und es gibt Geld dafür, und wenn ich mein Geld bezahlt habe, dann ist die Sache für mich erledigt ... (Lehrer, 36 Jahre)

Manche Interviewpartner suchen Prostituierte auf, wenn ihre Partnerin keinen Sex will oder weil sie keine Partnerin haben.

Der Anlaß ist Geilheit. Bedürfnis nach Zärtlichkeit ... Auch privat kommt es schon mal vor, daß mich eine Frau besonders anmacht. Und dann habe ich eben das Bedürfnis, und wenn ich das dann ausleben kann, tu ich das. Jedenfalls zur Zeit, wo ich keine feste Partnerin habe. (Krankenpfleger, 38 Jahre)

Ich hatte in meinem Leben erst eine feste Beziehung, da war ich so zweiunddreißig, dreiunddreißig. Ich habe erst mit vierzig Jahren mit zwei Frauen umsonst geschlafen. (kaufmännischer Angestellter, 40 Jahre)

Ein Großteil der Männer sucht bei Prostituierten Sex ohne Verbindlichkeit oder Leistungsdruck und/oder die Abwechslung.

Ich hab' das Geld weniger dafür eingesetzt, daß die Frauen mit mir schlafen, als dafür, daß die Frauen ansonsten keine Ansprüche an mich stellen — beispielsweise nicht geheiratet werden wollten, nicht ausgeführt werden wollten — was wahrscheinlich nicht das größte Problem gewesen wär', aber normalerweise würde 'ne Frau wahrscheinlich ihre Sexualität nicht frei auf den Markt tragen, sondern nur in 'ner, wenn auch vielleicht lockeren, Beziehung mit einsetzen. Wenn du aber Geld gibst, dann brauchst du überhaupt keine Ansprüche zu erfüllen. Du brauchst noch nicht mal gut im Bett zu sein. (Rechtsanwalt, 40 Jahre)

Es ging vielleicht auch um die Abwechslung. Ich habe zum Beispiel nicht ein Mädchen gesucht, das genauso ist wie meine Freundin. Es sollte schon möglichst ein Kontrast sein. Es war dieses Mädchen von den Philippinen, das ist etwas ganz anderes, oder eine war eine Mulattin, das ist einfach was anderes. Und man kann da endlich mal sein totales Ego 'rauslassen. Bei einer Prostituierten kann ich total egoistisch sein, brauche ich im Bett nicht aktiv zu sein oder so. (Erzieher, 30 Jahre)

> Sie gibt mir ein oder zwei Stunden lang, je nachdem, ein Gefühl von Geborgenheit, von Ich-sein-Dürfen, von Entspannung, von Sich-wohl-Fühlen ohne Leistungsdruck. (Hausmeister, 40 Jahre)

Gut ein Viertel der Interviewpartner suchen Prostituierte auf, weil sie bei ihnen etwas anderes finden als in privaten Beziehungen. Ihrer Meinung nach sind Prostituierte interessanter oder netter, der Sex mit Prostituierten macht ihnen mehr Spaß, ist unkomplizierter oder tabuloser. Oder sie haben ein Faible für das Milieu überhaupt.

> Die sind interessanter, und die, wo ich dann meistens gelandet bin, hatten auch wirklich Ahnung und waren meistens auch sehr nett. Meine Erfahrung: Erotik, auch Geist, finde ich, viele Frauen sind sehr geistvoll. Und sie sind weiblicher. (Student der Völkerkunde, 32 Jahre)

> Ich finde Frauen gut, Prostituierte, die in einem positiv verstandenen Sinne schamlos sind, die einfach unverklemmt sind, bei denen ich einfach spüre, daß die nicht schwerste Schuldgefühle haben bei ihrem Job, sondern daß die da locker sind. Das ist eine Sache, die mich ziemlich anmacht und wo ich einfach sehr viel Spaß habe ... Ich habe also zum Beispiel in meiner letzten Partnerschaft erlebt, daß es in starkem Maße als Faustpfand eingesetzt worden ist, die Sexualität. Belohnung für Wohlverhalten, so als Taktiermaßnahme, das fand ich nicht so toll. Bei Prostituierten liebte ich einfach, daß klar war, was Sache ist, und keiner mußte dem anderen irgendwie irgend etwas vorspielen, es ging einfach um Sex und um Lust und sonst gar nichts. Ein bißchen ist meine eigene Verklemmtheit durch Prostituierte auf jeden Fall abgebaut worden. Besonders durch die, die einfach ein total gutes Selbstverständnis von sich als Prostituierte hatten und die ein-

fach gut drauf waren, die Spaß hatten an ihrem Beruf und, zumindest nicht ersichtlich, nicht gelitten haben. Diese offensichtliche Lebenslust und der freie Umgang mit der Sexualität, das hat abgefärbt auf mich. (Kommunikationsorganisator, 40 Jahre)

Das ganze Klischeedenken; es fängt damit an, daß der Mann immer den Anfang macht, das geht damit weiter, daß der Mann oben liegt und so weiter. Das gehört alles in diese Institution Ehe; und die richtig sinnlichen Varianten, die findest du ja nur im Bordell. (Fernmeldemonteur, 25 Jahre)

Mir gefällt, daß sie nicht so schamhaft ist, und daß ich mit ihr machen kann, was ich will, wenn ich ihr nicht weh tun will. Und ich will ihr ja nicht weh tun. Und in letzter Zeit zieht es mich zu jüngeren Frauen hin, weil sie, wie man so sagt, knackig sind. Es ist schön, wenn man den Po anfaßt, und der ist hart oder, besser gesagt, fest. Das ist ja bei meiner Frau zwangsläufig wie bei mir nicht der Fall ... Da seh' ich natürlich die Unterschiede und bezahl' dafür und kann auch mal anfassen. (Taxifahrer, 53 Jahre)

Eine Prostituierte, mit der kann man besser reden, sich unterhalten, auch direkter. Offener reden, und sie versteht das auch immer. (Azubi, 20 Jahre)

Zusammenfassend läßt sich sagen, daß 8 unserer 38 Interviewpartner unsere Frage nur auf die sexuelle Interaktion bezogen haben und diesbezüglich von Prostituierten offensichtlich nichts anderes erwarten als von ihrer Lebenspartnerin. 4 von ihnen sahen grundsätzlich keinen Unterschied, und 4 Männer suchten Prostituierte nur auf, weil/wenn sie gerade keine Partnerin hatten oder die Partnerin keinen Sex wollte.

Insgesamt 30 der 38 Interviewpartner gaben an, daß Prostituierte ihnen durchaus etwas anderes als die Partnerin geben. Bei 5 Männern handelt es sich um besondere sexuelle Praktiken. 16 Männer nannten die folgenden Vorteile beim Sex mit Prostituierten:

— daß sie keine Ansprüche erfüllen und nicht gut im Bett sein müssen,
— den Reiz der Neuheit,
— das andere, Unkomplizierte, Unbefangene,
— die Abwechslung,
— daß sie egoistisch sein und sich verwöhnen lassen können,
— daß sie nicht aktiv sein müssen,
— daß sie nicht gleich gekrallt werden,
— die Spannung, die Neugierde,
— daß keine Verantwortung erwartet wird,
— den schnellen, unkomplizierten Sex,
— das Gefühl von Geborgenheit, Ich-sein-dürfen, Entspannung, Wohlgefühl ohne Leistungsdruck, Abenteuer.

9 Männer suchen Prostituierte nicht nur aus sexuellen Gründen auf, sondern weil Prostituierte ihrer Ansicht nach

— interessanter,
— spannender,
— sinnlicher,
— sympathischer,
— netter,
— weiblicher,
— attraktiver,
— schamloser,
— jünger,
— knackiger,
— unverklemmter,
— lockerer sind,
— weil sie nicht um sie kämpfen müssen,
— wegen ihrer Lebenslust und ihrem freien Umgang mit der Sexualität,
— weil man besser mit ihnen reden kann.

Vorrangig wegen ihrer sexuellen Dienstleistungen suchten 29 Interviewpartner Prostituierte auf.

*Sex oder Gespräch?*
Um der Frage nach dem Verhältnis der Freier zu Prostituierten und danach, was sie bei ihnen suchen, noch tiefer auf den Grund zu gehen, wollten wir von unseren Interviewpartnern wissen, was für sie im Vordergrund stünde, wenn sie zu einer Prostituierten gingen: die Sexualität oder das Gespräch?

Für die Hälfte der Interviewpartner steht die Sexualität im Vordergrund.

> Es war immer nur der Mangel an Sexualität. In einzelnen Fällen kam es zu Gesprächen, und in einem klassischen Fall wurde ich 'rausgeschmissen. Ich war schmusebedürftig und wollte ein bißchen reden. Und die Frau hat mir auch gut gefallen, ich hatte tatsächlich so eine Art Liebesgefühl zu ihr. Hab ihr das auch gesagt, wie gut sie mir gefällt, wie sympathisch sie ist, und da hat sie mich ganz zynisch angeguckt. Ich hab' weitergeredet, weil ich das so empfand, und sie sagte: Red mir hier keinen Schmus, sondern komm zur Sache, mach dein Nümmerchen und hau ab. Und da ist mein gerade entstehender Ständer wieder senkrecht 'runtergefallen, ich habe ihr das Geld gegeben, die Hose hochgezogen und bin gegangen. Sehr frustrierend. Als ich 'rausging, hat sie noch gesagt: Bilde dir ja nicht ein, daß ich hier bin, um Liebe zu verkaufen, ich bin hier, um meine Fute zu verkaufen und basta. Und wenn du das nicht weißt, dann mußt du das mal lernen, Junge. (Akademiker, 50 Jahre)

2 Männer legten zwar keinen besonderen Wert auf das Gespräch, aber ein paar Worte gehörten auch für sie der Form halber dazu.

> Es geht mir schon in erster Linie um die Sexualität. Das Gespräch findet dann höchstens bei solchen Treffen statt, die eine Stunde dauern oder so, aber dann auch nicht vorher oder nachher, sondern, in den Ru-

hepausen, wähend man miteinander schläft. Aber natürlich ist das keine ausgeprägte Unterhaltung, das ist klar. Daß man sich nette Dinge sagt, das schon. Das sind dann vielleicht fünf Minuten am Anfang oder so. Es ging mir schon mehr um die Sexualität. (Kommunikationsorganisator, 40 Jahre)

Ach ja, das gehört dazu, aber es muß nicht unbedingt sein, daß man sich da nett unterhält. Es soll nicht so hektisch ablaufen, aber soll sich auch nicht so ausdehnen; es geht primär um die Sexualität. (Diplom-Ingenieur, 43 Jahre)

Nur 4 Interviewpartner sagten ausdrücklich, daß sie kein Gespräch mit Prostituierten wollen oder brauchen.

Was mich primär interessiert an einem Puff, ist wirklich, einen schnellen, problemlosen, unkomplizierten Sex zu haben. Ich gehe nicht zu Prostituierten, um mit ihnen zu reden. Es geht mir nur um Sex. (Medizinstudent, 23 Jahre)

Ich habe keine Lust, Gespräche zu führen. Außerdem: Eine Prostituierte ist für mich keine Psychiaterin. (Wirtschaftswissenschaftler, 41 Jahre)

Manche Frauen besiegen den Mann schon allein mit ihrer Ausstrahlung, mit ihrem Körper. Die brauchen mit dem gar nicht mehr viel zu machen, man spritzt dann einfach auf ihren Körper ab, da braucht es kein Gespräch. (Kaufmann, vormals Seemann, 38 Jahre)

15 Männer berichteten, für sie sei sowohl die Sexualität als auch das Gespräch wichtig.

Da hab' ich sicherlich den Orgasmus gekriegt, aber da hab' ich eben auch noch was dazu gekriegt, zum Beispiel, daß die sich mit mir über irgendwelche Dinge unterhalten haben, die mich bewegt haben. Es gab Prostituierte, die über den Zustand meiner Ehe Bescheid wußten. Man liest ja auch häufig, daß Prostituierte eigentlich 'n bißchen darunter leiden, daß man ihnen immer die eigene Leier 'rüberschiebt, aber ich hab' die Erfahrung gemacht, daß es welche gibt, die sich das auch anhören und die einem auch was ganz Vernünftiges dazu sagen können. In solchen Fällen bin ich immer gern wieder zu der Frau hingekommen, egal, ob das in 'nem Club war oder irgendwo privat. Es waren auch welche dabei, die sich gefreut haben, einen wiederzusehen, und das hat einen dann umgekehrt selbst auch gefreut. Das hat einen auch gereizt, wieder dahin zu gehen. (Rechtsanwalt, 40 Jahre)

Um puren Sex ist es mir eigentlich gar nicht gegangen, sondern ich wollte mich einfach gut fühlen. Das ist bis heute so geblieben, so daß ich eben nicht bloß eine Nummer schiebe. Wenn es natürlich schlecht läuft, dann ist das Gespräch mies, und dann ist vielleicht der Sex auch mies. Man müßte natürlich sagen: Hauptsache, man hat eine »gute Nummer geschoben«, aber das ist es nicht bei mir. Man muß schon gut drauf sein oder so ein Gespür haben, die ist okay, dann ist es gut. Wenn ich merke, die denkt bloß an die Kohle oder hat eigentlich gar keine Lust an dem Tag oder vielleicht auch schon einen ganzen Monat nicht, dann macht es keinen Spaß. Frauen, die sich gar nicht artikulieren können, die da sozusagen ein Defizit haben, mit denen komme ich nicht zurecht, und mit denen möchte ich auch keinen Sex haben. Es ist nett, wenn man sich über bestimmte Sachen austauschen kann; sie muß eben nicht bloß vom Äußerlichen oder vom Alter her mein Typ sein, sondern ein bißchen mehr sollte es da schon geben, es sollte eben eine

»sympathische Ausstrahlung« da sein. Es ist natürlich ziemlich viel, was ich an Erwartungen 'reinstecke, wahrscheinlich mehr als andere, die da ihre Tussi zu Hause haben. (Bibliothekar, 38 Jahre)

Beides gleich wichtig. Wenn es nur um meine Befriedigung geht, dann kann ich genauso eine Puppe von Beate Uhse benutzen, das ist kein Problem. (türkischer Taxifahrer, 34 Jahre)

Meine Vorstellung davon, wenn ich als Hausbesuch dahinkomme, oder es kommt jemand zu mir, war nie: ausziehen, ins Bett, wieder anziehen und erledigt. Ich hab' mich auch dort hingesetzt und ein Glas Wein getrunken und habe versucht, nicht nur diese banale Frage zu stellen, warum machst du das denn. Das ist ja völliger Blödsinn. Ich hab' versucht, mich auf irgendeine Art und Weise an ein bißchen an Interessen 'ranzutasten, oder jedenfalls, noch ein Gespräch zu führen. Nicht so knallhart, die Sachen an Haken gehangen und nun los. Das Gespräch gehört einfach mit dazu. (Monteur, 48 Jahre)

Ich habe oft gemerkt, wenn ich Probleme hatte und eine vollgequatscht habe: Die fühlt sich total überfordert. Was willst du eigentlich, so nach dem Motto. Aber ich möchte gern mit denen reden, ich erwarte auch von 'ner Hure Verständnis. (Student der Politologie, 34 Jahre)

2 weitere Interviewpartner suchten weder besonders die Sexualität noch das Gespräch, sondern menschliche Nähe.

Ganz einfach das Gefühl, für eine gewisse Zeit entspannt jemandem anderen nahe zu sein. Man muß noch nicht mal allzuviel reden dabei. Es ist das Gefühl, jemand anders lehnt einen nicht ab, wenn man bei ihm liegt; ein Gefühl, das ich bei vielen Partnerinnen vermisse, wenn sie den Orgasmus hatten, oder sogar, wenn ich ihn hatte. Darauf legen auch viele Wert, der Mann muß unbedingt abstürzen, ansonsten war das alles null und nichtig, und sie sind keine Frau. Ja, dann werden die Beine übereinandergeklappt, dann ist Feierabend, dann ist auch nichts mehr mit Beieinanderliegen oder Quatschen oder sich wohlfühlen oder nackt durch die Wohnung laufen oder mitten beim Bumsen mal aufhören, weil du Durst hast oder plötzlich Hunger kriegst. Dem ganzen Spiel so ein bißchen das normale Level geben, das geht bei Prostituierten, da kann ich zwischendrin sagen: Du, ich muß mal auf's Klo oder so was. Eine andere Frau würde dabei zusammenbrechen. (Hausmeister, 40 Jahre)

Andere meinten, daß keine Gespräche zustande kämen, weil die Prostituierten nicht reden wollen.

Dafür haben Prostituierte ja keine Zeit, oder man merkt, daß sie keine Lust haben, sich zu unterhalten. Ich weiß ja auch, daß die Frauen meistens dieselben Fragen gestellt kriegen und daß das wahrscheinlich langweilt. (Taxifahrer, 53 Jahre)

Es kommt vor, daß ich hingehe, nur um zu reden. Meistens sind sie irgendwann stinkig; man redet 'ne Viertelstunde oder 'ne halbe Stunde, ist aber auch nicht bereit, mehrere hundert Mark fürs Reden auszugeben, und irgendwann wird der Tonfall energischer. Dann dauert es nicht mehr lange, und sie verdrücken sich in irgend 'ne Richtung. Es kommt auch vor, daß man mehr oder weniger von der Seite angepöbelt wird, wenn sie mal wieder vorbeikommt. Das macht mir eigentlich nichts — ich seh' so was locker. (Fleischer, 26 Jahre)

Zusammenfassend läßt sich sagen, daß für 19 Interviewpartner, wenn sie Prostituierte besuchen, die Sexualität im Vordergrund steht. Einige suchten dabei ausdrücklich kein Gespräch, während für andere etwas Small talk dazugehörte.

Für 15 Interviewpartner ist neben der Sexualität auch das Gespräch wichtig, damit sie sich wohlfühlen. Nur 2 gaben an, daß sie die Prostituierten kennenlernen oder sich an ihre Interessen »rantasten« wollen.

Andere suchten weder besonders die Sexualität noch das Gespräch, sondern menschliche Nähe. 2 Männer meinten, daß die Prostituierten nicht reden wollen.

Insgesamt die Hälfte der befragten Männer ist also auch an einem Gespräch interessiert. Dabei geht es ihnen, mit zwei Ausnahmen, aber nicht darum, mehr über die Prostituierte zu erfahren, sondern um das eigene Wohlbefinden.

Unter dem Aspekt, daß Prostitution eine Dienstleistung ist, bewerten wir diese Ergebnisse nicht negativ. Auch in anderen Berufssparten (wie zum Beispiel bei Ärzten, Analytikern, Sozialarbeitern) ist es nicht üblich, daß die Klienten den Dienstleistenden aufsuchen, um zu erfahren, wie es ihm geht, sondern um sich selbst zu erleichtern und sich Wohlbefinden zu verschaffen.

*Respekt*

Welche Einstellung haben Freier zu Prostituierten? Respektieren sie sie als Frauen, oder denken sie schlecht von ihnen?

Gut die Hälfte unserer Interviewpartner erklärten uneingeschränkt ihr positives Verhältnis zu Prostituierten, sie respektierten sie wie andere Frauen und sähen keinen Unterschied. Einge schätzen Prostituierte sogar mehr als andere Frauen.

> Ich achte die Frauen. Wenn ich irgend etwas verachten würde, dann wäre es die Gesellschaft an sich, wie sie ist. Die Frauen, die Prostituierten am wenigsten, gar nicht. Ich habe mich für diese ganzen psychologischen Geschichten interessiert, für die Mechanismen beim Menschen, und ich habe ein gewisses Bild von der Sa-

che, das es mir unmöglich macht, eine Prostituierte zu verachten. (Fernmeldemonteur, 25 Jahre)

Die Damen finde ich gut. Das heißt, ich setze die mit auf meine Stufe, die sind nicht unter mir, die sind nicht über mir. Die sind hundertprozentig die besten Kumpels, die es gibt, und die ehrlichsten. Die meisten, da gibt's natürlich Ausnahmen, die meisten Ehefrauen sind ja auch Nutten. Ich kenne viele Ehefrauen, die machen das ihrem Mann nur noch, weil sie versorgt sein wollen. Und wo ist da der Unterschied? Als Mann hat man das zu bezahlen, und dann kriege ich das meistens; jedenfalls wird es mir geboten, und ich bin meistens sehr zufrieden. Wenn nicht, hab' ich halt Pech gehabt. Ist genau dasselbe, wenn ich ein Brot kaufe und es ist sauer. (Taxifahrer, 53 Jahre)

Warum soll ich davon schlecht denken, ich benutze doch jemanden. Gut, gegen einen finanziellen Ausgleich, aber ich sag mir, mich benutzen ja auch Leute, und zwar, wenn die meine Arbeit haben wollen. Ich komm rein in den Laden, die Maschine ist kaputt. Die muß laufen, und wenn du schnell machst, dann kriegste zwanzig oder dreißig Mark extra. (Monteur, 48 Jahre)

Das sind die einzigen Frauen, die mir einen gewissen Respekt einflößen. In gewisser Weise finde ich sie toller als »solide« Frauen Ich habe einen Freund, der hat sich unglücklicherweise in eine Prostituierte verliebt, das ist sehr gefährlich. Dabei kannst du arm werden. Weil die meisten nett und freundlich sind, von ihrer Einstellung her. Die haben mal ein offenes Ohr, so einen mütterlichen Touch, aber das ist gefährlich, so was kann passieren. (Laborant, 27 Jahre)

Für mich ist eine Prostituierte wertvoller als ein Disco-Mädchen ... Sie weiß, wofür sie mit einem Kerl ins Bett geht. Die Frauen akzeptiere ich, und ich versteh' auch, warum, sie das machen. Die haben mindestens ein Ziel. Mensch ist Mensch. Da guckt man nicht auf den Beruf oder was im Portemonnaie ist. Warum geht einer zum Bäcker arbeiten? Nicht, weil er gern Bäcker werden möchte, weil er muß, weil er arbeiten muß. Vielleicht haben sie auch Lust, wollen gern im Bordell arbeiten. Braucht nicht unbedingt finanziell zu sein. Da gibt es genug Frauen, die auch privat auf Abwechslung Lust haben. (türkischer Taxifahrer, 34 Jahre)

Andere Interviewpartner äußerten zwar eine positive Einstellung, differenzierten aber zugleich (und ungefragt), bei welchen Prostituierten sie Einschränkungen machen.

Da gibt es eine ganze Menge Frauen, die sind echt blöde. Ich weiß nicht, wie das für eine Frau ist, ob das prinzipiell immer Scheiße ist, der Beruf. Aber es gibt sicher etliche, die damit schlicht überfordert sind. Was mich oft erschreckt hat, war, wenn man ins Gespräch kam und die ihr Alter gesagt haben. Teilweise waren die schon mit siebenundzwanzig, achtundzwanzig ganz schön fertig. Das ist eine ziemlich üble Sache, Frauen einfach um der Knete willen in so eine Situation zu bringen oder sich als Frau auf so eine Situation einzulassen, ohne das psychisch verkraften zu können. Die Frauen, die das wirklich gut drauf hatten, wo man gemerkt hat, die machen sich Gedanken oder die wollen auch was — das war dann schon viel besser. Vor denen habe ich Respekt. Vor denen, die mit der Situation umgehen können und zeigen, daß sie auch ein bißchen was im Kopf haben. Wenn man da hundert oder hundertfünfzig Mark bezahlt, ist das ein Haufen Geld; die meisten Leute arbeiten dafür einen ganzen Tag. Und ich finde es völlig okay, wenn die Prostituierte dafür auch eine Gegenleistung bringt, in irgendeiner Form, und wenn sie versucht, die Situation so zu gestalten, daß der Freier wiederkommt. (Soziologe, 36 Jahre)

Ich suche immer die Künstlerin im Freudenmädchen, und für mich sind in der Prostituierten schon einige Frauen Künstlerinnen gewesen. Zur Prostituierten geht ja Hinz und Kunz und sogar Kohl. Ich will nichts gegen unseren Kanzler sagen, aber die Politiker gehören ja zu den Stammfreiern, das kann man, glaube ich, sagen. Wenn die Frauen, die diesen Job machen, mal einen Kursus mitmachen würden, bei irgendeinem Geschlechtsdoktor, dann könnten die schon 'ne Diagnose stellen, allein wenn sie den Schwanz angucken. Die Jungs hängen ihre Schwänze durch die Gegend, und ich finde es schlecht, daß sich die Hure nicht drum kümmert, was sie da für 'nen Freier hat, daß die Kohle im Vordergrund steht. Das find' ich schade. Da kann jeder seinen Schwanz 'reinhängen, egal, wie dreckig er ist. Ich weiß nicht, was das für Tanten sind, die das machen. (Kaufmann, vormals Seemann, 38 Jahre)

Ich achte Prostituierte, wobei ich auch wiederum Prostituierte verachte, und zwar diejenigen, die ihren Beruf nicht richtig ausführen. Das halte ich für Betrug, ganz einfach. Genauso, wie ich Leute achte, die in ihrem Beruf etwas leisten. Andere, die ihren Beruf so larifari machen, mit denen kann ich nichts anfangen. Ich finde es oftmals bedauerlich, daß sehr viele Leute oder sehr viele Prostituierte nicht hinter ihrem Beruf stehen, sondern das nur deswegen machen, weil sie Geld verdienen müssen; das finde ich schade. Ich lege Wert auf eine gewisse Berufsethik, da habe ich einen sehr hohen Anspruch. (Wirtschaftswissenschaftler, 41 Jahre)

Nur 2 Männer äußerten, sie hätten keinen Respekt vor Prostituierten.

> Ich habe keinen Respekt vor ihnen, aber ich mag sie. Nicht, weil sie Prostituierte sind, aber ich habe nichts gegen sie, und die Tatsache, daß sie davon leben, auch mit anderen Männern zusammenzusein, die verdränge ich. (leitender Beamter, 60 Jahre)

> Ich gehe davon aus, daß sie lügen. Am Telefon ist es natürlich die superschöne Frau, und dann kommen Mädchen an, die völlig runter sind. Das ist für mich schon der erste Betrug. Der Mensch ist leider sehr materialistisch eingestellt, geldgeil, und Frauen haben eine gute Möglichkeit in dieser Gesellschaftsordnung, schnell eine Mark zu machen. Wahrscheinlich würden genauso viele oder noch mehr Männer sich prostituieren, wenn es möglich wäre. Ich weiß nicht, wie viele Männer wahrscheinlich auf den Strich gehen würden und irgendwelche Frauen beschlafen, wenn sie dafür jedesmal hundertfünfzig Mark oder so kriegen würden. Ich denke mir, viele Mädchen kriegen vielleicht keine Ausbildung, haben einfach berufliche Probleme, finanzielle Nöte, und dann kommt auf einmal so eine Situation, da machen sie das das erste Mal und merken, es läuft gut; und sie betrügen sich wahrscheinlich selbst mit irgendwelchen Träumen, die sie immer haben. Ich mache das drei Jahre, und dann mache ich eine Boutique auf oder so. Aber es ist doch abzusehen, daß sie in zehn Jahren kaputt sind. Und die Boutique wird nie dasein. Ich denke, das gehört zum Berufsbild. Sie verkaufen ihren Körper und versuchen, dafür den besten Preis zu bekommen. Wie viele Mädchen prostituieren sich, wo es nicht mal nötig wäre, wo ich mir sage, die könnten etwas anderes machen. Ich weiß nicht, wie die Prostituierten zu sich selbst stehen, vielleicht ist auch eine gewisse Selbstverachtung da. Ich

weiß nicht, wie man das durchstehen kann als Prostituierte. Beziehungen zwischen Prostituierten und einem Freund müssen doch immer relativ kaputt sein. (Erzieher, 30 Jahre)

9 Interviewpartner waren uneindeutig in ihrer Einstellung zu Prostituierten. Einerseits bekundeten sie teilweise Wohlwollen oder Respekt für deren Arbeit, andererseits fragten sie sich, warum Prostituierte diesen Job machen und wie sie das aushalten. Manche irritierte auch der Gedanke, ein Zuhälter könnte sie ausbeuten, oder sie ließen sich hauptsächlich über die schlechten Erfahrungen mit Prostituierten aus. Diese Äußerungen können ein Hinweis darauf sein, daß sie sich scheuten, ihre Zwiespältigkeit vor uns offen zum Ausdruck zu bringen.

Auf der einen Seite ist es eine Sache wie zum Friseur gehen. Ich brauche eine Dienstleistung, die an mir zu vollbringen ist. Was ich aber vermeide zu überlegen, ist: Wie kommen die Frauen dahin. (Bäcker, 25 Jahre)

Ich habe zwei Onkel, und der eine schickt dem anderen jedes Jahr seine ausgelesenen Playboys. Meine Tante hat sich die mal mit mir zusammen angeguckt, und wir fanden: Die Frau sieht aus wie aus dem Bordell, fürchterlich, und die und die Frau sieht gut aus. Ich verachte sie nicht, ich respektiere ihre Arbeit, ich benutze sie ja. Ich kann Leute nicht verstehen, die sie erst benutzen und dann abschätzig von Nutten reden. Das ist ja im Prinzip auch ein Job, wahrscheinlich sehen die das so. Es gibt bestimmt Frauen, die das überhaupt nicht ertragen; vielleicht vertragen es einige besser und einige schlechter. Ich finde es faszinierend, wie die das aushalten können. Ja, ich finde es faszinierend, daß sie sich verkaufen. (Medizinstudent, 23 Jahre)

Das ist eine zweischneidige Sache. Grundsätzlich überlegt man sich: Warum machen die das? Okay, wegen des Geldes, kann man sagen. Und dann sind sie natürlich irgendwie clever. Wenn sie sagen, daß sie das relativ gut bezahlt kriegen. Man kann bestimmt in relativ kurzer Zeit damit viel Geld verdienen. Ich glaube, daß mein Verhältnis gegenüber Prostituierten sehr viel normaler ist als bei den meisten anderen. Ich kann das akzeptieren, als Dienstleistung sozusagen. Aber ich muß ganz ehrlich sagen, es hat eine Zeit gegeben, wo ich dazu ein anderes Verhältnis hatte. Das hat mich auch am Anfang davon abgehalten, dieses schon fast kriminelle Milieu. Ich suche mit Sicherheit nicht diese Abenteuersituation. Abenteuer im Sinn von sexuellem Abenteuer, das natürlich schon; aber im Sinne von sich in Gefahr zu begeben oder so etwas, — damit habe ich gar nichts zu tun. (Lehrer, 36 Jahre)

Auf jeden Fall respektiere ich sie, das sind genauso Menschen wie ich, mit genau den gleichen Bedürfnissen und Problemen. Bloß, sie haben sich irgendwann mal entschlossen, diesen Job zu machen; und es ist für mich total wichtig, daß es diesen Beruf gibt. Ich bin ja abhängig davon — genauso wie vom Kaufmann oder wie vom Arzt. Aber ich kann nicht verstehen, warum das alles heimlich sein muß. Ist es ja vielleicht auch bei mir, so, von wegen Doppelmoral. Daß ich mich schlecht fühle. Der hat's gerade nötig, der muß jetzt in Puff gehen. Ich meine, daß es so negativ behaftet ist, daß die Gesellschaft nicht dazu steht, daß es solche Institutionen oder solche Einrichtungen gibt. Eine Therapeutin hat mir immer versucht einzureden, mein Frauenbild wäre nicht richtig. Aber ich behandel' die Frauen, die Prostituierten und Huren, doch nicht schlecht und von oben herab. Ich akzeptier' mich nicht, glaub ich, die Frauen schon. Ich schwank' so hin und her zwischen: Das ist doch was Normales, und: Das ist doch was ganz Außergewöhnliches. Das sind ganz außergewöhnliche Menschen, die Frauen, die so was für sich persönlich überhaupt auf die Reihe kriegen und verarbeiten können. Dazu gehört ja 'ne außergewöhnliche Belastbarkeit. Ich fühl' mich schlecht, wenn ich weiß, daß 'ne Frau vom Zuhälter unterdrückt wird und ich das nicht kontrollieren kann. Am liebsten hab' ich es, wenn ich in einen Puff geh und weiß, da gibt es 'ne Puffmutter, und die machen das in Eigenregie, die Frauen sind selbstverwaltet. (Student der Politologie, 34 Jahre)

Ich respektier' sie. Ich habe mir das, als ich euer Inserat gesehen habe, überlegt und darüber nachgedacht, daß es eigentlich keine Berufsausbildung gibt für die Frauen ... Die meisten Mädchen denken, wenn sie sich ein schwarzes Mieder anziehen, dann ist die Sache schon erledigt. Und andere Sachen kennen die von der Straße her. Es gibt so viele Männer, die das Bedürfnis haben, zu einer Prostituierten zu gehen und mal was anderes zu machen; und in den meisten Fällen versucht man, die zu linken. Ich glaube, daß es viele Männer gibt, die freiwillig mehr Geld zahlen würden, wenn ihnen was Tolles geboten würde, ein bißchen Pfiff. Zum Beispiel in dem Etablissement, wo ich hingehe, da sind Boxen und Lautsprecher, da laufen die Nachrichten und der Wetterbericht oder irgendwelche Diskussionen, und es gibt überhaupt kein Gefühl dafür, wie man die Sache irgendwie noch hochpushen könnte, künstlich. Ich finde, da müßte noch viel getan werden, damit das Ambiente stimmt. (Diplom-Ingenieur, 43 Jahre)

Insgesamt hatten 27 Interviewpartner ein positives Verhältnis zu Prostituierten und äußerten Respekt für sie und ihre Arbeit. 7 von ihnen machten allerdings die Einschränkung, daß sie nur vor den Frauen Respekt hätten, die professionell arbeiten, Niveau haben, zu ihrem Job stehen, auf Hygiene achten und freundlich sind.

10 Männer waren in ihren Antworten hin- und hergerissen. Einerseits bekundeten sie teilweise Wohlwollen oder Respekt für die Arbeit der Frauen, andererseits irritierten sie vor allem die Fragen, warum die Frauen diesem Job nachgehen, wie sie das verarbeiten oder ob vielleicht Zuhälter hinter ihnen stehen. 7 dieser Männer bekundeten an anderer Stelle gar kein oder wenig Interesse an einem Gespräch, ein weiterer wollte sich nur ausquatschen, so daß bei 8 von diesen 10 Interviewpartnern auch nicht davon ausgegangen werden kann, daß sie bisher etwas unternommen haben, um ihre Ambivalenzen zu beseitigen. Äußert sich in diesen Irritationen möglicherweise das schlechte Gewissen der Männer gegenüber Prostituierten (zum Beispiel das Gefühl, daß sie ein »armes Opfer« ausbeuten)?

Nur ein Mann sprach offen über seine Abneigung gegenüber Prostituierten. Er glaubt, daß sie lügen, geldgeil sind und sich selbst betrügen und verachten.

*Private Beziehungen zu Prostituierten*

Wir wollten ganz genau wissen, welche Einstellung die Männer zu Prostituierten haben. Sind Prostituierte für sie Frauen, deren Dienstleistung sie zwar gern in Anspruch nehmen, von denen sie sich aber ansonsten lieber distanzieren? Oder können sie sich vorstellen, auch privat eine Beziehung mit einer Prostituierten einzugehen?

Erstaunlicherweise mußten wir feststellen, daß ein Großteil der Männer (13) bereits private Kontakte zu Prostituierten hatte der noch hat. Dabei handelte es sich sowohl um intime als auch um platonische Kontakte und um feste Beziehungen mit Frauen, die entweder noch anschafften oder den Job aufgegeben hatten.

> Ich bin auch privat mit jemandem zusammen, der zwar nicht Verkehr macht, aber Französisch und Handmassage ... wenn mir eine Frau sympathisch ist, wir die gleichen Interessen haben und sie auch eine Einstellung zu ihrer Arbeit hat, die mit meiner übereinstimmt, dann ist es mit Sicherheit kein Hinderungsgrund, mit ihr befreundet zu sein. (Tischler, 26 Jahre)

Ich kenne eine Frau, die selber Prostituierte war. Mit der treffe ich mich auch, einmal in der Woche ungefähr; ich schlafe mit der. Die hat nach wie vor noch manchmal Schwierigkeiten mit dem, was sie früher praktiziert hat, weil sie als sehr junges Mädchen da mehr oder weniger von einem Zuhälter 'reingedrängelt worden ist. Aber auf der anderen Seite hat sie heute ein unglaublich freies Verhältnis zu ihrer eigenen Sexualität, und sie hat auch ein gutes Verhältnis generell zu Prostituierten und deren Tätigkeit. (Kommunikationsorganisator, 40 Jahre)

Ich hab' schon mal eine Prostituierte als Freundin gehabt. Ist schon Jahre her; ich hab sie auch gern gehabt, wenn ich ehrlich bin. Wir haben nicht mal miteinander geschlafen, wir waren nur dufte Freunde; ich wollte sie beschützen. Ich habe sie behandelt wie meine Schwester. Sie hat anfangs ein bißchen mehr erwartet von mir, aber ich konnte nicht anders, weil ich sie gern hatte. Ich habe gesagt, wenn ich anderes mit ihr mache, geht unsere Beziehung kaputt; das wollte ich einfach nicht. (türkischer Taxifahrer, 34 Jahre)

Ich kenne auch eine, privat. Wie 'ne Freundin, so 'n richtiger Kumpel kann man sagen. Wir treffen uns öfter und quatschen ein bißchen, tun vielleicht mal etwas. Der kann man auch Geheimnisse erzählen, sie ist wirklich ein echter Freund. (Azubi, 20 Jahre)

Andere Interviewpartner konnten sich eine Beziehung mit einer Prostituierten nur unter der Bedingung vorstellen, daß sie ihren Job aufgibt.

Ich könnte es mir nicht vorstellen, mit einer Frau zusammenzusein, die in der Zeit, in der ich mit ihr zusammen bin, diesem Gewerbe nachgeht. Es würde mich heute nicht mehr stören zu wissen, daß sie es mal getan hat, aber solange wir zusammen sind — das könnte ich nicht ertragen ... Da spielen wahrscheinlich ganz normale menschliche Regungen eine Rolle; denn wenn ich mich mit einem Menschen zusammentue, dann möchte ich ihn für mich haben. Dann ist der Gedanke, daß da am Tag vielleicht vier, fünf, sechs Männer das tun, was ich mit ihr abends tue, für mich nicht zu ertragen. Es wäre also für mich eine Bedingung, daß sie in dem Augenblick, in dem wir zusammen sind, diesem Beruf adé sagt. Und ich würde auch alles tun, damit sie das wirklich nicht mehr machen muß. (Chemiekaufmann, 48 Jahre)

Ich würde auch eine Prostituierte heiraten. Aber dann müßte sie den Beruf aufgeben. Das würde ich nicht dulden. Ich finde es auch ganz schlecht, wenn sie dann weiterhin sagt: Also gut, ich liebe doch nur dich, aber wir brauchen mehr Geld. Aber wenn sie sagt: Ich habe, bevor wir uns kennengelernt haben, als Prostituierte gearbeitet, wäre das für mich überhaupt kein Grund, die nicht zu heiraten. (Student der Völkerkunde, 32 Jahre)

Ich weiß nicht, ob ich es vertragen könnte, daß sie mit anderen Männern schläft. Das ist ein bißchen zwiespältig bei mir. Ich habe keine Gewissensbisse, wenn ich mit einer anderen Frau schlafe; ich sage es meiner Freundin nicht, weil ich denke, das würde sie belasten. Andererseits würde ich von ihr auch erwarten, daß sie es mir bitteschön nicht sagt. Aber wenn sie es mir sagen würde, könnte ich es nicht gut ertragen. Ich weiß nicht, wie es mit einer Prostituierten wäre ... Kommt auf die jeweilige Beziehung an. Aber ich bin jemand, der die Frau besitzen, für mich haben will; ich kann ausgesprochen schlecht teilen. Ich finde es faszinierend, daß sie sich verkaufen. Aber ich finde es nicht gut, wenn meine Freundin sich verkaufen will. Vielleicht, wenn ich mich in sie verliebt hätte und sie

> schon eine Prostituierte gewesen wäre, dann wahrscheinlich sähe ich es lockerer. Oder vielleicht, wenn sie es tun würde und es mir dann erzählen würde, in einem vernünftigen Tonfall drüber reden würde, dann ja. Es kommt immer darauf an, wie sie es verkauft. Vielleicht könnte ich teilen, wenn sie es gut verkaufen würde. (Medizinstudent, 23 Jahre)

> Mich würde stören, daß sie mit so vielen Männern zu tun hat ... Ich kann mir nicht vorstellen, daß ich das tolerieren kann als Freund, daß meine Freundin durch die Gegend hurt. Ja gut, die würde 'ne Menge Geld 'ranschaffen, davon würde ich letztlich auch profitieren, aber nee, ich kann es mir nicht vorstellen ... Ich glaube, jeder Mann ist eifersüchtig. Auch die Loddels sind eifersüchtig. Könnte ich mir vorstellen. (Kaufmann, vormals Seemann, 38 Jahre)

Ein Interviewpartner konnte sich zwar eine Freundschaft, aber keine Beziehung mit einer Prostituierten vorstellen, wobei er nicht sagte, ob er eine Beziehung mit einer Ex-Prostituierten eingehen könnte.

> Ich wäre wahrscheinlich viel zu sehr Macho, um mit der Vorstellung leben zu können, daß meine Freundin anschaffen geht. Ich könnte es mir exotisch vorstellen, eine Prostituierte als gute Freundin zu haben, mit der man mal ein Bier trinken geht, zu einer Fete oder so, okay. Wahrscheinlich, weil das für mich alles mysteriöse Leute sind, und da bin ich neugierig. (Erzieher, 30 Jahre)

Demgegenüber konnten sich 6 Interviewpartner keine private Beziehung mit einer Prostituierten vorstellen. Einige von ihnen begründeten dies ebenfalls mit der Arbeit der Frau, wobei auch sie keine Einschränkungen machten, ob sie mit einer Ex-Prostituierten eine Beziehung eingehen würden.

Wenn ich darüber nachdenke, daß meine Freundin mit anderen Männern schläft, ist das für mich sehr schlimm; ich werde sehr eifersüchtig. Und wenn ich wüßte, daß meine Freundin mit zehn Männern am Tag schläft, dann könnte ich nicht mit ihr zusammensein. Natürlich auch wegen der Angst vor AIDS. Daß sie mit so vielen Männern schläft, finde ich irgendwie schmutzig. Der Gedanke, daß — wenn ich ihren Arm küsse ein anderer Mann den schon geküßt hat, der gefällt mir nicht. (amerikanischer Betriebswirt, 27 Jahre)

Das mit anderen Männern würde mich ankotzen, wahrscheinlich. Aber mächtig, ja, bestimmt, logisch. Nee, das wäre mir, oh nee. Obwohl, man kann es wohl vorher nie so sagen ... (Laborant, 27 Jare)

Weiterhin wurde generell die Liebesfähigkeit von Prostituierten angezweifelt.

Das ist das Geheimnis, das ich nie ergründen werde: Wenn ich an meine Frau denke, da ist doch die Liebe mit der Sexualität gekoppelt. Und das kann ich mir, obwohl ich bei den Damen mehr oder weniger häufig Kunde bin, bei den Frauen einfach nicht vorstellen. Deswegen rechne ich auch nicht damit, daß sich so eine Frau in mich verliebt. Es ist durchaus möglich, daß ich mich irre, aber ich kann mir nicht vorstellen, daß meine Frau mich nicht liebt, daß sie mich nicht bis in den Tod liebt, daß sie alles nicht für mich machen würde. Auch umgekehrt, ich mache für sie auch alles. Auch jetzt, wo sie sehr krank ist, da werde ich sie halten bis zum letzten Tag, wenn es sein muß. Das hat aber nichts damit zu tun, daß ich mein Ventil bei diesen Damen suche, weil sie das machen, was ich gern habe. Ich werde mich fast nie in so eine Frau verlieben, denn für mich ist Liebe nicht nur ein Wort. Dazu gehört Treue, ich meine, geistige Treue. Und das sage ich

> nicht, um mich herauszureden. Deswegen kann ich mir nicht vorstellen, daß ein Mann eine Frau liebt, von der er genau weiß, daß die auf den Strich geht. Und ich kann mir nicht vorstellen, daß 'ne Frau lieben kann, die mit mehreren Männern laufend Kontakt hat. Im allgemeinen, bin ich der Meinung, daß die Frauen so erhalten bleiben sollen, die Prostituierten, die Puffs, ich brauche sie und hoffe, sie noch viele Jahre besuchen zu können. (Taxifahrer, 53 Jahre)

Andere Interviewpartner konnten sich aufgrund ihrer speziellen sexuellen Vorlieben (Besuch bei Dominas; Fetischismus) keine Privatbeziehung zu Prostituierten vorstellen.

> Ansonsten kann man nicht sagen, daß wir private Beziehungen unterhalten. Ich glaube, das ist auch ganz gut so. Ich weiß nicht, darunter würde, glaube ich, das eigentliche Spiel ein bißchen leiden. (Beamter im mittleren Dienst, 44 Jahre)

Einer von ihnen gab als Hauptgrund Angst vor sexueller Hörigkeit an.

> Sicherlich hätte ich Angst, wenn man privat eine Beziehung eingeht, daß man sexuell hörig würde. Ich bin in dieser Beziehung relativ labil, und ich bin auch sehr abhängig davon. Moralische Skrupel, hätte ich nicht. Wobei ich das jetzt einfach so sage. Wie das in der Wirklichkeit wäre, weiß ich natürlich nicht. Es turnt mich schon an, wenn meine Frau mir etwas erzählt, was sie mit anderen Männern gemacht hat. Aber wenn das professionell gemacht wird, ist es schwierig, das zu trennen: Privatleben und Beruf. Ich kann ja mein Berufsleben von meinem Privatleben auch nicht trennen. So abstrakt kann ich es mir aber vorstellen. (Wirtschaftswissenschaftler, 41 Jahre)

Ein Drittel der Interviewpartner konnte sich eine Beziehung mit einer Prostituierten ohne irgendwelche Einschränkungen, wie zum Beispiel, daß sie ihren Job aufgeben müßte, vorstellen.

> Das würde ich auch akzeptieren, wenn sie weiterhin als Prostituierte arbeitet, damit hätte ich keine Probleme. Ich finde, jedem ist sein Körper überlassen, und Eifersucht gibt es immer ein bißchen, beim einen mehr, beim anderen weniger. Das muß sie selbst entscheiden. Und wenn's ihr Spaß macht, gut. (Einzelhandelskaufmann, 31 Jahre)

> Wenn sie ihrem Gewerbe nachgeht, das wär mir heute scheißegal. Entscheidend ist, wie sie zu mir steht. Wenn sie in ihrem Beruf drin ist und meint, sie muß dem noch nachgehen, aus irgendwelchen Gründen, sei es finanzieller Art, ist das in Ordnung. Ist ja meist finanzieller Art, wollen wir uns nichts vormachen. Als reines Hobby kann ich mir das nicht vorstellen. Aber ich würde mich daran nicht stoßen; selbst wenn ich noch voll in Amt und Würden wäre, würd' das keine Rolle spielen. (Polizeibeamter, 41 Jahre)

> Warum nicht? Ich möchte jetzt meine Ehe nicht aufs Spiel setzen, auf keinen Fall. Ich würde jetzt keine andere Beziehung eingehen, auch nicht zu 'ner anderen Frau, 'ner normalen Frau, die nicht anschaffen geht. Weil wir jetzt gerade Nachwuchs bekommen haben. Aber das wäre für mich kein Grund, so eine Beziehung nicht einzugehen, daß die Frau anschafft. (Diplom-Ingenieur, 43 Jahre)

Zusammenfassend läßt sich feststellen, daß 13 der 37 Interviewpartner, die diese Frage beantworteten, bereits private Kontakte/Beziehungen zu Prostituierten (gehabt) hatten.

17 Männer können sich eine Beziehung mit einer Prostituierten vorstellen, wobei 5 von ihnen dieses aber nur unter der Voraussetzung können, daß die Frau ihren Job aufgibt.

6 Männer können sich keine private Beziehung mit einer Prostituierten, und ein Mann kann sich zwar eine Freundschaft, aber keine Beziehung vorstellen. Dieser Mann äußerte sich bei anderen Fragen über sein Verhältnis zu Prostituierten durchgängig negativ.

Insgesamt würden also mehr als drei Viertel der interviewten Männer nicht nur geschäftliche, sondern auch private Beziehungen mit Prostituierten eingehen.

Ergänzend wollten wir von unseren Interviewpartnern wissen, ob sie es gegebenenfalls ihren Freunden oder Verwandten erzählen würden, wenn sie mit einer (Ex-)Prostituierten zusammen wären.

Nicht alle Interviewpartner beantworteten diese Frage. Insgesamt 12 meinten, daß sie es erzählen würden, während insgesamt 18 es verneinten. Die Motivationen dieser 30 Männer waren dabei sehr unterschiedlich.

Wir waren davon ausgegangen, daß viele Männer befürchten, die gesellschaftliche Diskriminierung von Prostituierten könnte sich auf sie übertragen, wenn sie anderen Menschen von einer privaten Beziehung mit einer Prostituierten erzählen würden, und daß diese Angst sie davon abhalten würde.

Diese Vermutung traf jedoch nur auf 7 der 18 Männer zu, die anderen nicht erzählen würden, daß ihre Partnerin eine Prostituierte ist oder war.

Teilweise wurde nicht eindeutig differenziert, ob das schlechte Image oder eventuelle Sanktionen ihnen selbst oder der Frau schaden könnten.

> Ich würde es nicht erzählen, auch deshalb, weil dieser Beruf, diese Tätigkeit oder wie man das bezeichnen will, noch dieses schlechte Image hat. Wenn ihr jetzt das erreicht, wofür ihr euch einsetzt, dann ist es später vielleicht mal anders. (Lehrer, 36 Jahre)

> Sicherlich hätte ich Hemmungen, weil wir in einer gesellschaftlichen Situation sind, die das nicht akzeptiert. Da sind gesellschaftliche Sanktionen sofort vorhanden. (Wirtschaftswissenschaftler, 41 Jahre)

> Ich würde es nicht erzählen, weil es 'ne Menge böser Zungen gibt. Angenommen, sie hätte aufgehört, von ihrer Vergangenheit würde ich niemandem erzählen. Das soll man auch nicht tun, kann ich keinem empfehlen. (Kaufmann, vormals Seemann, 38 Jahre)

2 Interviewpartner befürchteten, ihre Kollegen könnten dann über ihre Frauen herfallen, wobei nicht differenziert wurde, ob in dem Fall der Mann oder die Frau der/die Geschädigte wäre.

> Wir leben nun mal in einer Gesellschaft, wo es sehr schwierig ist, sich als Frau zur Prostitution zu bekennen und äh dann auch noch auf Anerkennung oder auf Zustimmung zu stoßen. Ich glaube, daß 'ne Frau, die in einem normalen häuslichen Umfeld lebt und der Prostitution nachgeht, das da wohl kaum 'rausposaunen wird. Und ich glaube bestimmt, daß in unserer Männerwirtschaft es auch so wäre, daß dann irgendwelche Bekannten hingehen würden und sagen: Mach mal die Beine breit, du machst es ja sonst auch jeden Tag. Oder daß sie nicht für voll genommen oder als minderwertiger Mensch betrachtet wird. Also aus diesen beiden Gründen wäre ich sehr vorsichtig. (Hausmeister, 40 Jahre)

> Das würde ich mich nicht trauen, über ihre Vergangenheit zu reden. Das hat zu viele negative Auswirkungen. Wenn ich mit jemandem zusammen wäre, der auf den Strich gegangen ist, und ein Kollege würde zu Besuch kommen. Wenn dann das Gespräch auf die Arbeit kommt, und ich würde das erwähnen, dann bin ich ganz sicher, daß irgendwelche Kollegen das versuchen würden: Wenn die früher auf den Strich gegangen ist, dann versuchst du das auch mal. (Monteur, 48 Jahre)

Ein Großteil der Männer, die nicht darüber sprechen würden, haben diese Beweggründe allerdings gar nicht genannt. Einige sahen offenbar keinen Anlaß, warum sie überhaupt darüber sprechen sollten.

> Bei den beiden, die ich privat kenne, bin ich ziemlich sicher, daß nur sehr wenige aus meinem Bekanntenkreis wissen, was die machen; ich erzähl' das auch nicht 'rum. (Rechtsanwalt, 40 Jahre)

> Ich wüßte nicht, warum ich das erzählen sollte. Sie selber geben es natürlich manchmal laut von sich ... (leitender Beamter, 60 Jahre)

Am meisten überraschte uns jedoch die Tatsache, daß fast ein Drittel der Interviewpartner, die sich dazu äußerten (8 von 30), aus Rücksicht auf die Frau und in Kenntnis der möglichen Konsequenzen für sie, anderen Menschen nicht von ihrer (früheren) Tätigkeit erzählen würde.

> Wenn sie damit einverstanden ist, vielleicht. Ich weiß nicht, ob ich es sagen würde. Weniger, weil ich um meine Reputation fürchte, sondern vielmehr, weil ich befürchte, daß sie selber dann abgelehnt wird — und diese Ablehnung, die kann ein sehr, sehr herber Dolchstoß sein; der kann ein ganzes Menschenleben zerstören. Und zu ihrem eigenen Schutz — selbst wenn sie es wollte, wenn sie sagte: Ja, kannst du ruhig sagen, würde ich es wahrscheinlich um ihretwillen nicht tun. So lange jedenfalls, bis die Menschen gelernt haben, diesen Menschen als Menschen zu achten. (Chemiekaufmann, 48 Jahre)

> Ein Teil der Leute, mit denen ich zusammenarbeite, wissen das, und das ist auch okay. Bloß, wenn man darüber redet, dann habe ich damit keine Probleme,

aber meine Frau kann damit Probleme kriegen. Weil die gesellschaftlichen Normen eben doch nicht so sind, wie ich sie gern hätte. Und da wir in einem verhältnismäßig kleinbürgerlichen Umfeld wohnen, in einer ganz normalen Straße mit ganz normalen kleinen Einfamilienhäuschen und ähnlichem, bin ich mir nicht sicher, ob so was von Nachbarn toleriert würde. Da müßte sie drunter leiden, da müßten die Kinder drunter leiden ... (Industrieller, 42 Jahre)

Ich habe noch nie jemandem davon erzählt. Ich finde es aber sehr mutig, daß die Frau den Leuten, die sie ein bißchen besser kennt, eigentlich grundsätzlich von dem erzählt, was sie da gemacht hat. (Kommunikationsorganisator, 40 Jahre)

12 Männer bejahten die Frage, ob sie anderen von der (früheren) Tätigkeit der Frau erzählen würden. Einige von ihnen scherten sich wenig oder gar nicht um die Konsequenzen für sich selbst.

Wenn ich eine Prostituierte als meine Freundin anerkenne, in den Arm nehme und mit ihr ins Bett gehe, dann kann ich genauso mit ihr in die Stadt gehen. Warum nicht? (türkischer Taxifahrer, 34 Jahre)

Sie würde es jedem erzählen, und das gefällt mir. Ich mag die Frau nicht, die ihren Beruf nicht akzeptiert. Ich wäre bereit gewesen, wäre ich ledig gewesen, sie vom Bordell zu holen und gleich zur Trauung zu gehen. Jeder hätte es wissen können ... Ich hätte keine Schwierigkeiten damit. (belgischer Fotograf, 72 Jahre)

Das interessiert mich nicht, wie meine Freunde darauf reagieren würden, wenn ich ihnen erzähle, daß sie anschaffen geht. (Azubi, 20 Jahre)

Andere gaben an, daß sie sich überlegen würden, wem sie es erzählen. Bei diesen Überlegungen spielten teilweise auch mögliche negative Konsequenzen für sie selbst eine Rolle.

> Das kommt auf die Leute an. Meinem besten Freund würde ich das mit Sicherheit erzählen, allen guten Freunden. Aber die ganzen Bundesfreunde, wenn die katholisch sind oder davon geschockt wären, denen würde ich es natürlich nicht erzählen. Außerdem, wenn ich mit einer Prostituierten zusammen wäre, dann würde ich ja auch mit ihr irgendwo hingehen wollen. Und Prostitution ist ein Beruf, der komisch angesehen wird. Ich denke, wenn ein Freund von mir mit einer Prostituierten zusammen wäre, dann würde ich mich für diese Frau anders interessieren als für eine andere Frau. Also nicht sexuell. (Medizinstudent, 23 Jahre)

> Dem Freund könnte ich es sagen, dem anderen nicht. Ich würde es wahrscheinlich trotzdem sagen, aber ich sehe das so, daß der sich dann irgendwie von mir distanzieren könnte. (Fernmeldemonteur, 25 Jahre)

> Viele von meinen Kollegen, die zum Teil Priester sind, mit denen ich mich wirklich gut verstehe, die wissen, daß ich als Kunde dort hingegangen bin und daß ich mit der einen oder anderen sehr befreundet bin. (österreichischer Religionslehrer, 31 Jahre)

> Im guten Freundeskreis, wo ich weiß, daß ich Vertrauen haben kann, daß es auch nicht weitergegeben wird. Das würde ich machen, ohne weiteres. Aber das ist auch ein kleiner Kreis. (Einzelhandelskaufmann, 31 Jahre)

Festzuhalten bleibt, daß die meisten Männer (27) mit negativen Konsequenzen rechnen, wenn im Verwandten- oder Freundeskreis bekannt würde, daß ihre Frau/Freundin eine Prostituierte ist oder war; wobei sich nur 7 von ihnen eindeutig Sorgen um die Konsequenzen für sich selbst machten.

*Sind Prostituierte anders?*
Um Vorurteile über Prostituierte abzufragen, die bislang eventuell noch nicht zur Sprache gekommen waren, wollten wir von unseren Interviewpartnern wissen, ob ihrer Meinung nach Prostituierte anders sind als andere Frauen.

12 Männer sahen keinen Unterschied zwischen Prostituierten und soliden Frauen.

> Es wird bei Prostituierten genau das gleiche Spektrum von supertollen Frauen bis zu Geisteskranken geben wie in jeder anderen Schicht auch. (Tischler, 26 Jahre)

> Die, mit denen ich näher zusammen bin, sind ganz normale Frauen. Sie haben Probleme, oder sie haben entdeckt, daß sie da Geld verdienen und auch ihren Lüsten frönen können. Darf ich mal 'ne Gegenfrage stellen? Wie meinst das genau, daß ich sie als anders empfinden soll? (Ingenieur, 55 Jahre)

> Ich kenne ja keine privat, aber warum sollen Boxer anders sein als meinetwegen Kraftfahrzeugschlosser? Warum soll ich ein anderer Mann sein als der Arbeiter, der an der Stanzmaschine ist? Wir haben vielleicht andere Interessen ... Eine Prostituierte hat genauso ihre Sehnsüchte und ihre Vorurteile und ihre Abneigungen. Eine Hausfrau hat auch ihre Vorurteile, anderer Art, aber von der Struktur her ist es alles gleich. (Wirtschaftswissenschaftler, 41 Jahre)

> Nee, wie anders? Haben sie drei Beine oder so? (Fleischer, 26 Jahre)

Ich wurde am Anfang oft gelinkt und hab' mich immer wieder geärgert. Aber ich habe die Schuld eher bei mir gesucht. Ich habe viele nette Mädchen kennengelernt. Wenn man das in Klassen einordnet, dann ist es im Innersten bestimmt nicht die höchste Klasse; aber ich würde sie nicht unterscheiden von anderen Frauen, die mir auf der Straße begegnen. (Diplom-Ingenieur, 43 Jahre)

Von den 15 Interviewpartnern, die fanden, daß Prostituierte anders sind als andere Frauen, bewertete ein Großteil dieses Anderssein als eher positiv.

Ich glaube, daß unter Prostituierten ein höherer Prozentsatz ist an Frauen, die unverklemmter und freier sind in ihrer Sexualität. (Kommunikationsorganisator, 40 Jahre)

Anders sind sie vielleicht insofern, als sie, um ihren Beruf besser wahrnehmen zu können, mehr auf ihr Äußeres achten. Das sind doch überdurchschnittlich attraktive Frauen, also vergleichbar mit Stewardessen, Schauspielerinnen und so weiter. (Lehrer, 36 Jahre)

Wenn sie sich zur Prostitution bekennen, haben sie ein anderes Verhältnis zur Sexualität. Ich glaube, daß Prostituierte, die sich dazu bekennen, die ohne diesen Druck im Hintergrund arbeiten, ein besseres Verhältnis zu ihrem Körper haben dahingehend, daß sie sich selber zunächst mal akzeptieren. Ich glaube, sie mögen sich. Ein gewisses Zur-Schau-stellen muß ihnen Spaß machen. Und wenn das so ist, dann haben sie auch ein gesundes Verhältnis zur Sexualität, das sie anderen weitergeben können. (Hausmeister, 40 Jahre)

Sie machen halt einen ganz anderen Job, und die Arbeit ist schwer, davor habe ich vollste Hochachtung.

Das ist ‘ne sehr intime Arbeit, viel intimer als zum Beispiel ‘ne Pflege auf ‘ner Intensivstation. Die Prostituierte ist mehr gefordert, und deshalb soll sie auch gut verdienen, finde ich. (Kaufmann, vormals Seemann, 38 Jahre)

Sie sind jedenfalls geldgieriger als die meisten. Wenn ich bei Karstadt etwas kaufe, kaufe ich es zum normalen Preis; aber die Prostituierte versucht immer, den Preis etwas höher zu machen, auch wenn er schon sehr hoch ist. Das ist doch gar nicht nötig. Ich meine, sie verdient mehr als der höchste Staatsbeamte. Sie sind vielleicht etwas menschenkundiger, sie wissen mehr über Menschen als die meisten anderen Frauen; besonders über Männer, aber auch über ihre Kolleginnen, Frauen. Das ist sehr angenehm. (belgischer Fotograf, 72 Jahre)

Wenn man es vom Standpunkt des normalen Mannes sieht, ist es ja so, daß die Durchschnittsfrau ein ziemliches Gedöns macht um die Tatsache, da läuft das nicht so, am ersten Abend gleich über die Matratze und so weiter. Wenn man aber nichts anderes macht, als ausschließlich mit Männern zu schlafen, dann ist das ein himmelweiter Unterschied, da liegen Welten zwischen. Das würde mich auch interessieren; ich kann mir gar nicht vorstellen, daß sie ein Privatleben haben. Wie soll denn das gehen? (Laborant, 27 Jahre)

4 Interviewpartner bewerteten dieses Anderssein aus unterschiedlichen Gründen ausschließlich negativ. Sie waren der Meinung, Prostituierte würden für Geld alles tun, es sich leicht machen, letztlich Probleme mit dem Sex haben, ihn privat nicht mehr genießen können.

Sie geben das letzte für Geld, das ist der Körper. Das ist nicht negativ gemeint, aber ich finde, sie sind den extremsten Schritt gegangen, um an Geld 'ranzukommen. Weil sie wahrscheinlich keine Lust haben, für die Hälfte des Geldes irgendwo acht Stunden hart zu arbeiten. Gut, es ist ein harter Job, aber ich denke auch, es ist ein sehr leichter Weg; natürlich auch eine Verführung. Ich wüßte nicht, wie ich reagieren würde, wenn eine Frau jetzt zu mir sagt: Schlaf mit mir, kriegst tausend Mark oder so. Da müßte ich überlegen, ob sie mir halbwegs attraktiv erscheint, und dann würde ich es wahrscheinlich auch machen. Die Sache wäre dann der reine Egoismus, und ich denke mir, den Prostituierten wird es nicht so gehen. Ich weiß nicht, inwieweit Prostituierte sagen: Nee, mit dir nicht. (Erzieher, 30 Jahre)

Ich stelle mir vor, daß sie Probleme haben, Sex zu genießen, wie ich ihn genieße mit meiner Freundin. Wenn ich den ganzen Tag mit fremden Frauen schlafen würde, zehn, fünfzehn Frauen am Tag, würde ich meine Freundin nicht so genießen. Ich finde, es vermindert die körperlichen Gefühle. Das finde ich schade. Wenn man es immer macht, ist es nicht Besonderes. (amerikanischer Betriebswirt, 27 Jahre)

Ein Interviewpartner bezog das Anderssein von Prostituierten eindeutig auf ihren Beruf und die seiner Meinung nach ausschließlich negativen Folgen.

Die sind ganz gewaltig. Wahrscheinlich hängt das mit dem Beruf zusammen. Ich habe die Erfahrung gemacht, daß sie sich schwer abkapseln, aus irgendeiner Angst heraus, anderen Leuten gegenüber, Kunden gegenüber sowieso, aber auch im privaten, im Familienverhältnis. Keiner darf wissen, was sie machen; die haben ein völlig eigenständiges Leben; wahrscheinlich

> sind sie schlechter dran als jeder Normalbürger. Das Leben einer Prostituierten bewegt sich doch nur in einem bestimmten Kreis. A) unter Kolleginnen, kann ich mir vorstellen, und B) unter Zuhältern und in ein paar Lokalen. Wenn das Leben sein soll, nee. Bis auf ein paar Kinder, die sie vielleicht noch haben, die irgendwo existieren und das aber auch nicht wissen dürfen, haben sie doch niemanden. (Monteur, 48 Jahre)

Einige Interviewpartner vertraten die Meinung, daß Prostituierte teilweise anders seien als »solide« Frauen.

> Ich glaube, daß sie eine andere Auffassung von Sexualität haben, wahrscheinlich freier. Auf jeden Fall muß es anders sein, weil nicht jede Frau sich für Geld anbietet ... (Medizinstudent, 23 Jahre)

> Daß Prostituierte Frauen wie andere Frauen auch sind – hundertprozentig. Bloß kann ich mir nicht vorstellen, daß sie einen lieben können. (Taxifahrer, 53 Jahre)

Zusammenfassend läßt sich festhalten, daß 12 Interviewpartner keinen Unterschied zwischen Prostituierten und anderen Frauen sahen.

Demgegenüber waren insgesamt 20 Männer der Ansicht, daß Prostituierte in irgendeiner Hinsicht andere Eigenschaften als andere Frauen haben. Als positive Eigenschaften nannten sie, daß Prostituierte unter anderem einen großen Erfahrungsschatz/Lebenserfahrung haben, viel netter sind und ein besseres Gespür für Männer haben; standhafter, menschenkundiger, unverklemmter, tabuloser und freier sind, eine gewisse Reife und Power haben, wesentlich attraktiver und nicht so eingebildet sind, daß sie mehr lachen und schwer arbeiten. Als negativ wurde angeführt, daß Prostituierte das letzte für Geld geben, geldgierig sind, Sex nicht genießen können, wegen der vielen Männer, und deswegen wohl kaum ein Privatleben haben; daß sie ein abgekapseltes Leben im Kreis von Kolleginnen und Zuhältern führen, oft nicht zwischen Beruf und Alltag trennen können und manchmal ein schlechtes Selbstwertgefühl haben.

Wir schauten uns die Männer, die ausschließlich negative Assoziationen hatten, noch etwas genauer an. Einer hatte bei anderen Fragen bereits durchweg seine Ablehnung gegenüber Prostituierten geäußert. Ein anderer meinte zwar, Prostituierte seien netter und geistvoller als andere Frauen, aber ansonsten wollte er nur ihre sexuelle Dienstleistung und kein Gespräch. Einen weiteren Mann irritierte es, daß eine Frau diesem Job nachgehen kann, aber er suchte kein Gespräch mit ihr.

Der vierte Mann äußerte sich an diesem Punkt sehr widersprüchlich zu seinen sonstigen Antworten. Er gehört zu denen, die Prostituierte aufsuchen, weil sie tabuloser sind; er fand, daß es ein Beruf wie jeder andere sei und daß er die Doppelmoral nicht verstünde. Das Gespräch mit einer Prostituierten stünde zwar nicht im Vordergrund, gehöre aber einfach dazu. Er könne auch eine Beziehung mit einer Prostituierten eingehen, denn »Mensch sei Mensch«. Er hatte jedoch bezüglich des Andersseins von Prostituierten nur die negative Assoziation, das Leben von Prostituierten finde nur im Milieu statt, unter Kolleginnen und Zuhältern, wo die Kinder irgendwo untergebracht sind, »wenn das ein Leben sein soll«. Er machte sich eher Gedanken um den Partner (also seine mögliche Rolle) der Prostituierten, darüber wie der das »auf die Reihe kriegen« könnte.

*Resümee*

Vor allem wegen ihrer Dienstleistung suchten 29 unserer Interviewpartner Prostituierte auf. Weitere 9 faszinieren Prostituierte darüber hinaus im positiven Sinne als Frau.

Ein positives Verhältnis zu Prostituierten hatten 27 Männer, wobei sie dies und ihren Respekt teilweise auch von der Qualität ihrer Dienstleistung abhängig machen. Zwiespältig oder auch ablehnend äußerten sich 11 Männer. Es handelte sich dabei fast ausschließlich um Männer, die zwar die Dienstleistung von Prostituierten in Anspruch nehmen, aber sonst kein näheres Interesse an den Frauen zeigen (zum Beispiel kein Gespräch mit ihnen suchen). Gleichzeitig bewegte sie die Frage, wie die Frauen mit dieser Tätigkeit psychisch zurechtkommen, oder die, ob sie nicht gar durch Zuhälter ausgebeutet werden. Wir gehen davon aus, daß sie ein schlechtes Gewissen plagt, ihrem Genuß auf Kosten der Frauen nachzugehen.

Das Gespräch mit Prostituierten suchte die Hälfte der Interviewpartner. Nur 2 von ihnen wollten durch das Gespräch mehr über die Frauen erfahren, während die anderen das Gespräch für ihr eigenes Wohlbefinden suchten.

Eine private Beziehung mit Prostituierten können sich 30 von 37 Männern vorstellen. Mit negativen Konsequenzen, falls im Verwandten- oder Freundeskreis bekannt würde, daß sie mit einer Prostituierten liiert sind, rechneten 27 Interviewpartner. Dementsprechend zogen sie es vor, entweder gar nicht oder nur mit ausgewählten Freunden darüber zu sprechen oder diese Entscheidung der Frau zu überlassen. 7 von ihnen machten sich allerdings nur Sorgen um die negativen Konsequenzen für sich selbst und nicht um die für die Frau. Auffällig war hierbei, daß immerhin fast ein Drittel der Männer spontan die Interessen der Partnerin berücksichtigte. Überraschend viele Männer (13) haben oder hatten bereits private Kontakte/Beziehungen zu Prostituierten.

Keinen Unterschied zwischen Prostituierten und anderen Frauen sahen 12 von 32 Männern. Demgegenüber waren 20 Männer der Ansicht, Prostituierte seien anders oder zum Teil anders. 7 Interviewpartner bewerteten das sowohl positiv als auch negativ, 9 nur positiv und 4 nur negativ. Die Männer, die sich negativ äußerten, bezogen diese Frage auf ihr eigenes Wohlbefinden im Falle einer privaten Beziehung zu einer Prostituierten, da sie sich durch das Milieu oder die vielen beruflichen sexuellen Kontakte der Frau gestört fühlen würden.

Generell läßt sich sagen, daß das Verhältnis von den interviewten Freiern zu Prostituierten sich im großen und ganzen nicht von ihrem Verhältnis zu anderen Berufsgruppen im Dienstleistungsbereich unterscheidet. Vorrangig ist die Prostituierte für sie jemand, die eine Dienstleistung anbietet, die sie gern in Anspruch nehmen. In ihren privaten Beziehungen vermissen sie bestimmte sexuelle Praktiken, leiden unter dem Leistungsdruck und darunter, daß sie keine passive Rolle einnehmen können.

Wie zu anderen Berufsgruppen (zum Beispiel Ärzten, Friseuren, Masseuren) suchen sie dabei keine besondere private Beziehung. Ihr Respekt vor Prostituierten war dementsprechend häufig auch von der Qualität der Dienstleistung abhängig. Da Prostitution als Beruf nicht anerkannt ist und in der Öffentlichkeit wenig Kenntnis über die realen Lebensbedingungen von Prostituierten herrscht, hatten manche Männer aufgrund der verbreiteten Vorstellung von Prostituierten als Opfern mysteriöser Lebensumstände möglicherweise ein schlechtes Gewissen, diese Dienstleistungen unbefangen in Anspruch zu nehmen.

Der größte Teil der Männer konnte sich sehr gut vorstellen, auch privat eine Beziehung mit einer Prostituierten einzugehen. Das bestätigt unsere Annahme, daß Prostituierte für die Männer vorwiegend Frauen sind, die lediglich eine gewisse Dienstleistung anbieten wie in anderen Berufsgruppen auch. Allerdings sind sie sich der Stigmatisierung von Prostituierten bewußt und rechnen mehrheitlich mit negativen Konsequenzen, falls sie eine Beziehung mit Prostituierten eingehen und diese Tatsache anderen bekannt wird.

9

# Männer sehen Männer
## Was Freier über Clubbesitzer denken

*Clubbesitzer: Geschäftsmann oder gescheiterte Existenz?*
Im Rahmen unserer Arbeit werden wir häufig mit einem konfusen Bild von Clubbesitzern konfrontiert. Ganz besonders bei der Erarbeitung des Antidiskriminierungsgesetzes führten wir viele Diskussionen über diese Spezies von Unternehmern. Sind sie die verdächtigen Zuhälter? Sind sie Arbeitgeber? Es herrscht Unklarheit, und wir wollten erfahren, was die Kunden von Prostituierten über diese Männer wissen, denken, fühlen. Sehen Freier die Arbeitsbedingungen von Prostituierten klarer als andere? Differenzieren sie, oder setzen sie sich damit nicht auseinander?

Knapp zwei Drittel der Interviewpartner gaben an, keinen Clubbesitzer zu kennen, während ein Drittel Kontakte hat/hatte.

Auffallend positiv beurteilten »Kenner« den Clubbesitzer. Für sie ist er ein normaler Geschäftsmann, der ein gutes Verhältnis zu »seinen Frauen« hat und ihnen in Notsituationen beisteht.

> Ich kannte mal einen, das heißt, ich kenne einen ... Der ist Mitinhaber eines Clubs, ja, ein Parteifreund ... Daß er einen Haufen Geld hat, ja, das weiß ich von ihm. Aber den Haufen Geld hat er nicht nur aus dem Club, er hat auch eine Sportschule, und er ist Mitinhaber von mehreren Clubs. Er macht gerade noch zwei andere auf ... Er ist an und für sich ein Typ, der sehr nett ist, sehr ruhig mit den Frauen umgeht. Wie gesagt, er ist nur Teilhaber, und ich denke, daß er ein gutes Verhältnis zu seinen Frauen hat und daß er darauf auch Wert legt. Je besser das Verhältnis zu den Frauen ist, desto besser klingelt die Kasse. Das ist seine Devise. (Krankenpfleger, 38 Jahre)

Nett, ganz normal. Also die, die ich kannte, die waren gut, der eine war sogar bei meiner Hochzeit ... Die meisten hätten auch einen Bäckereiladen führen können oder eine Autoreparaturwerkstatt oder eine normale Eckkneipe. (Industrieller, 42 Jahre)

Die Clubbesitzer, würde ich sagen, sind Arbeitgeber. Soweit ich sie kenne ... Ja, ganz was anderes als die Zuhälter. Also der, den ich da kannte: Die haben bei ihm gewohnt und ein Zimmer dort gehabt, in seinem Club. Die haben bezahlt für‘s Zimmer, und was die gemacht haben, hat ihn nicht interessiert. Nee, er hat seine Miete gekriegt, ob die nun einen Freier hatten oder zehn, das war ihm ganz egal; der hat täglich seine Miete gekriegt, und das sehe ich als Geschäftsmann. Das seh’ ich nicht als Zuhälter an ... Allerdings hat der auch — weil er ja auch wie ich gut mit den Fäusten umgehen konnte — wenn mal eine in Not war, geholfen. Aber er hat kein Geld dafür genommen, er war nicht der Zuhälter. Er hat unter anderem am Ausschank verdient, und was die auf dem Zimmer gemacht haben, war ihre Sache. (Taxifahrer, 53 Jahre)

Der war, würde ich sagen, ein angenehmer Geschäftsmann. Man konnte sich mit ihm unterhalten ... Nein, ich hatte nicht das Gefühl, der beutet die Frauen aus ... Er sagte mir, die Frauen zahlen hier eine fixe Miete. Sie können arbeiten, soviel oder sowenig sie wollen. Aber keine kommt zu kurz bis jetzt, denn sonst würden sie das Eros-Center verlassen. (belgischer Fotograf, 72 Jahre)

Nur einer der »Kenner« vertrat eine negative Meinung.

Clubbesitzer? Ich kannte einige Clubbesitzer in Amerika. Zuhälter sind das gleiche wie Clubbesitzer, das bietet sich ja an. Er hat ja die Macht über sie; sie dürfen im Club arbeiten, und wenn sie gut anschaffen, dann können sie bleiben, und wenn nicht, dann können sie gehen. (Kaufmann, vormals Seemann, 38 Jahre)

Ein ganz anderes Bild hatten die Interviewpartner, die persönlich keinen Clubbesitzer kennen. Hier verdeutlichte sich die Macht der Medien: Fast alle gängigen Klischees, die in hingebungsvoller Weise permanent in BILD, BZ, STERN und anderen Boulevardblättern veröffentlicht werden, fanden wir in den Antworten wieder.

Ich kenne keinen. Das sind wahrscheinlich Klischees, die man im Kopf hat: irgendwelche gescheiterten Provinzboxer oder so, die sich dann vom Türsteher hocharbeiten, bis sie mal hinter'm Tresen stehen und sich in den nächsten zehn, fünfzehn Jahren noch weiter hochdienen. Im Fernsehen kam mal ein ganz guter Bericht über — wie hieß dieser Typ, der schon in den 60er Jahren die Straßenbande im Wedding hatte, — irgend so ein Boxer, der jetzt hier in Berlin der kleine Fürst ist ... So ein älterer Typ, der hängt auch bei diesen ganzen Bauskandalen mit drin und hat einige Leute, auch andere Zuhälter, hopsgehen lassen ... Den haben sie in seiner ganzen Selbstsicherheit interviewt, gezeigt, wie der durch Berlin fährt und seine Bars zeigt. Das fand ich schon einen komischen Menschenschlag. Aber ich denke, es gibt wahrscheinlich auch sehr viele andere, stille Teilhaber an irgendwelchen Bars, wo man sich wahrscheinlich mal umgucken müßte, wer hinter diesen Einrichtungen steht. (Erzieher, 30 Jahre)

Clubbesitzer? Nee ... Also, ich selber hatte keine richtige Vorstellung. Die hat sich nur gebildet aus Filmen oder Berichten, die ich im Fernsehen gesehen habe. Das werden welche sein, die keinen richtigen Weg gefunden haben, viel Geld zu verdienen oder sich überhaupt einen Beruf auf andere Weise zu erarbeiten. Deren seelische Hintergründe kenne ich nicht so genau. Ich denke mir, daß die einfach nur Geld machen wollen, erst mal. Und daß die vielleicht auch eine Selbstbestätigung darin sehen, daß sie Frauen für sich im Grunde genommen gewinnen, eine nach der anderen. Es gibt ja auch Männer, die es toll finden, eine Frau nach der anderen zu vernaschen. Vielleicht ist das bei denen so ähnlich. Ich könnte mir denken, daß die, die viele haben — genauso wie die Frauen, die es sich zum Beruf machen, Prostituierte zu werden — sich dann vielleicht sagen: Na ja, mach' ich ein Bordell auf mit meinen Miezen. Und dann könnte ich mir vorstellen, daß da vielleicht irgendwelche Reibereien unter den verschiedenen Clubbesitzern entstehen könnten; na ja, vielleicht habe ich auch zu viele Krimis gelesen ... (Fernmeldemonteur, 25 Jahre)

Diese Männer finde ich irgendwie gefährlich. Ich stelle mir diese Zigarre rauchenden, fetten, gefährlichen Typen vor, die eine Waffe, eine Pistole, haben. (amerikanischer Betriebswirt, 27 Jahre)

Ich habe nur sehr vage Vorstellungen, muß ich sagen. Ich kann es nicht beurteilen, ob ein Film realistisch gemacht ist oder nicht; aber ich denke, daß gerade diese deutschen Serien sich in Realitätsnähe bewegen. Ich weiß es nicht. Und wenn man das für bare Münze nehmen kann, dann habe ich keine hohe Meinung von solchen Leuten. (Lehrer, 36 Jahre)

Meine Assoziation ist immer: Fiese Leute. Die tragen die Waffe locker oder sind brutal. (Student der Politologie, 34 Jahre)

Die Berichterstattung der Medien wird aber auch in Frage gestellt. Nicht alle Interviewpartner, die keinen Clubbesitzer kennen, wollen glauben, was sie lesen. Für sie läuft das Geschäft unspektakulärer, als die Presse sie glauben machen will.

> Ich weiß überhaupt nichts über Clubbesitzer ... Clubbesitzer stelle ich mir anders vor als Zuhälter. Ich denke, das sind meistens Leute, die wahrscheinlich gut verdienen und in einem ganz bürgerlichen Beruf arbeiten, Rechtsanwälte, Ärzte oder sonst was, die dann so ein Ding gepachtet haben und das über einen Geschäftsführer laufen lassen. Ich könnte mir auch vorstellen, einen Club zu pachten. Obwohl ich mir auch Mühe geben würde, daß die Mädchen sich bei mir wohl fühlen. (Medizinstudent, 23 Jahre)

9 Interviewpartner hatten keine genaueren Vorstellungen von Clubbesitzern; insgesamt 17 beurteilten Clubbesitzer eher positiv, und 12 sahen sie eher negativ.

Das schlechte Image der Clubbesitzer ist einerseits durch die Medien geprägt, andererseits trägt auch die Rechtsprechung dazu bei, daß häufig die Assoziation Clubbesitzer = Zuhälter aufkommt.

Clubbesitzer werden durch die Paragraphen 180 a und 181 a Strafgesetzbuch (StGB) kriminalisiert. Allein die Tatsache, daß sie zum Beispiel angenehme Arbeitsbedingungen schaffen (gute sanitäre Anlagen, exklusive Einrichtung) kann zu einer Verurteilung führen. Die Rechtsprechung geht auch heute noch davon aus, daß es sich hierbei um »Maßnahmen handelt, die die Prostituierte weiter in ihre Tätigkeit verstrickt und sie davon abhält, die Prostitutionstätigkeit aufzugeben« (BGH, NStZ 1986, 359). Das Bestimmen von Dienstzeiten oder Einsatzorten der Frauen kann als dirigistische Zuhälterei ausgelegt werden.

Dagegen würde niemand bei einem Fabrikbesitzer auf die Idee kommen, er sei ein Zuhälter, weil er abhängig Beschäftigten Ort, Zeit und Ausmaß ihrer Tätigkeit vorschreibt; und nur wenige Menschen finden es skandalös, daß Unternehmer an der Arbeitskraft von anderen Personen verdienen. Im Gegensatz dazu wird das Gewerbe Prostitution immer noch sehr moralisch betrachtet, und die Männer, die in Clubs oder Bars investieren, gelten als Ausbeuter.

Unsere Interviewpartner konnten sich von dieser Sichtweise nur bedingt lösen. Einige haben durch persönliche Kontakte jedoch erfahren, daß das Geschäft weniger mit »sex and crime« zu tun hat, als allgemein angenommen wird.

§ 180 a (StGB). Förderung der Prostitution.

(1) Wer gewerbsmäßig einen Betrieb unterhält oder leitet, in dem Personen der Prostitution nachgehen und in dem

1. diese in persönlicher oder wirtschaftlicher Abhängigkeit gehalten werden oder
2. die Prostitutionsausübung durch Maßnahmen gefördert wird, welche über das bloße Gewähren von Wohnung, Unterkunft oder Aufenthalt und die damit üblicherweise verbundenen Nebenleistungen hinausgehen,

wird mit Freiheitsstrafe bis zu drei Jahren oder mit Geldstrafe bestraft.

(2) Ebenso wird bestraft, wer

1. einer Person unter achtzehn Jahren zur Ausübung der Prostitution, Wohnung, gewerbsmäßig Unterkunft oder gewerbsmäßig Aufenthalt gewährt oder
2. einen anderen, dem er zur Ausübung der Prostitution Wohnung gewährt, zur Prostitution anhält oder im Hinblick auf sie ausbeutet.

(3) Wer einen anderen gewerbsmäßig anwirbt, um ihn dazu zu bringen, daß er der Prostitution nachgeht, oder um ihn zur Prostitutionsausübung in einem fremden Land zu veranlassen, wird mit Freiheitsstrafe bis zu fünf Jahren oder mit Geldstrafe bestraft.

(4) Wer eine Person unter einundzwanzig Jahren der Prostitutionsausübung zuführt oder auf sie einwirkt, um sie zur Aufnahme oder Fortsetzung der Prostitution zu bestimmen, wird mit Freiheitsstrafe von sechs Monaten bis zu zehn Jahren bestraft.

(5) In den Fällen der Absätze 3 und 4 ist der Versuch strafbar.

§ 181 a (StGB). Zuhälterei.

(1) Mit Freiheitsstrafe von sechs Monaten bis zu fünf Jahren wird bestraft, wer

1. einen anderen, der der Prostitution nachgeht, ausbeutet oder
2. seines Vermögensvorteils wegen einen anderen bei der Ausübung der Prostitution überwacht, Ort, Zeit, Ausmaß oder andere Umstände der Prostitutionsausübung bestimmt oder Maßnahmen trifft, die den anderen davon abhalten sollen, die Prostitution aufzugeben,

und im Hinblick darauf Beziehungen zu dem anderen unterhält, die über den Einzelfall hinausgehen.
(2) Mit Freiheitsstrafe bis zu drei Jahren oder mit Geldstrafe wird bestraft, wer gewerbsmäßig die Prostitutionsausübung eines anderen durch Vermittlung sexuellen Verkehrs fördert und im Hinblick darauf Beziehungen zu dem anderen unterhält, die über den Einzelfall hinausgehen.
(3) Nach den Absätzen 1 und 2 wird auch bestraft, wer die in Absatz 1 Nr. 1 und 2 genannten Handlungen oder die in Absatz 2 bezeichnete Förderung gegenüber seinem Ehegatten vornimmt.

*Zuhälter: brutaler Unterdrücker oder lieber Aufpasser?*
Wird über Prostitution oder Prostituierte gesprochen, dann ist er nicht weit: der Zuhälter. Häufig werden wir bei Veranstaltungen zu ihm befragt, stets mit dem Vorurteil im Hintergrund, daß Prostituierte doch alle einen haben und ein Arbeiten ohne IHN nicht möglich ist.

Das Klischee des »Loddels«, »Ludens«, »Zuhälters« ist bekannt; viele Miami Vice-Sendungen und schlechte Filme haben uns ein Bild von ihm geliefert. Er ist der Ausbeuter, die Inkarnation des Bösen, er prügelt und mißhandelt, er lebt auf Kosten der Frauen. Auch die Statussymbole sind uns geläufig: Rolex, Chevy, Bluthunde, Goldkettchen und sonstiger schnöder Luxus.

Von unseren Interviewpartnern wollten wir erfahren, ob sie Zuhälter kennen oder Kontakt zu ihnen haben/hatten. Die Mehrzahl gab an, keinen Zuhälter zu kennen. Immerhin ein Drittel (13) beantwortete diese Frage positiv, und 2 Männer machten keine näheren Angaben.

Welche Meinung haben Interviewpartner, die angaben, Zuhälter zu kennen, von diesen? Was macht für sie einen Zuhälter aus?

> Ich kenn' keinen mit Rolex und Mercedes 500, aber verschiedene Zuhälter kenn' ich schon. Ich kenn' Ehemänner, die wissen, daß ihre Frauen arbeiten — man kann sich darüber streiten, ob das schon Zuhälter sind oder ob sie's noch nicht sind; ich kenne Leute, die Bars

betreiben. Ich komm' eigentlich ganz gut mit denen klar, wobei ich dazu sagen muß, daß ich keinen Zuhälter kenne, von dem ich das Gefühl hab' ... daß der eine von seinen Frauen drangsaliert. (Rechtsanwalt, 40 Jahre)

Für mich ist ein Zuhälter ein Mensch, der nicht viel im Kopf hat. Sonst wäre er es nicht. Ganz einfach, ich habe was dagegen. Ein Mensch, der nichts im Kopf hat, damit meine ich nicht Intelligenz oder so, sondern einfach Menschen, die über Leichen gehen und nicht viel taugen. Das kann ich sagen, weil ich selbst früher lange Zeit in dem Milieu gelebt habe; da habe ich keine Freunde oder Menschen gefunden, die irgendwas Menschliches an sich hatten. Teilweise gehen sie auf komische Arten mit den Menschen um, auf eine Art, die ich verabscheue. Charakter haben die anscheinend gar keinen. Von Verhältnis kann man da nicht reden. Ich kannte sie, aber ich habe mich immer von ihnen fern gehalten. (Krankenpfleger, 38 Jahre)

Ein Clubbesitzer ist für mich auch ein Zuhälter. Da verwischen sich die Grenzen irgendwie. Jeder, der 'ne Sechzigtausend-Mark-Uhr am Handgelenk hat, ist für mich ein Zuhälter. Da komme ich nicht drüber weg. (Laborant, 27 Jahre)

Ich hab' verschiedene kennengelernt, die waren ja auch ganz dufte, die sind vom Tisch aufgestanden und haben ihr Mädel abgeholt und so. Andere natürlich nicht. Das ist 'ne andere Welt für mich. Das kann ich nicht begreifen, vor allem kann ich die Frauen nicht begreifen, die Männer, diese Zuhälter, sind ja von Hause aus brutal. Ich glaube auch nicht, daß irgendein Zuhälter seine Braut liebt, das glaube ich nicht ... Wenn sie auch nicht körperlich brutal sind, sind sie doch seelisch brutal. (Taxifahrer, 53 Jahre)

Einige Interviewpartner nehmen Männer selektiv als Zuhälter wahr, es läßt sich jedoch nicht feststellen, ob es sich bei diesen auch wirklich um Zuhälter handelte.

> Ich wohne in einem eigenartigen Haus. Ein Typ, der sich ins Ausland abgesetzt hat, weil die Polizei hinter ihm her war, der hat es versucht. Zusammen mit einem anderen Nachbarn, der sich auch abgesetzt hat, hat er versucht, ein Bordell aufzuziehen, mit Thailänderinnen oder so. Der eine Typ war auch eine ganze Zeit mit einer Thailänderin zusammen. Das waren sozusagen die Restbestände. Die haben es wohl nicht auf die Beine gekriegt; das war wieder typisch Klischee: Er hatte drei Bullterrier und fuhr einen dicken Wagen. Mein jetziger Nachbar hat zwar keine Bullterrier, aber er hat einen Chevy und eine Freundin mit High Heels; das macht immer klack, klack, klack. Man kann es nicht genau sagen, ob das eine Prostituierte ist oder was immer. Otto Normalverbraucher, der kennt bloß ein Bild: Eine mit 'nem Täschchen, die mit einer Zigarette an der Straße steht. Aber das ist ja doch eine ganz bunte Palette. Und die Freundin von meinem Nachbarn, die paßt da irgendwie mit 'rein. Der geht nicht arbeiten und sie auch nicht, und nachts, zu einer bestimmten Zeit, macht es immer klack, klack, klack. Da habe ich gedacht: dicker Wagen, keine Arbeit und so ... Manchmal ist es ja so, daß es wirklich Typen sind, die diese Klischees genau erfüllen. (Bibliothekar, 38 Jahre)

> Die geht mit mir aufs Zimmer, und oben sitzen die Luden, dreimal so breit wie ich, und irgendwelche Hunde. Und ich werde immer kleiner, verstehst du, keine Erregung mehr. Oben sagt die dann zu mir: Fünfzig oder sechzig Mark, hier anfassen. Mußt noch 'nen Hunderter drauflegen, um überhaupt was zu bekommen. Und dann nebenan diese Typen, die sind

> mir ständig präsent, wie die sich unterhalten. Das kann ich nicht. Da hab' ich totale Angst bekommen, totale Beklemmung, hab' gesagt: Steck die fünfzig Mark ein und laß mich bloß wieder gehen. (Student der Politologie, 34 Jahre)

> Ich versteh' unter Zuhälter so was wie: Tätowiert, mit Goldkettchen und Mastino. Wenn man in gewissen Straßen gewisse Leute 'rauskommen und in den Bus einsteigen sieht, oder in das entsprechende Auto, dann kann man sich vorstellen, wo die ihren Broterwerb haben. (Diplom-Ingenieur, 43 Jahre)

Unabhängig davon, ob sie Zuhälter kennen oder nicht, äußerten sich die meisten Interviewpartner negativ über diese.

> Das, was ich von Zuhältern bisher gehört habe, die sich ja selber so gern als Beschützer für diese Mädels bezeichnen, ist mehr oder weniger das, daß diese Herren zu faul sind zu arbeiten, daß die sich von ihren Damen aushalten lassen, ihnen mehr oder weniger das Geld aus der Tasche holen und sich dann den ganzen Tag irgendwo herumdrücken, in Spielcasinos und was weiß ich. Es mag ein Pauschalurteil sein, das kann ich nicht beurteilen, aber es läßt mich diese Menschen vollkommen ablehnen ... Etwas Positives über Zuhälter habe ich noch nicht erfahren; im Gegenteil. So daß ich also sagen kann: Das ist ein Schmarotzervolk. (Chemiekaufmann, 48 Jahre)

> Ich weiß, daß da grausame Methoden der Ausbeutung herrschen; aber ich glaube, einer Frau, die selbstbewußt genug ist, müßte es mit entsprechender Hilfe von Freunden gelingen, aus diesem Bereich der Zuhälterei 'rauszukommen. Euer Verein ist ja ein gutes Beispiel, ihr arbeitet ja in dieser Richtung. Wenn es jemand völlig selbständig macht, ist es doch eine gute

Sache, warum nicht; aber diese Zuhälterei ist Ausbeutung, Frühkapitalismus, um's ideologisch auszudrükken. (Beamter im mittleren Dienst, 44 Jahre)

Nur wenige Interviewpartner sahen in einem Zuhälter jemanden, der den Frauen einen notwendigen Schutz bietet.

Natürlich, letztendlich hat es ja einen Sinn. Ich meine, ein Loddel hat eine Funktion. Also nicht nur 'rumstehen, Fresse polieren und Geld abzocken oder so; der soll eigentlich zum Schutz da sein — meiner Meinung nach. (Musiker, 25 Jahre)

Zu ihrem Schutz, ja, ist richtig. Das ist ja oft der Fall, weil manche Freier sind nicht so gut zu sprechen auf Prostituierte und wollen sie gleich umbringen oder vergewaltigen. (Einzelhandelskaufmann, 31 Jahre)

Nach gängigen Klischeevorstellungen ist jeder Mann ein Zuhälter, der von den Einnahmen einer Prostituierten lebt, also auch der Ehemann und/oder Freund. 6 Interviewpartner problematisierten dies und sahen den Partner einer Prostituierten nicht als typischen Zuhälter.

Was heißt Zuhälterei? Wenn einer eine Freundin hat, die anschaffen geht, und er ist knapp oder er ist arbeitslos, und dann kriegt er Geld von ihr. Dann gilt er ja staatlich auch als Zuhälter, weil er von einer Frau lebt. Das wäre aus meiner Sicht okay, wenn es von beiden Seiten klar ist und wenn es auch so ungefähr gleiche Machtverhältnisse gibt. (Bibliothekar, 38 Jahre)

Da gibt es auch wieder solche und solche. Vielleicht ist ein Typ zu Hause ganz lieb, hat sich mit seiner Frau arrangiert und paßt auf die Frau auf. Paßt wirklich auf, daß da keine Scheiße abläuft, daß da nicht irgendwelche Idioten kommen und totalen Scheiß abziehen. Ein richtiger Aufpasser. Aber ich meine einen, der lieb ist. (Student der Politologie, 34 Jahre)

Zusammenfassend können wir sagen, daß die Befragung der Freier für uns nicht viel Neues ergab. Die Männer sagten ganz klar, ihre Meinung sei durch die Medien diktiert. Das Bild vom Solarium-gebräunten, Bodybuilding-treibenden und leicht debilen Loddel hat sich eingeprägt.

An dieser Stelle möchten wir kurz einfügen, was die Rechtssprechung zum Beispiel auch unter Zuhälterei versteht:

Die Betreiberin eines »Callgirl-Rings«, die über ihr Telefon Haus- und Hotelbesuche anbot und an andere Frauen vermittelte, wurde als Zuhälterin verurteilt, da sie Prostituierte »über den Einzelfall hinaus« vermittelt und sie somit in wirtschaftlicher Abhängigkeit gehalten habe. Keines der Argumente — wie selbständiges Arbeiten der Frauen, kein Zwang, große Sicherheit bei dieser Prostitutionsform — wurde akzeptiert.

Keine Telefonistin in einem anderen Betrieb würde für ihre Vermittlungstätigkeit bestraft werden, und es ist selbstverständlich, daß sie für ihre Arbeit einen Lohn erhält. Im Prostitutionsbereich jedoch gelten andere Regeln. Die Tätigkeit als Vermittlerin von Haus- und Hotelbesuchen wird als Zuhälterei ausgelegt und bestraft.

Wir können also festhalten, daß nicht jedeR ZuhälterIn mit dem hundsgemeinen Luden etwas gemein hat. Es gibt nicht den Zuhälter als Prototypen. Es gilt zu differenzieren.

Lenken wir weiterhin unsere Blicke auf die überfüllten Frauenhäuser, stellen wir fest, daß Männer aller Schichten und Berufe ihre Partnerin schlagen.

Unterschiedlich werden auch finanzielle Abhängigkeiten bewertet: Leben »solide« Frauen vom Einkommen ihres Partners, entspricht das der gesellschaftlichen Norm. Niemand würde diese Frauen als Zuhälterinnen bezeichnen. Ebenso gibt es aber auch viele Frauen, die den Lebensunterhalt für ihre Familie erarbeiten. Lebt ein Mann vom Einkommen einer »soliden« Frau, gilt er schnell als Schwächling. Wagt er dagegen, vom Einkommen einer Prostituierten zu leben, wird er als Zuhälter und Ausbeuter abgestempelt.

# 10

# Keine(r) Will Es Hören ...
## Der Freier und seine Umwelt

Sprechen wir über den Freier, ernten wir verwirrte Blicke: Angeblich kennt ihn niemand. Woran liegt das? Hört ihn niemand, oder spricht er nicht? Haben unsere Interviewpartner jemals mit irgendwem über ihr Freiersein gesprochen, und wie waren die Reaktionen?

*Die Partnerin*

Besonders interessierten uns die Erfahrungen der Männer mit den Ehefrauen beziehungsweise Freundinnen/Partnerinnen. Knapp die Hälfte (17) der Interviewpartner sprachen nicht mit den Partnerinnen darüber. Die Gründe für das Negieren beziehungsweise Verschweigen des Freierseins reichen von der Angst, die Partnerin könne danach möglicherweise lange den Geschlechtsverkehr verweigern, über die Sorge, es könne Streit geben und damit einhergehend könne eine Erklärung/Rechtfertigung notwendig werden, bis hin zu der Furcht vor »Unverständnis« und Trennung.

> Nein, ich spreche mit meiner Freundin nicht darüber. Ich glaube, sie würde eine lange Zeit nicht mit mir schlafen, wenn sie es wüßte. Und ich könnte diese Reaktion verstehen. Mir würde das auch so gehen, wenn sie mir erzählte, sie schläft mit anderen Männern. Auch wenn ich das emotional akzeptieren könnte — ich würde sehr viel Angst vor AIDS haben. (amerikanischer Betriebswirt, 27 Jahre)

> Die würde ausflippen, auf jeden Fall. Warum? Sie würde sagen: Bin ich dir nicht gut genug, ist mein Sex nicht gut genug? Und sie würde wahrscheinlich böse werden, eifersüchtig vielleicht. (Azubi, 20Jahre)

> Meiner Freundin und meiner Frau würde ich so was nie erzählen. Die brauchen nicht unbedingt alles zu wissen. Das ist mein persönliches Vergnügen. Wenn ich es jetzt sagen würde, wäre, glaube ich, zu Hause großer Ärger ... Sie wird sich wohl selbst denken, daß ich hier allein lebe und so was unternehme, aber sagen tu ich nichts. Sie denkt sich ihr Teil. (türkischer Taxifahrer, 34 Jahre)

Einige Männer können die möglichen Reaktionen ihrer Partnerinnen nicht genau einschätzen und vermeiden daher von vornherein eine eventuelle Auseinandersetzung um ihr Freiersein.

> Meine Frau? Ich müßte es ihr wahrscheinlich erklären. Und das würde ich auch machen und versuchen, aber wie sie reagieren würde? Ich glaube, für sie würde 'ne Welt zusammenstürzen. Vor zehn Jahren wäre es für mich unmöglich gewesen; jetzt aber würde ich ihr sagen: Sag mal, was willst du überhaupt? Ich hab' mir da das geholt, was du mir nicht gegeben hast. Wahrscheinlich ist das ein bißchen wie eine Gegenklage. Wenn sie sich beklagen würde, würde ich das so sagen. (Taxifahrer, 53 Jahre)

> Wenn ich es richtig aufbauen würde, mir viel Mühe geben würde, glaube ich schon, daß es machbar wäre; aber ich bin nicht der Meinung, daß es die Mühe wert wäre, weil sie mir sehr viel bedeutet und weil die Situation, in der ich bin, mit ihr gemeinsam im Moment schlecht zu lösen ist. Von daher sehe ich nicht die Notwendigkeit, die Sache unnötig zu verkomplizieren. (Tischler, 26 Jahre)

18 Interviewpartner sprachen aus unterschiedlichsten Gründen mit ihren Partnerinnen über ihre Prostitutionserfahrungen. Konkrete Anlässe waren beispielsweise eine Infektion mit Geschlechtskrankheiten oder Situationen, in denen damit gedroht wurde, »zu einer Nutte« zu gehen.

> Als diese Sache mit der Syphilis war, mußte ich natürlich mit meiner Freundin darüber reden, und ich habe ihr auch gesagt, woher ich das habe. Sie sagte: Ach, du Ärmster, da gehst du gerade einmal hin zu so einer Frau, und dann bist du so ein Pechvogel, daß du dir das gleich beim ersten Mal einfängst. Dazu habe ich natürlich erst mal nichts gesagt. Irgendwann ist es ihr auch selber klar geworden, daß das eben doch nicht so eine einmalige Sache war. (Soziologe, 36 Jahre)

> Das habe ich immer angedroht, wenn sie sich blöd benommen haben. Da habe ich gesagt, ich gehe doch lieber zu einer Nutte. (Student der Völkerkunde, 32 Jahre)

Andere Männer teilten es ihren Partnerinnen lediglich mit, ohne jedoch ein tiefergehendes Gespräch führen zu wollen.

> Ich gehe offen damit um, daß ich zu Prostituierten gehe ... Wir hatten mal ein Gespräch darüber, und da habe ich es ganz einfach gesagt, meine Frau muß es akzeptieren. Wenn sie es nicht akzeptiert, muß sie die Konsequenzen ziehen. Das ist mittlerweile ein Problem in unserer Ehe; meine Frau ist so eine Wahrheitsfanatikerin, und ich weiß nie, was die Wahrheit ist. Und ist es nicht manchmal günstiger, etwas nicht zu wissen? Ich habe keine Lust, Rechenschaftsberichte über meinen ganzen Tag abzulegen. (Wirtschaftswissenschaftler, 41 Jahre)

Oft sind es allerdings auch nur »Andeutungen«, die die Männer gegenüber ihren Partnerinnen machten, oder sie verlegten in den Gesprächen die Zeit ihrer Freierrolle weit in die Vergangenheit und vor den Beziehungsbeginn.

Meine angetraute Frau weiß, daß ich vorher bei Prostituierten war und auch zwischendurch mal untreu war, sie weiß das. Aber ich bin nicht so geschmacklos, daß ich gesagt habe: Ich war jetzt wieder bumsen, die war aber besser als du. Ich habe das gemacht, und still ruht der See. (Krankenpfleger, 38 Jahre)

Ich habe mit meiner Frau darüber gesprochen, daß ich — bevor wir uns kennenlernten — Prostituierte aufgesucht habe, daß ich mich beim Verkehr mit denen immer geschützt habe, daß also keinerlei Befürchtungen angebracht sind. Insofern, muß ich sagen, habe ich Glück gehabt, daß sie sagte, daß alles, was vorher gewesen ist, sie nicht interessiert. Solange ich es nicht tue, wenn wir zusammen sind, solange wird sie auch nichts sagen. (Chemiekaufmann, 48 Jahre)

Ich hab' ihr, als die Ehe schon auseinander war, davon erzählt; aber nicht um mich zu erleichtern, sondern ich hab' der das eigentlich erzählt, um der die Trennung von mir leichter zu machen. (Rechtsanwalt, 40 Jahre)

Meine Freundin, mit der ich zusammenlebe? Natürlich haben wir uns darüber unterhalten. Und ich habe ihr nicht die Wahrheit gesagt. (leitender Beamter, 60 Jahre)

Es scheint, daß die Reaktionen, die einige Männer auf Andeutungen bezüglich des Freierseins bekommen haben, entscheidende Bedeutung für ihren weiteren Umgang mit dem Thema hatten:

Damals, als ich 'ne Freundin hatte, habe ich von einem Mal erzählt. Und das gab schon so viel Stunk und Ärger, ich geh' da jedem Streit aus dem Weg ... Unheimlich verärgert hat sie reagiert. Sie hatte relativ viel Angst, sich irgend 'ne Geschlechtskrankheit zu holen. Das find' ich allerdings ziemlich ausgeschlossen. (Fleischer, 26 Jahre)

Eine fürchterliche Reaktion. Die Tür war zu. Sie hat nicht so reagiert, wie ich es mir vorgestellt habe. Ich habe erst mal sehr vorsichtig gesagt, daß ich in früherer Zeit oft zu Prostituierten gegangen bin, und ich habe gedacht, wir sprechen zumindest drüber. Aber da war überhaupt nichts mit Sprechen. Da war nur noch Tür auf, Tür zu, auf Wiedersehn. Die hat sich nie wieder gemeldet ... (Hausmeister, 40 Jahre)

Sie sprachen einmal und nie wieder mit einer Partnerin über ihre Besuche bei Prostituierten.

Nur wenige Interviewpartner berichten von Verständnis beziehungsweise Toleranz seitens der Partnerinnen.

Meine Ehefrau weiß alles. Mein Gott, sie versteht es, meine Begierde nach einer schönen Frau, zumal sie selbst jetzt kaum mehr etwas anbieten kann. Vielleicht wäre es ihr lieber, ich täte es nicht, ich glaub' schon, das wäre ihr lieber. Aber ich kann nicht total auf jeden Kontakt verzichten, zumal ich nicht mehr so viele Jahre habe. (belgischer Fotograf, 72 Jahre)

Mit meiner vorigen habe ich darüber gesprochen. Ich habe mich sehr verliebt in sie; da hatte ich schon mit ihr darüber gesprochen. Sie hat es nicht so abschreckend gefunden. Die hat beruflich viel Kontakt mit Männern und ist eigentlich ziemlich freizügig, irgendwie natürlicher. Die geht auch natürlich an die Sache ran und hatte auch viele Verhältnisse. Eigentlich habe ich es allen erzählt. Manche haben locker reagiert, fanden es mal lustig. (Einzelhandelskaufmann, 31 Jahre)

Das akzeptiert meine Freundin voll. Sie kennt auch zwei Prostituierte, die sie persönlich schätzt. Sie hat in 'nem Haus gewohnt, wo nebenan ein Puff war, und mit zweien von den Frauen hat sie sich sehr gut verstanden. Ich habe sie mit manchen, die ich gut kenne, auch bekannt gemacht. Sie hat gesagt, also ich soll es ihr auf keinen Fall hinterher sagen, sie hätte Verständnis, aber sie möchte es nicht, ist ja logisch. Reagiert aber sehr verständig, meine Freundin. Ich hab' ihr auch schon mal gesagt: Schau, das war eine, bei der war ich sicher vier- oder fünfmal. Natürlich, wenn ich jetzt sage, ich werd' wahrscheinlich doch in die Puffstraße gehen, sieht sie das nicht gerne, das ist ganz logisch. Aber eigenartigerweise möchte ich soviel Ehrlichkeit in der Beziehung haben; und die versteht das auch, obwohl es ihr schwer fällt zu akzeptieren, daß ich mich ja eigentlich gar nicht ausgelebt habe. Mit dreißig bin ich, was sexuelle Erfahrungen betrifft, fast wie ein pubertierender Bub. (österreichischer Religionslehrer, 31 Jahre)

*Freunde und Kollegen*

Es interessierte uns weiter, ob die Freier mit FreundInnen oder KollegInnen darüber sprechen, daß sie zu Prostituierten gehen. 5 Interviewpartner machten keinen Unterschied zwischen FreundInnen und ArbeitskollegInnen als GesprächspartnerInnen und aus ihrem Freiersein kein Geheimnis.

Darüber wurde damals noch nicht so offen wie heute diskutiert. Das fand alles noch hinter vorgehaltener Hand statt: Guck mal, der hat mal, und der war mal da. Das wurde dann unter Kollegen erzählt: Da mußt du mal hingehen und so. Na ja, und dann sind wir gegangen. Wenn wir zusammengesessen haben, mit Arbeitskollegen oder was, dann hieß es: Was machst denn du heute noch, oder hast du am Wochenende Zeit? Und jeder ist in seine Richtung losgezottelt, und am Montag wurde sich auf der Arbeit wieder hingesetzt und beratschlagt, was alles passiert ist über's Wochenende. Der eine hat's für sich behalten, der andere hat

einen Teil davon erzählt. Wir waren verrückt, wir haben alles gemacht; unser Personalchef hat zu uns gesagt: Ihr seid total bekloppt. Wir hatten zu unseren Vorgesetzten damals ein sehr gutes Verhältnis. Wir waren ja nur drei Mann, der Chef und wir zwei, wir haben uns gegenseitig aufgezogen oder ihn, weil er sich nicht getraut hat, weil er 'nen Hausdrachen am Hals hatte. Er hat zwar immer gesagt, wenn wir 'ne Rechnung gleich bar kassiert haben: Ich geh' heute. Na gut, sag' ich, dann gehen wir doch. Ich wußte ja, er macht einen weiten Bogen, der traute sich nicht. Zehn Minuten später hätte sein Funkgerät im Auto losgehen können. Wir haben uns eben gegenseitig damit aufgezogen.
Ja, mit Freunden war es so: Wir sind zusammen zur Schule gegangen, und da wußte mehr oder weniger jeder Bescheid. Wir haben das allerdings so gehalten, daß nicht einer hintenrum den Frauen etwas erzählt hätte. Das ist auch nicht passiert. Wir haben uns darüber unterhalten, was wir gemacht haben, wo wir gewesen sind. Aber weder abwertend noch sonstwas. Warum? Das hatte überhaupt nichts mit 'ner Wertstellung zu tun. (Monteur, 48 Jahre)

Ist hinlänglich bekannt. Ich werde morgen bei den Kollegen grinsende Gesichter sehen: Na, wie war es denn bei Hydra? Ich habe Freunde, selbstverständlich, die alle verheiratet und bieder sind; die beneiden mich natürlich. Wo ich nur sage: Was wollt ihr denn, ihr braucht ja einfach nur mitzukommen. Einladen werde ich euch nicht dazu. Und den Mädels ist es egal, wo das Geld herkommt. Also verstehst du, da machen sie dann den Rückzieher; aber das wißt ihr ja selber. (kaufmännischer Angestellter, 40 Jahre)

Die meisten der Interviewpartner gaben an, sie suchten ihre Gesprächspartner gezielt aus.

Das kommt auf die Leute an. Meinem besten Feund würde ich das mit Sicherheit erzählen, den ganzen guten Feunden würde ich es auch erzählen, aber den Bundesfreunden, wenn die katholisch sind oder davon geschockt wären, denen würde ich es natürlich nicht erzählen. Ich erzähle ja auch nicht allen Leuten, mit wie vielen Frauen ich geschlafen habe und wie oft ich meine Freundin betrogen habe oder so was. Darüber rede ich nur mit meinem besten Feund. Der hatte mal einen Freund, der relativ häufig in den Puff ging und sich in eine Prostituierte verliebt hat. Der hat versucht, sich um sie zu kümmern, weil sie ihm erzählt hatte, sie wollte raus. (Medizinstudent, 23 Jahre)

Da habe ich keine Probleme; ich such' mir natürlich die Gesprächspartner aus. Im Betrieb gibt es drei oder vier, die wissen das. Aber da weiß ich, daß es nicht hinausgetragen wird; und das Gespräch hat nicht von vornherein die Enge, die viele Leute haben, wenn ich irgendwas sage, was außerhalb des Rahmens ist. Oft hat man ja das Gefühl, das wird alles in ein Schema gepreßt. Die, die davon wissen, sind vornehmlich ein paar Kellner, mit denen ich mich sehr gut versteh'. (österreichischer Religionslehrer, 31 Jahre)

Das Berufliche hält sich sehr in seriösen Grenzen; man geht mal ein Bier trinken, aber da wird nicht über so was gesprochen. Na ja, das sind Doktoren und Ingenieure, alles biederes Volk. Ich wette, die gehen auch, aber die reden nicht darüber. Das ist mein Privatbereich, das geht die doch eigentlich nichts an. Und wenn sie darüber den Kopf schütteln, ist das ihr Problem. Das sind Sachen, die ich generell trenne. Ich bin fachlich qualifiziert und mache meinen Job, das ist die eine Sache; und was ich außerhalb der acht oder neun Stunden mache, die ich dort bin, das soll doch keinen was kümmern. (Laborant, 27 Jahre)

Kollegen erzähle ich nichts, Freunden ja. Aber eigentlich nur dem einen. Der hat dieselben Probleme wie ich. Der geht in letzter Zeit immer in SM-Studios, zu Dominas. Da habe ich nicht so genau erfahren, was die mit ihm machen und was er gern hat. Er kann ziemlich schnell, wie ich von ihm erfahren habe, also er ist nicht so wie ich, der ich ewig brauche oder so; der ist immer viel zu schnell, so ein Typ ist der. Insofern findet er schon eine gewisse Befriedigung bei Prostituierten, deswegen geht er auch relativ oft hin, glaube ich jedenfalls. (Fernmeldemonteur, 25 Jahre)

Andere Interviewpartner sagten, sie häten »relativ wenig privaten Kontakt«. Dies schränkt einerseits ihre Gesprächsmöglichkeiten ein, andererseits halten sie es aber auch nicht für nötig, über das Freiersein zu sprechen.

Ich habe zur Zeit mit wenigen Männern Umgang. Einer weiß es, den habe ich aber schon lange nicht mehr gesehen. Dann war einer, der war auch in der CDU, ist auch ausgetreten, der hat mir auch so einiges erzählt. Er war Filialleiter bei einer Einkaufskette, und als er mal bei einer Prostituierten war, hat er dort elegant seine Jacke über den Stuhl geklatscht, und da fiel sein Schlüsselbund 'raus. Als er am nächsten Morgen die Filiale aufschließen mußte, hat er keinen Schlüssel mehr gehabt und kam nicht 'rein. Da mußte er wieder zurück, den Schlüssel organisieren. Also, er hat mir so was erzählt von sich, und ich habe ihm dann auch so ein paar Sachen erzählt. Und ich war mal in Psychotherapie, da habe ich es auch erzählt. Sonst weiß es eigentlich keiner. Es gibt vielleicht welche, die sich das denken können. Das sind ungefähr sechs Leute ... Kollegen; dem einen habe ich mal erzählt, ich hätte einen Tripper. Der hat gesagt: Du gehst wohl zu Prostituierten? Und ich hab' gesagt: Nein, das war ganz anders. Mit dem habe ich nicht geredet ... (Bibliothekar, 38 Jahre)

Es liegt zum einen daran, daß ich im Moment sowieso relativ wenig privaten Kontakt zu Bekannten oder Freunden habe, und zum anderen daran, daß es eine Angelegenheit ist, über die ich nicht das Bedürfnis habe, großartig zu reden. Es gibt Leute, die sich damit brüsten, das liegt mir fern. Und ich habe keine Probleme damit, von daher fehlt die Motivation, darüber zu sprechen. Wenn sich mal irgendwo ein Gespräch entwickelt, dann bleibt es meistens mir überlassen einzuwerfen, daß ich durchaus sehr positive Erfahrungen gemacht habe. Man bespricht ja mit Freunden entweder Probleme oder andere Dinge, die zu erzählen einem wichtig sind. Und zu denen gehört es nicht, weil es für mich was ziemlich Normales ist. (Tischler, 26 Jahre)

Ein knappes Viertel »unserer« Freier hatte vor dem Interview noch nie mit irgend jemandem über die Prostitutionserfahrungen geredet.

Ich habe bisher noch nie den Mut gefunden, ihr oder meinen Bekannten, diese Ambition mitzuteilen. Vielleicht ist es ein gesellschaftliches Tabu. Und ich hatte eigentlich nie so enge Freundschaften mit Männern, daß man darüber gesprochen hätte. Ich habe einmal jemanden gehabt, dem habe ich eine Adresse empfohlen; der hatte angedeutet, er möchte mal was ganz Tolles erleben. (Beamter im mittleren Dienst, 44 Jahre)

Ich paß mich der Gesellschaft an, so was tut man und redet nicht drüber. (Fleischer, 26 Jahre)

Einige Interviewpartner hatten mit Vater/Mutter über ihre Prostitutionserfahrungen geredet beziehungsweise Andeutungen darüber gemacht.

Mit meiner Mutter konnte ich darüber reden. Sie hat es akzeptiert, was soll sie denn anderes machen. Sie hat gesagt: Es ist dein Geld, und du mußt es wissen,

> du entscheidest es. Mir hat es auch leid getan, denn ich habe ein gutes Verhältnis zu meiner Mutter, obwohl es manchmal krispelt und kraspelt. Kann sein, daß mein Vater es weiß. Meinem Vater habe ich es nicht erzählt. Vielleicht weiß er es von meiner Mutter. Aber das wäre mir auch nicht unangenehm, es sind ja meine Eltern. Die haben ein etwas anderes Verhältnis zum Sex, ist ja klar. Das ist verschlossener, nicht so offen, wie heute eigentlich meist darüber gesprochen wird. (Einzelhandelskaufmann, 31 Jahre)

> Gegenüber den Eltern oder auch gegenüber meinem Stiefvater war es mehr eine Provokation, weil der politisch sehr weit rechts eingestellt war. Und ich war ganz auf dem linken Spektrum. Es ist ganz klar, daß man so was dann auch dazu benutzt ... (Industrieller, 42 Jahre)

Insgesamt hielt sich bei unseren Interviewpartnern der Anteil derjenigen, die mit ihren Partnerinnen über ihre Freier-Erfahrungen geredet haben, mit dem derjenigen, die bislang dazu schwiegen, die Waage. 18 Interviewpartner sprachen in ihrer Beziehung über ihr Freiersein beziehungsweise erzählten ihren Partnerinnen von ihren Besuchen bei Prostituierten, und 17 Interviewpartner verschwiegen diesbezügliche Erfahrungen gegenüber ihren Partnerinnen. 3 Interviewpartner äußerten sich nicht zu dieser Frage.

Die meisten Interviewpartner sprechen nur mit ausgesuchten Personen über ihr Freiersein. Nur wenige machen dabei keinen Unterschied zwischen Freunden, Bekannten und Arbeitskollegen als Gesprächspartner. Von unsenren Interviewpartnern reden:
25 mit Freunden,
 8 mit Arbeitskollegen,
 3 mit dem Elternpaar,
 3 mit der Mutter,
 2 mit dem Vater
über ihr Freiersein. (Mehrfachnennungen liegen vor.) Für knapp ein Viertel unserer Interviewpartner waren wir die ersten, mit denen sie darüber sprachen.

# 11

# Money-Money-Money
## Der unwiderstehliche Charme des Geldes

Beim Stichwort Geld fällt uns sofort ein, wie sehr sich der Stellenwert, den Geld für Männer hat, von dem unterscheidet, den es für Frauen hat, und wie unterschiedlich sie jeweils damit umgehen. Geld und sein Besitz werden emotional unterschiedlich besetzt und entsprechend eingesetzt. Geld kann sowohl Sicherheit symbolisieren, als auch als Machtmittel benutzt werden. Wir leben in einer kapitalistischen Gesellschaft, in der sich fast alles um das liebe Geld dreht: Warentausch und der Tausch Leistung gegen Leistung sind längst überholt und gehören der Vergangenheit an.

Nun sind die Chancen Zugang zum Geld zu haben und welches zu besitzen, zwischen Männern und Frauen leider ungleich verteilt. Männer verdienen in der Regel mehr als Frauen, angefangen vom angelernten Arbeiter über den Angestellten bis hin zum Beamten, Künstler, Akademiker; und erst recht ist es bei Selbständigen so. Ebenso gehören den Männern die meisten Reichtümer: teure Autos, Häuser und Grundstücke, Firmen, Aktien, Wertanteile, Geschäftsbeteiligungen und viel Gold, Edelsteine, Papiergeld oder deren Ersatz, die mystische Kreditkarte.

Geld wechselt täglich, stündlich und sogar von einer Sekunde auf die andere seinen Besitzer. Brötchen erhalten wir gegen Geld – ebenso wie Kleidung, Wohnung, ärztliche Versorgung, für die wir uns eventuell eine Versicherung gekauft haben, Urlaub und Illusionen. Um an das dafür notwendige Geld 'ranzukommen, verkaufen wir unsere Arbeitskraft (bestehend zum Beispiel aus Muskelkraft, Wissen, Können, Intelligenz, Phantasie, den unterschiedlichsten Talenten) und erhalten dafür Lohn.

Zwischen der Prostituierten und dem Freier steht das Geld, es ist das Mittel zum Zweck, und ohne dieses Mittel läuft nichts. Prostitution hat ihren Preis!

So war uns im Rahmen unserer Studie auch dieser Aspekt sehr wichtig. Wir wollten von unseren Interviewpartnern wissen, wie »teuer« sie sich ihr Vergnügen mit einer Prostituierten kommen lassen, was sie dafür in der Regel ausgeben, ob sie sich großzügig oder geizig verhalten. Ist für sie Geld ein bloßes Zahlungsmittel, oder setzen sie es bewußt auch als ein Machtmittel ein?

*Feilschen — ja oder nein?*

Auf die Frage nach der Zahlungsbereitschaft erklärte uns die Mehrheit der Interviewpartner (30 Männer), sie würden mit einer Prostituierten nie um den Preis handeln oder feilschen; der Preis bedürfe keiner Diskussion. Als Gründe nannten sie, daß:

— sie es auch sonst nicht gewohnt seien zu handeln und dies nicht ihrer Mentalität entspräche,
— sie davon ausgingen, daß die Preise in der Prostitution fest seien und ein Handeln nicht möglich sei,
— der geforderte Preis jeweils der Leistung entspräche und daher von ihnen auch bedenkenlos und gern gezahlt würde.

> Ich habe ein sehr eigenes Verhältnis zum Geld. Geld ist für mich etwas sehr Wichtiges, da es mir erlaubt, einen gewissen Lebensstandard zu haben. Wenn ich heute — und ich bitte um Entschuldigung, wenn ich diesen Vergleich ziehe — in einen Laden gehe und mir einen Anzug kaufe, steht der Preis dran — das ist gesetzlich geregelt. Und wenn ich heute zu einer Prostituierten gehe, die hat — wenn ich es mal so kaufmännisch ausdrücken darf — ihre eigene Kalkulation; sie weiß, was sie braucht, und sie weiß, was sie wert ist. Und ich würde es für die Frau als erniedrigend finden, wenn ich dann anfange zu sagen: Hundert Mark sind mir zuviel — sagen wir doch fünfzig. Und daß man sich dann in der Mitte begegnet — das kommt bei mir grundsätzlich nicht in Frage. Das Thema wird mit zwei Worten abgehandelt, und damit ist es von vornherein vom Tisch. (Chemiekaufmann, 48 Jahre)

> Ich glaube sowieso, daß es abgesprochen und ziemlich organisiert ist. Daß es einheitliche Zeiten gibt, wann sie anfangen, Zeiten, wann sie aufhören. Und dann

gibt es eben ganz wenige, die nachts Hausbesuche machen, das sind meistens Thais, die scheinen am schlechtesten dran zu sein. Die Deutschen hören dann schon ab achtzehn oder siebzehn Uhr auf. Da scheinen Preise und Arbeitszeiten abgesprochen zu sein. Deswegen handele ich nicht; außerdem finde ich es blöd. (Bibliothekar, 38 Jahre)

Mit Menschen handelt man nicht, das ist keine Ware für mich. Wenn sie es haben will, und die Sache ist es mir wert, dann zahle ich. (Krankenpfleger, 38 Jahre)

Es ist blödsinnig, um Preise zu handeln. Für gute Arbeit kann jeder gutes Geld verlangen. Ich will ja auch gutes Geld für gute Arbeit haben. (Wirtschaftswissenschaftler, 41 Jahre)

Im einzelnen haben wir nicht nachgefragt und können daher auch nicht beurteilen, ob die nicht-feilschenden Männer in allen ihren Lebens- und Arbeitsbereichen großzügig sind.

Die anderen 7 Interviewpartner waren aber auch keine »hart verhandelnden Geschäftspartner«. Sie fühlten sich aufgrund ihrer momentanen Einkommenssituation zum Handeln gezwungen. Aber auch sie feilschten nicht durchgängig, und wenn, dann nur mit der »Thekenfrau« oder anderen Organisatoren und nicht mit der Prostituierten selbst. Auch drückten sie die Preise dann nur jeweils um zehn Mark.

Wo ich feilsche, das ist im Club. Da lasse ich mich nicht drauf ein, alles zu bezahlen, was die haben wollen. Nicht die Frauen, mit den Frauen feilsche ich nicht. Wenn, dann mit der Dame, die hinter dem Tresen steht. Mit anderen Frauen überhaupt nicht, das gibt es gar nicht. (leitender Beamter, 60 Jahre)

In der Show wird eine Frau mit einem Mann zusammengebracht, der aus dem Publikum kommt. Und wenn man das macht (auf der Bühne mit der Frau den Geschlechtsverkehr vorführen), ist es umsonst. So habe ich das immer gemacht. Und die anderen Männer gucken zu. Lieber habe ich es ohne bezahlen, nur wegen des Geldes ... Ich bin jetzt selbständig, verdiene nicht mehr, und ich passe auf jede Mark auf. Das ist für mich komisch, wenn ich beim Essengehen aufpasse und dann fünfzig Mark für eine Frau ausgebe. Wenn ich viel Geld, viel Einkommen hätte, dann hätte ich nichts dagegen; aber zur Zeit ist das nicht der Fall. Für mich ist es ziemlich billig hier in Deutschland. Peepshows waren in Amerika billig — zwei Dollar oder so. (amerikanischer Betriebswirt, 27 Jahre)

Ich handele eigentlich nicht, ich versuch' vielleicht, 'nen Zehner 'runterzudrücken, aber mehr nicht. Ich probier's halt einfach, weil ich vielleicht die zehn Mark sparen will. So, wie man manchmal ins Geschäft geht und dann ins nächste; und dann kauft man sich ein Radio eben für fünfzig statt für sechzig Mark. Ist doch manchmal viel Geld; und wenn man vielleicht gerade noch 'nen Rest hat, am Ende des Monats ... (Sicherungsposten, 30 Jahre)

Nur ein Mann erklärte, daß er grundsätzlich die genannten Preise nicht akzeptiere und immer handele, auch außerhalb der Prostitution. Er liebe das Handeln und es sei ihm in Fleisch und Blut übergegangen.

Was sie sagt, das kann man nie bezahlen, das ist immer teuer. Und wenn sie fünf Mark verlangt, es ist immer teuer. Ach, teuer kann man in dieser Beziehung, mit einer Frau, eigentlich nicht sagen. Soviel Geld gibt es gar nicht; sie ist auch Mensch für mich. Und das, was einem ein fremder Körper geben kann, ein weiblicher, kann kein Mensch bezahlen. Auch Doktor Oetker hat nicht soviel Geld. Das ist eben eine Regel: Im Durchschnitt verlangt ein Mädchen so und soviel Geld gegen eine Leistung, die sie einem gibt. Ich handle trotzdem, vor allem, weil es Spaß macht. Ich zahl' dann sowieso, was verlangt wird. Aber erst mal ein bißchen Jux und Dollerei. (türkischer Taxifahrer, 34 Jahre)

*Großzügig?*
Wir wollten aber nicht nur wissen, ob die Männer den geforderten Preis anstandslos bezahlen oder feilschen, sondern auch, ob sie freiwillig etwas drauflegen, wenn sie mit der Dienstleistung zufrieden sind, das heißt, eine Art Trinkgeld dazugeben. Hier meinten immerhin 25 Interviewpartner, sie erwiesen sich gegenüber Prostituierten großzügig.

Bei mir wurde es so gehandhabt: Die Frau hat ihren Preis verlangt, ich habe diesen Preis — das ist ja immer Vorkasse — bezahlt, und wenn es besonders schön war, habe ich mich nicht gescheut, noch was draufzulegen. (Chemiekaufmann, 48 Jahre)

In der Regel habe ich gesagt: Das war so toll, ich leg' eins drauf. War auch meistens toll. Es war ganz selten nicht toll. (Industrieller, 42 Jahre)

Hab' ich auch schon gemacht, mal fünfzig Mark nebenbei gegeben, dreimal etwa. Da, wo es mir gut gefallen hat, wo ich merkte, daß mir nichts vorgespielt wird. Manche Frauen haben jeden Tag so viele Kontakte mit Männern; aber wenn ich merkte, daß wirklich 'ne Sympathie war, dann fand ich das gut. Das war schon wichtig für mich. Und ich habe versucht, zu den Dominas zu gehen, die auch wirklich Interesse an meinem Fetisch haben. Ich wollte nicht, daß da irgendwie so ein Zwiespalt ist. (Einzelhandelskaufmann, 31 Jahre)

Doch was verstehen manche Freier unter Großzügigkeit?
— Sie runden die geforderten Preise auf.

— Sie verlangen das Wechselgeld nicht zurück.
— Sie geben zehn Mark extra für's Taxi.
— Sie erfreuen Prostituierte auch schon mal mit Geschenken, wie einem Strauß Blumen und Parfür.

Es ist schon mal vorgekommen, daß ich ein zweites Mal hingegangen bin und der irgend etwas mitgebracht habe, ein kleines Geschenk oder so. (Soziologe, 36 Jahre)

Meine Großzügigkeit äußert sich anders: Wenn mir eine Frau gefällt, dann sage ich, ich komme bestimmt wieder, und so nach dem dritten, vierten Mal, biete ich dann was anderes; aber außerhalb dieser Atmosphäre. Zum Beispiel sage ich: Ich biete dir an, dich mal zum Essen einzuladen oder zum Wein oder zum Bier; meinetwegen auch mal zum Kino. Und wenn sie das dann nicht macht, ist das ihre Sache. Und wenn doch, dann bin ich der Meinung, kommt es der Frau auch direkt zugute. Wenn ich ihr mehr Bargeld gebe, weiß ich doch im Endeffekt nicht, wo das landet. (Student der Völkerkunde, 32 Jahre)

Meistens laß ich mir einen Preis vorschlagen und lege noch einen Zehner fürs Taxi drauf. (Bäcker, 25 Jahre)

Wenn zum Beispiel du jetzt sagen würdest: Vierzig Mark, komm 'rein, mit Pariser; dann zahl' ich sowieso fünfzig und sag: Hier, behalt's. (türkischer Taxifahrer, 34 Jahre)

Nee, ich zahl' keine Extras. Die einzige Möglichkeit besteht darin, daß es mit dem Wechselgeld so hinkommt. Meinetwegen kostet es jetzt Siebzig oder so, und sie meint: Ich hab' nur zwanzig Mark da. Dann sag' ich: Okay, achtzig. Das mach' ich dann schon. (Sicherungsposten, 30 Jahre)

> Wenn es 'ne Summe von Zweihundert ist, geb' ich nicht freiwillig Zweihundertfünfzig. Aber ich frag' die Damen, mit denen ich sehr gut bekannt bin, logischerweise irgendwann nach dem Geburtstag oder nach dem derzeitigen Lieblingsparfum. Und damit hab' ich auch Erfahrung, mit Geschenken für andere Leute, so daß ich weiß, wie die Düfte von Cartier momentan sind oder von Joop oder von Estée Lauder oder irgend so was, das läuft doch nebenbei. Also da mach' ich mir nichts draus, für Hundertzwanzig ein Dings [ein Parfum mitzubringen]. Das kommt ja nicht bei jedem Besuch vor. Und das ist logischer, praktischer als ein Blumenstrauß, weil sie den vielelicht nicht so gut nach Hause mitnehmen können. Aber etwas, das in die Handtasche paßt, schon. (kaufmännischer Angestellter, 40 Jahre)

Bei anderen Männern, die sagten, sie würden Extras zahlen, handelte es sich in Wirklichkeit um Extrazahlungen für Extraleistungen und nicht um Großzügigkeit. Wenn es zum Beispiel die Vereinbarung gibt: »15 Minuten — Verkehr mit Kondom«, und der Freier sich im Laufe dieser Zeit überlegt, daß ihm die Zeit zu knapp ist und er auch noch »Französisch« möchte, muß er natürlich für diese Extraleistung auch einen Extrapreis zahlen. Vergleichbar ist, wenn man sich im Restaurant während des Essens für einen zusätzlichen Nachtisch und ein weiteres Glas Wein entscheidet.

> Ich halte mich eigentlich immer an die ausgemachten Preise, und wenn wir zwischendrin beschließen, wir machen irgendwas mehr, und sie fragt dann, ob ich bereit wäre, dafür mehr zu bezahlen, dann klar, natürlich. Aber bei diesen Summen, glaube ich, sind fünf Mark Trinkgeld nicht nötig. Und ich glaube auch, daß die Summen so bemessen sind, daß es in keiner Relation stehen würde, anschließend noch einen Hundertmarkschein draufzulegen. Ich glaube, daß das Geld, was ich gebe, so profan sich das anhört, dem

angemessen ist. Ich verhandel' nicht, sondern wenn das Mädchen meint, sie müßte dafür so und so viel Geld bekommen, dann gebe ich es ihr. (Hausmeister, 40 Jahre)

Für besondere Spiele ja. Wir haben neulich mal den fünfzigsten [Besuch] gefeiert, na gut, da legt man ein bißchen was drauf. In dem Haus, wo ich verkehre, sind zwei Damen. Mit den beiden Damen zusammen habe ich gefeiert und noch einen Hunderter 'raufgepackt; und dann war die Sache für fünfhundert Mark eben mal ein volles Abenderlebnis. Wir hatten noch zwei Flaschen Sekt geköpft, und das ging dann so über drei, vier Stunden. (Beamter im mittleren Dienst, 44 Jahre)

Selten zahle ich Extras. Gerade in diesen Billig-Sex-Clubs oder Sex-Kinos, da ist es schon vorgekommen, daß ich da zehn Mark extra gegeben habe. Ist auch nicht doll, natürlich, aber so war es eben. Eher lief es umgekehrt. So, daß ich, wenn ich irgendwo hingegangen bin und wußte, es kostet so und so viel, und dafür hat man zwanzig Minuten, daß ich zu der Frau gesagt habe: Paß auf, zwanzig Minuten dauert es nur theoretisch. Eigentlich ist es ja nicht viel Geld für zwanzig Minuten; ich gebe dir von vornherein zwanzig Mark mehr, und dann machen wir aber wirklich zwanzig Minuten. Das habe ich häufiger gemacht. Und dann war es auch ein paarmal so, daß ausgemacht war, daß wenn ich schon nach fünf Minuten das erste Mal komme, ein zweites Mal noch drin liegt. Auf jeden Fall war dann der Frau von vornherein klar, das dauert zwanzig Minuten, und die hat sich natürlich ganz anders verhalten. Weil die Frauen dann natürlich nicht so auf Tempo machen. Sie haben ja die zwanzig Mark extra; die müßten sie ja theoretisch für den normalen Preis auch machen. Aber sie probieren es dann trotzdem, es kürzer zu machen. Das habe ich schon häufiger gemacht, und das fanden die Frauen auch immer ganz gut. Ich nehme auch an, daß die Frauen diese zwanzig Mark extra schon zu hundert Prozent für die eigene Tasche hatten. (Kommunikationsorganisator, 40 Jahre)

*Geld regiert die Welt*

Oft setzen Freier ihr Geld bewußt ein und geben auch ein Extra — in der Hoffnung, daß die Frau dann freundlicher ist und die Atmosphäre positiver gestaltet.

Beim ersten Mal hatte ich ja nichts bezahlt, da bin ich erst später drauf gekommen. Je mehr Geld kommt, um so geiler wird's. Da bin ich erst später drauf gestoßen. Das weiß man ja am Anfang nicht. (Kaufmann, vormals Seemann, 38 Jahre)

Ich hab' oft gute Erfahrungen damit gemacht, wenn 'ne Frau gesagt hat, sie bekäm' zweihundert Mark, und ich hab' ihr zweihundertfünfzig gegeben. Die hat mich dann auch etwas besser behandelt. Ich hätt' die fünfzig Mark nicht weggenommen, wenn sie mich nicht besser behandelt hätte. Ich hab' auch oft — sozusagen im Nachhinein — Trinkgeld gegeben, hab' oft noch irgendwo was liegen lassen, was die Frau gar nicht oder erst hinterher gemerkt hat. Auch wenn ich nicht nochmal hingegangen bin. (Rechtsanwalt, 40 Jahre)

Das hat nichts mit Großzügigkeit zu tun. Ich lege manchmal drauf, aber das ist keine Frage der Großzügigkeit, sondern das sind die Stellen, wo sie was überschreiten muß, was sie sonst nicht macht. Also wenn ich sage: Ich möchte es gern ohne Kondom haben oder so, und dann ist das Risiko größer, du mußt vielleicht zum Arzt gehen. Daß ich dann was dazulege, das mache ich, aber, wie gesagt, das ist keine Großzügigkeit, das ist kein Schenken, sondern das ist ein Preis. (leitender Beamter, 60 Jahre)

Ich finde, wenn ich mir 'ne Handentspannung machen lasse, und dreißig Mark zahle, dann sollte man schon Trinkgeld dazugeben. Gerade, wenn es ein Quickie ist, wenn du zu jemanden gehst, wo du noch nie warst, dann schafft dieses minimale Trinkgeld schon 'ne bessere Atmosphäre. Das ist dann nicht nur der Einkauf, sondern es ist noch ein bißchen Tip dabei. Und so ein Tip gefällt den Mädchen immer, selbst wenn es nur ein Zehner ist. So verwöhnt sind die auch nicht. (Kaufmann, vormals Seemann, 38 Jahre)

Wenn es Siebzig oder Achtzig gekostet hat, habe ich einen Hunderter hingegeben und habe dann aber die, ich will nicht sagen, die Dankbarkeit, aber die positive Einstellung des Mädels gehabt. Die wußte das dann beim nächsten Mal und war mir gegenüber schon freundlicher. Oder die sagte von sich aus: Na, wenn du mal nicht so viel hast, dann sag' ich auch nichts weiter. (kaufmännischer Angestellter, 40 Jahre)

Das »Nachkobern« stößt bei einigen Männern jedoch auf wenig Verständnis. Sie ärgern sich, fühlen sich ausgenommen und nicht ehrlich behandelt, wenn eine Prostituierte zunächst einen Preis veranschlagt und später versucht, ihn zu erhöhen. Das heißt, die Männer fühlen sich in dem »schwachen Moment«, in dem sie nur fühlen und genießen wollen, durch die erneute Konfrontation mit dem banalen Geld verarscht. In diesem Stadium des »Beisammenseins« hatten sie alle Realität und die Komponente Geld in der Beziehung vergessen.

Wenn ich im Zimmer bin, zahle ich schon nach. Aber hinterher ärgere ich mich drüber. Ich gehe lieber in 'nen Club, wenn ich weiß, daß da keine Nachforderungen gestellt werden. Oder wenn, dann vorher ... (Medizinstudent, 23 Jahre)

Dreißig hat sie veranschlagt; ich hab' ihr von vornherein Fünfzig gegeben, weil ich es schäbig finde, für

Dreißig was zu machen. Manche tun's wirklich für Dreißig, voller, kompletter Service, aber das ist verrückt, daß sie sich dafür hinlegt. Ich geb' ihr Fünfzig, und dann fängt sie an zu kobern, um halt noch mehr Geld herauszuholen. Und als ich gesagt habe: Dann machen wir Schluß; da hat sie dann ... Da hab' ich doch noch was draufgelegt. Das hat mich Hundert gekostet, und sie hat nur Handbetrieb gemacht; das ist 'ne Sauerei. (österreichischer Religionslehrer, 31 Jahre)

Es hieß ganz konkret: Für fünfzig Mark können wir eine halbe Stunde alles machen, was du willst. Ich habe gefragt: Ziehst du dich aus bei den fünfzig Mark, und schlafen wir miteinander oder machen Oralverkehr? Ja, machen wir alles für fünfzig Mark in der halben Stunde. Wenn du dann oben bist, geht das Spiel los: Sie nimmt Fünfzig, muß noch mal kurz wohin, kommt wieder, der Schein ist natürlich schon weg. Und dann: Jetzt werden wir mal deutsch sprechen, du weißt, wir sind hier auf der Reeperbahn. Dann sind es plötzlich dreihundert Mark oder so. Da bin ich natürlich sauer, da bin ich nicht bereit, das zu bezahlen. Dann denke ich: Okay, jetzt leg' ich noch einen Hunderter hin, und dann habe ich wieder was nicht verstanden. Das geht ins Endlose. Deswegen sage ich nein. Und dann sind natürlich die Mädchen sauer, die jammern 'rum, daß sie schon zwanzig oder dreißig Mark fürs Zimmer bezahlen müssen und daß ihnen dann nur noch zwanzig bleiben. Bloß dann sollen sie doch mir gegenüber ehrlich sein. (Erzieher, 30 Jahre)

*Prellen*

Nur ein Interviewpartner gab zug, eine Prostituierte schon mal bewußt um ihren Lohn geprellt zu haben.

Einmal habe ich etwas Schlechtes gemacht, ich habe eine bestellt, telefonisch, weil ich sehen wollte, wie sie aussah. Was bekommt man für dreihundert Dollar?

Und sie war sehr ... Pelzmantel und sehr schön. Aber ich habe die Tür nicht aufgemacht; das war schlimm. Ich habe ihr eine falsche Wohnungsnummer gegeben, und als sie auf der Treppe vorbeiging, habe ich sie beobachtet. Aber ich mußte meine Telefonnummer der Zentrale geben, und sie haben mich zwei Wochen lang mit Anrufen mitten in der Nacht geärgert. Sie haben Arschloch gesagt und so weiter. Jeden Abend mußte ich den Telefonstecker 'rausziehen. Irgendwann haben sie endlich aufgehört. Es war schlimm. Ich dachte, die kommen. Wirklich, ich dachte, daß sie meine Adresse irgendwie herausfinden; und die Männer, die diese Bordelle betreiben, können sehr gefährlich sein. Sie hat die Taxifahrt bezahlen müssen und ihre Zeit verschwendet — es war nicht nett. Ja, ich bereue das. Es war dumm. (amerikanischer Betriebswirt, 27 Jahre)

Zwei Männer hatten angeblich nicht die Absicht, die Frau zu prellen, taten es aber trotzdem:

Es ist mir schon mal passiert, daß mir 'ne Prostituierte, weil es so schön war, sagen mußte: Du hast vergessen, was hinzulegen. Aber das war wirklich keine Absicht. Ich habe auch schon mal was nachbringen dürfen, wo ich entweder nichts oder nicht soviel bei mir hatte, aber das waren bekannte Prostituierte. (Ingenieur, 55 Jahre)

Das war ein nettes Erlebnis: Ich bin 1973 in meine eigene Wohnung eingezogen, die war total eingerichtet; es war eine Schenkung, da war alles drin. Du hast den Schrank aufgemacht, da waren die Handtücher drin. Da habe ich dann natürlich irgendwann gesagt: Jetzt kannst ja mal einen Hausbesuch wagen; wie ist denn das überhaupt, Hausbesuch. Und dann kam ein Mädel, was mir zugesagt hat, war okay. Als sie ging, sagte sie: Du kannst jetzt auch zu mir kommen, ich bin jetzt in der Kolonnenstraße, da und da. Also kein offizieller Laden. Da bin ich hingegangen. Bei den meisten, wo ich bekannt bin, werde ich, wenn ich kaum, daß ich im Zimmer bin, das Geld zücke, angelacht, nicht ausgelacht. Aber angelacht, weil man sich kennt und weiß, daß das kein Thema ist. Ich bin es so gewohnt, das macht man logischerweise vorher. Oder du kennst das Mädel nicht, dann macht man es auch vorher. Nun war es aber so: Ich hab' das Geld nicht hingelegt; die Dame wußte ja, wo ich wohne, vielleicht hat sie es in dem Moment auch vergessen, weiß ich nicht. Ich war also bei ihr, und wir waren fertig, und ich hatte noch nicht bezahlt. Sie hatte gesagt: Machen wir hinterher, wir kennen uns doch. Und plötzlich klingelte das Telefon, und dann klingelte es auch noch an der Tür. Ich war fix und fertig angezogen, gehbereit, da macht sie die Tür auf, läßt den Mann 'rein, der davor steht, schickt ihn in das Zimmer, telefoniert weiter und zerrt mich dabei aus dem Zimmer. Tschüs, bis zum näschten Mal, und weg. Irgendwann fiel mir dann draußen ein: Du hast ja gar nicht bezahlt. Es ist ja so: Du willst den nicht sehen, der will dich nicht sehen; du hast also wirklich ganz andere Gedanken als die Häme, jetzt fünfzig Mark gespart zu haben. Oder achtzig. Na, kurzum, irgendwann klingelt es bei mir, Tage später. Kein Anruf, nichts. Es klingelt, und nun weiß ich ja meistens ungefähr, wer kommt, 'ne Verabredung oder so. Und dann kam sie die Treppe hoch, ich seh' das da so schön im Treppenhaus; aha, ich grinse, sie grinst, es gab kein böses Wort. Sie hat gesagt, mein Gott, ich hätte was vergessen und sie würde es mir nicht übelnehmen. Ich hab' sie ja nicht geprellt. Sie kann ja nicht von mir erwarten, daß ich es ihr hinterhertrage. Ich habe sie nicht wissentlich geprellt. (kaufmännischer Angestellter, 40 Jahre)

Für die meisten Männer kam es nicht in Frage, die Prostituierte zu prellen. Daran hätten sie — auch im entferntesten Sinne — noch nie gedacht.

Nee. Warum sollte ich? Ich bin ja auch nie geprellt worden um die Leistung. Wäre 'ne andere Geschichte gewesen, wenn das passiert wäre. Wenn die das mit mir versucht hätte, hätte ich es wahrscheinlich mit 'ner anderen auch versucht. Aber das war ja nicht. (Monteur, 48 Jahre)

Nein, nicht bei einer Prostituierten. Wie wäre das überhaupt möglich? Man zahlt im voraus. Und ich hätte auch nicht gewollt. Das ist so gut wie Diebstahl. (belgischer Fotograf, 72 Jahre)

Noch nie, ehrlich nicht. Das würde ich niemals machen, da hätte ich einfach viel zu großen Respekt oder auch viel zu große Angst, ehrlich. (Student der Politologie, 34 Jahre)

Nur 2 Männer gaben an, sie würden dies aus Angst vor Zuhältern oder den Betreibern des Clubs/der Bar nie tun.

Wie soll ich das machen? Ich würde es nicht machen, weil ich Angst habe vor Zuhältern. Ich denke mir, es ist kaum möglich. Man zahlt vorab. (Erzieher, 30 Jahre)

Da ist doch die Angst: Haben die nicht irgendwo eine Klingel im Raum oder so? Bist du erst mal in dem Haus drin, weißt du nicht, ob du überhaupt noch heil 'rauskommst. Die können doch einen Freund oder so was haben, der kommt dann plötzlich an, oder der Besitzer von dem Laden, und sagt: Das geht nicht. (Student der Völkerkunde, 32 Jahre)

*Preise*

Doch schauen wir einmal genauer hin, welche Summen in der Prostitution den Besitzer wechseln! Auf die Frage, welcher Preis für den Interviewpartner der höchste und welcher der niedrigste war, unabhängig von der erhaltenen Leistung, erfuhren wir von einer erstaunlichen Bandbreite. Für einen Mann waren 1-2 US-Dollar und für einen anderen 200 DM der niedrigste, während als höchster Preis einmal 70 und einmal 2.000 DM gezahlt wurden. Die folgenden Schaubilder sprechen für sich:

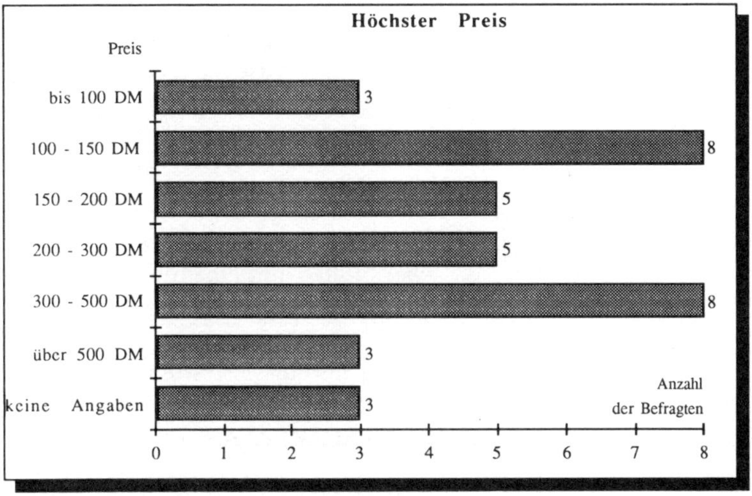


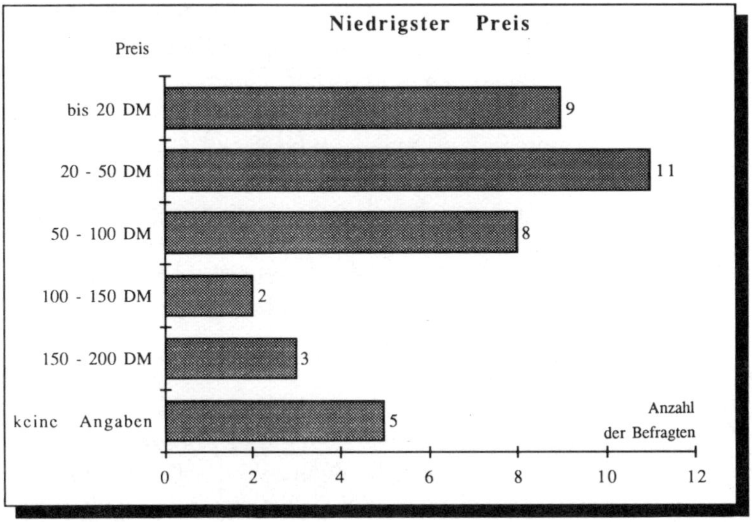

Das höchste, glaube ich, waren zweitausend Mark. Das war eine Supernacht, die ging irgendwann morgens los und hörte am nächsten Morgen wieder auf. Der ganze Laden ist offengeblieben, unseretwegen. Da waren aber auch die Getränke zum Teil mit drin. (Industrieller, 42 Jahre)

Der niedrigste Preis war hundert Mark. Ich hätte eine Frau für weniger bekommen können, aber ich komme mir mies vor, wenn ich weniger als Hundert biete. (belgischer Fotograf, 72 Jahre)

Es gibt ja immer wieder neue Niveaus. Ich war ziemlich lange, am Anfang, auf 'nem Fünf-Dollar-Niveau oder sogar bei zwei Dollar und einem Dollar. (Kaufmann, vormals Seemann, 38 Jahre)

Bei der Frage nach der höchsten Summe erklärten viele Freier bestimmte Situationen, in denen sie sich selbst nicht im Griff gehabt hätten, für ihre »Verschwendung« verantwortlich.

Es kommt drauf an, in welchem Zustand ich bin. Wenn ich ein bißchen alkoholisiert bin, geh ich 'rein. Und brauch' ich ein bißchen Unterhaltung, vielleicht hab' ich Kummer und möchte mich ein bißchen mit ihr unterhalten, sag' ich: Hier hast du Fünfzig, ich möchte ein bißchen länger bleiben. Oder ich bin in dem Moment einfach geil, und dann geh' ich 'rein. In dem Moment ist mir Geld scheißegal. Aber daß ich Haus und Hof verkaufe, das gibt's nicht. Nur der bestimmte Betrag ist ein bißchen großzügiger. (türkischer Taxifahrer, 34 Jahre)

Ich habe natürlich auch mal, wenn man eine ganze Nacht zusammen war, Dreihundert bezahlt; aber eigentlich gehe ich gehe nicht sehr hoch. (leitender Beamter, 60 Jahre)

Der niedrigste Preis waren in alten Duisburger Zeiten zwanzig Mark. Und der höchste: Das waren dreihundert, dreihundertfünfzig Mark. Habe ich auch schon gezahlt. Aber das waren dann auch wirklich so bescheuerte Situationen, wo ich nachts um die Häuser gezogen bin, besoffen war und noch unbedingt irgendwohin mußte, und so bescheuert war, viel Geld dabei zu haben. Da bin ich teilweise an Frauen geraten, die dafür einfach einen Blick hatten. (Soziologe, 36 Jahre)

Wir haben im Trio gearbeitet. Da ging ganz schön Kohle weg. Ich glaube, das waren vierhundert Mark. Aber da haben wir uns auch ordentlich Zeit gelassen. Das war mal eine richtige Sause. Wenn man flüssig ist, so einmal im Vierteljahr oder im halben Jahr, wenn man mal richtig, arbeiten will, dann sind die Grenzen schon höher gesteckt. Aber das war wohl das höchste. (Laborant, 27 Jahre)

Fünfhundert Mark waren das höchste. Allerdings nur einmal. Da war ich allerdings auch nicht ganz nüchtern. Das war ein bißchen sehr viel, weil ich mich auch in einem bestimmten finanziellen Rahmen bewegen muß. Und der bestimmt natürlich dann auch die Besuche, ist ganz klar. (Hausmeister, 40 Jahre)

Das höchste waren, völlig besoffen, dreihundert Mark, und das niedrigste waren vierzig Mark, nachdem ich stundenlang gerannt bin und verglichen hab'. (Fleischer, 26 Jahre)

Nur ein Freier berichtete von »Geschäftsausflügen«:

Wenn ich geschäftlich weggehe, geht das sehr oft in die fünftausend Mark. Das gehört sich so in dem Geschäft, daß für alle Besucher bezahlt wird. (Industrieller, 42 Jahre)

Ein Freier bedarf an dieser Stelle der besonderen Beachtung, da er seiner »Auserwählten« neben dem Bordelltarif auch viele Geschenke machte, wozu unter anderem auch eine neue Eigentumswohnung gehörte. Doch das ist in diesem Geschäft die Ausnahme.

> Wir sind gute Freunde geworden mit der Zeit. Und nach einem Jahr konnte ich in ihre Privatwohnung in Hamburg kommen, da war ich nicht mehr zahlender Gast. Aber dafür zahlte ich viel mehr, denn ich habe ihr letzten Endes die Wohnung gekauft, als Geschenk. Zweihundertfünfzigtausend hat sie mich gekostet. Eigentlich habe ich die Stunden immer zum Bordelltarif bezahlt. Denn auch, als wir verreisten, ist es fast auf den Preis gekommen, wenn man alles zusammenrechnet. (belgischer Fotograf, 72 Jahre)

Es fiel auf, daß sich keiner unserer Interviewpartner über die geforderten Geldsummen beschwerte, daß sie sie im Gegenteil für angebracht hielten und sowohl als der Leistung als auch ihren Vorstellungen entsprechend empfanden. Die Preise in der Prostitution waren für sie in der Regel so okay wie die Brötchenpreise beim Bäcker nebenan.

Dies brachte uns auf die Idee, über die Preise einmal genauer nachzudenken! Denn uns scheint, daß nur unsere Preise konstant sind und das schon seit Jahren, während allgemein das Leben teurer wird. Natürlich sind damit auch unsere Kosten in dem Job (Anzeigen, Miete und Mietnebenkosten, Taxi, Kleidung, Frisör und nicht zu vergessen die Kondome) gestiegen. Entsprechend den allgemeinen Preissteigerungsraten stiegen auch die Löhne und Gehälter und Gewinne. Sollten wir davon ausgenommen sein?

Auf die Frage, ob sie heute mehr als früher an Prostituierte zahlen, antworteten die Männer überwiegend, die Preise seien seit zehn beziehungsweise zwanzig Jahren konstant geblieben beziehungsweise wiesen sogar eine fallende Tendenz auf.

Der Preis ist heute niedriger als früher. Er hat also nicht mit der Inflationsrate mitgehalten. Wenn früher sechzig, siebzig Mark verlangt wurden, dann ist das nicht mit dem gleichzusetzen, was heute hundert Mark sind. Von der Kaufkraft her. (Chemiekaufmann, 48 Jahre)

Das scheint sich eingependelt zu haben. 1975 war es so um die achtzig Mark, mehr als Hundertsechzig aber nicht. Das ist fast gleich geblieben. Manche haben schon früher Hundertfünfzig verlangt und manche, so Luxus-Playgirls, die haben schon immer Zweihundert oder Zweihundertfünfzig verlangt. Die Tendenz war eigentlich, daß es einen fallenden Preis gegeben hat. Aber das gilt wahrscheinlich eher für den Straßenstrich. Und das interessiert mich auch nicht. Das ist so nüchtern, brutal irgendwie 'ne Nummer schieben und weg; das suche ich gar nicht. Deswegen weiß ich da auch nicht Bescheid. (Bibliothekar, 38 Jahre)

Die Preise sind im Grunde genommen konstant geblieben. Also kann man sagen, sie sind indirekt gefallen. (Kommunikationsorganisator, 40 Jahre)

Die Preise sind stabil geblieben. Das mit der Handentspannung zum Beispiel läuft ja schon seit vielleicht zwanzig Jahren auf 'nem Dreißig-Mark-Niveau. (Kaufmann, vormals Seemann, 38 Jahre)

Man sagt im allgemeinen, daß die Preise gesunken sind durch diesen Immunmist, aber ich habe davon nichts gemerkt. Das liegt immer noch zwischen fünfzig und hundert Mark. Ich habe da keine drastischen Preissenkungen gemerkt, außer in diesen Thailäden. Da kommt man vielleicht mal mit Dreißig hin; oder der Straßenstrich, da geht es halt billiger über die Bühne. Aber da gehe ich nicht 'ran. (Laborant, 27 Jahre)

Des weiteren wollten wir auch erfahren, inwieweit es regionale Preisunterschiede gibt und wie die Männer damit umgehen. Suchen sie bewußt Orte auf, wo die Preise niedriger sind?

Die meisten Interviewpartner hatten nur wenig eigene Erfahrung mit regionalen oder überregionalen Preisunterschieden.

> Wenn man sich damit beschäftigt, kennt man ungefähr die Preise. Ich brauche nur zwei-, dreimal irgendwo anzurufen und nach dem Preis zu fragen, dann hab' ich den Überblick. Es gibt einige, wenn man aus dem Zentrum von Berlin 'rausgeht, mehr in die Außenbezirke, da ist es natürlich wesentlich günstiger ... (Monteur, 48 Jahre)

> Das niedrigste war in Rio. Das waren vielleicht fünf Dollar. Die sind sehr arm. (amerikanischer Betriebswirt, 27 Jahre)

> Ich kann mir vorstellen, daß es zum Beispiel hier, in Berlin, regionale Unterschiede gibt, daß es zum Beispiel in Kreuzberg billiger sein dürfte als in Zehlendorf. Aber das ist nur eine vage Vermutung; da kann ich noch so in Not sein — in Kreuzberg würde ich mich in kein Haus wagen. (Chemiekaufmann, 48 Jahre)

> Das weiß ich nur vom Hörensagen: daß Stuttgart zum Beispiel teurer sein soll, erheblich, oder München, als Berlin. Aber konkrete Erfahrungen habe ich nicht; das heißt, ich habe nur die: In Stuttgart gibt es ein städtisches Bordell, und da gibt es auch städtisch festgesetzte Preise (Kommunikationsorganisator, 40 Jahre)

> Eines Tages kam ich nach Puerto Rico, und da waren ganz andere Preise, weil die USA da Militärbasen haben. Und ich muß auch sagen, ganz andere Frauen, als ich sie sonst in der Karibik gefunden habe. Ich glau-

be, in Kopenhagen oder in Berlin oder ob's Paris ist — da sind die Preise ähnlich. Ich war ewig nicht in Paris, aber irgendwann hatte ich mal Vergleichsmöglichkeiten zwischen Kopenhagen und Berlin. Und da waren die Preise ähnlich. Nur hier auf dem Land, in Bayern oder so, da werden die Freier ganz schön abgegriffen. Da geht, glaube ich, unter Dreihundert an manchen öden Flecken in der Landschaft gar nichts. (Kaufmann, vormals Seemann, 38 Jahre)

Den Aussagen einiger Interviewpartner nach zu urteilen, scheint Berlin ein recht günstiges Pflaster für Freier zu sein.

Ich habe festgestellt: Berlin ist sehr preiswert. Die Dame, bei der ich gerade war, wollte hundert Mark haben, und es war perfekt! Da habe ich freiwillig hundert Mark mehr bezahlt. In Düsseldorf bezahlt man für solch einen Service vierhundert, fünfhundert Mark. Und manchmal sogar achthundert. (Wirtschaftswissenschaftler, 41 Jahre)

Für mich ist es ziemlich billig hier in Deutschland. Es kostet etwa dreißig Dollar. Und in New York bekommt man dafür bestimmt eine drogenabhängige Frau, die ziemlich häßlich ist und sehr, sehr dünn. Hier findet man hübsche, gesund aussehende Frauen für fünzig Mark. Wenn man in New York eine genau so gute Frau haben möchte, sauber, nett, eine nette Persönlichkeit, nicht eine Straßenfrau, die schmutzig ist und gemein, muß man vielleicht dreihundert Dollar bezahlen. Das wäre ein richtiges Callgirl. Ein Profi. (amerikanischer Betriebswirt, 27 Jahre)

*Kurz und knapp*
Freier lassen sich ihr Vergnügen mit einer Prostituierten etwas kosten, wobei die Summen entsprechend den finanziellen Mög-

lichkeiten und den individuellen Wünschen sehr unterschiedlich sind.

Die von den Frauen geforderten Preise empfinden sie in der Regel als angebracht und zahlen sie, ohne groß darum zu handeln oder gar zu feilschen. Dabei führt jedoch die Erkenntnis, daß die Preise in der Prostitution im Gegensatz zu den allgemeinen Lebenshaltungskosten und auch im Gegensatz zu ihrem eigenen Einkommen schon seit Jahren konstant oder zum Teil sogar gefallen sind, nicht zu einer besonderen Großzügigkeit, die sie zum Beispiel von sich aus höhere Preise zahlen ließe. Doch es kommt für sie auch nicht in Frage, die Frauen um ihren Lohn zu prellen.

Es ließen sich keine Zusammenhänge zwischen dem jeweiligen Einkommen des Freiers und den Summen, die er in der Prostitution ausgab, herstellen. Weder im einzelnen noch im Verhältnis zur Häufigkeit seiner Prostitutionskontakte war dies möglich. An diesem Punkt zeigte sich, daß Geld scheinbar ebenso wie Sexualität ein Thema ist, über das nicht offen geredet wird. Wir erhielten trotz intensivster Nachfragen nur wenige detaillierte Angaben. Einige Freier äußerten jedoch explizit, ihre Ausgaben in der Prostitution stünden in keinem Verhältnis zu ihrem Einkommen.

12

# Ist der Kunde gesund, freut sich die Hure

## Der Freier und die Gesundheit

Die Gesundheit spielt im Bereich der Prostitution eine große Rolle. Prostituierte sind aufgrund des Gesetzes zur Bekämpfung der Geschlechtskrankheiten verpflichtet, sich regelmäßig auf Geschlechtskrankheiten hin untersuchen zu lassen. Bekanntlich achten Prostituierte auch sehr auf ihren Körper, da er ihr Kapital darstellt. Im Gegenzug wollten wir feststellen, inwieweit die Kunden auf ihren Körper und ihre Gesundheit achten und welche Gesundheitsvorsorge sie treffen.

*Prophylaxe*

Knapp ein Drittel der Interviewpartner nannte Sport als Mittel der Gesundheitsvorsorge.

> Ich mache seit sechs Jahren regelmäßig Jazzgymnastik, das habe ich mal angefangen, um in Bewegung zu bleiben. (Beamter im mittleren Dienst, 44 Jahre)

> Für meinen Körper gehe ich viermal die Woche schwimmen. Und dann, glaube ich, kann man dazunehmen, daß ich momentan mindestens zweimal in der Woche ausgiebig Sex habe mit einer Frau, und das ist ja auch durchaus gut für Körper und Geist. (Kommunikationsorganisator, 40 Jahre)

> Ich treibe viel Sport, regelmäßig, schon seit Jahren. Gymnastik, Leichtathletik, und ich mach' bei der TU Kampfsport. Ich mach Karate und box' ein bißchen ... (Student der Politologie, 34 Jahre)

7 Interviewpartner meinten, sie sorgten durch Einschränkung oder Aufgabe des Konsums von Genußmitteln wie Alkohol und Zigaretten oder durch gesunde Ernährung für ihre Gesundheit.

> Das bringt mein Beruf schon mit sich, daß ich auf die Gesundheit achten muß, ich bin Krankenpfleger, und aus diesem Grunde weiß ich, wie schlimm Krankheiten sind. Ich versuche schon, gesundheitsbewußt zu leben. Ich rauche nicht, trinke wenig Alkohol und so verschiedene andere Sachen. Weil ich eben vom Fach bin. (Krankenpfleger, 38 Jahre)

> Ich achte auf meine Ernährung; das ist auch berufsbedingt. Über die Lebensmitteltechnologie weiß man eben, wie was funktioniert; und gerade weil ich auch den Exzeß liebe, mit Schnaps und allen möglichen Sachen, versuche ich ein bißchen, das über die Ernährung zu kompensieren. Aber nicht übermäßig. Körner und so was esse ich nicht. Ich esse lieber Vollkornbrot als Toast, aber das nur aus gesundheitlichen Gründen. (Laborant, 27 Jahre)

> Alkohol, hab' ich völlig abgebaut. Das einzige, was ich für die Gesundheit mache, ist, daß ich jetzt ab und zu mal drei, vier Liter Milch in der Woche trinke und mich auf ein Glas Wein oder ein Glas Sekt beschränke. (Monteur, 48 Jahre)

Ebenfalls 7 Männer gaben an, durch Besuche bei Ärzten und Zahnärzten für ihre Gesundheit zu sorgen. Einige achten zusätzlich auf eine möglichst natürliche Lebensweise oder haben spezielle Eingriffe vornehmen lassen.

> Einmal im Jahr zum Zahnarzt und mehrmals im Jahr zum normalen Arzt; das ist eigentlich normal. Mit Mitte Zwanzig habe ich mich noch beschneiden lassen, weil es irgendwann mal beim Verkehr einriß und ein

bißchen schmerzhaft war. So hat sich auch gerade in diesem Bereich eine allgemeine Hygiene entwickelt. Man hat ein gewisses Gefühl für den eigenen Körper entwickelt. Weil sich da ja auch sehr viele Keime bilden und das Sauberhalten doch relativ problematisch ist, habe ich mir damals auch überlegt: Infizieren kann man sich auch sehr schnell, wenn es beim Verkehr einreißt, also mach was. (Beamter im mittleren Dienst, 44 Jahre)

Die Ärzte wollen ja auch leben. Ich hatte jetzt einige Krankheiten, Operationen im Krankenhaus und so. Ich esse sehr vielfältig, nie das gleiche, weil ich viel zuviel Angst habe, daß irgendwo ein nicht entdecktes Gift drin ist. Mein Arzt für Inneres weiß auch, daß ich Arzneien ablehne, also nur im akuten Fall welche nehme; er ist eigentlich auch sehr naturheilkundeverbunden, der bestärkt einen auch, in dieser natürlichen Art zu leben. (Ingenieur, 55 Jahre)

Herz-Kreislauf-Untersuchungen oder so was mach' ich, wenn ich allgemein beim Arzt bin, damit es in einem Abwasch gemacht wird. Einmal pro Jahr passiert es ganz bestimmt, daß mir mal Blut abgenommen wird. (Sicherungsposten, 30 Jahre)

Weitere 7 Interviewpartner sagten, sie achteten überhaupt nicht auf ihre Gesundheit und betrieben keinerlei Vorsorge.

Man bildet sich ein, man ißt heute einen Salat, und dann hat man wer weiß wieviel für die Gesundheit getan. Man tut viel zu wenig, und man achtet viel zu wenig darauf. Da nehme ich mich selber nicht aus. Im Grunde genommen bin ich genauso wie die meisten Menschen, die ihre Gesundheit so lange als selbstverständlich hinnehmen, bis es auf einmal zu spät ist. (Chemiekaufmann, 48 Jahre)

> Ich betreib' fast gar keine Gesundheitsvorsorge. Ich ruiniere meinen Körper, wo ich kann. Saufen tu ich nicht, ich rauch', ich schlaf' fast überhaupt nicht, arbeite wie ein Tier, um Geld zu scheffeln; ich bin geizig. Nehme relativ häufig Aufputschmittel, wenn ich kaputt bin und meine, ich müßte noch mehr verdienen. (Fleischer, 26 Jahre)

Ein Teil der Interviewpartner benannte den »AIDS-Test« als Art der Gesundheitsvorsorge.

> Ich gehe regelmäßig Blut spenden, und dann laß ich diesen AIDS-Test öfter machen, obwohl es in letzter Zeit, glaube ich, nicht mehr so notwendig wäre. (Medizinstudent, 23 Jahre)

> Im Landestropeninstitut war es kostenlos. Frau Doktor war gekommen, und ich sagte: Meine Bekannte hat das gesagt, und nun machen wir mal. Sie hat mich noch ein paar Sachen gefragt, wann und pipapo. Ist natürlich nichts gewesen. Pro forma, prophylaktisch habe ich das gemacht, ganz einfach. Wenn was wäre, dann wäre es auch nicht anders. Dann hätte ich es ihr gesagt, ist ja klar, verantwortungslos wäre es ja, wenn ich nichts sagen würde, wenn ich das wüßte. Damit hätte ich leben müssen, auch mit Krebs. Das ist für mich genau dasselbe. (Polizeibeamter, 41 Jahre)

Über den Sinn und Zweck und die Aussagekraft von HIV-Antikörpertests kann man (besonders unter dem Aspekt der Vorsorge) geteilter Meinung sein. Immerhin sahen fast 13 Prozent (5 von 38) der Befragten darin eine sinnvolle Maßnahme.

Insgesamt unterscheiden sich die Arten der Gesundheitsvorsorge allgemein nicht von der anderer Menschen. Unsere Interviewpartner waren weder gesundheitsbewußter noch nachlässiger als der Durchschnitt der Bevölkerung.

*Ist die Hure ein Infektionsrisiko?*

In den ersten Jahren der AIDS-Krise wurden Prostituierte neben Schwulen und DrogengebraucherInnen als eine Hauptrisikogruppe benannt. Statistiken des Bundesgesundheitsamtes und mehrfache epidemiologische Untersuchungen bei Prostituierten belegen jedoch, daß sie nicht zu einer Hauptbetroffenengruppe zählen und daß somit nicht von einem erhöhten Infektionsrisiko bei Prostituierten ausgegangen werden kann.

Die scheinbare Gefahr, die von Prostituierten ausging, hatte für die Frauen allerdings harte Konsequenzen. In Sorge um die »Volksgesundheit« und aus Angst vor einem Überschwappen des Virus' auf die heterosexuelle Bevölkerung wurden Prostituierte als einzige Gruppe verpflichtet, sich regelmäßig auf HIV hin untersuchen zu lassen (zum Beispiel durch den bayerischen Maßnahmenkatalog), beziehungsweise, sich an eine Kondomverordnung zu halten (Oberhausen und Bochum). Verstöße gegen diese Auflagen hatten hohe Bußgelder, Berufsverbote oder sogar Haftstrafen zur Folge.

Wir wollten von unseren Interviewpartnern wissen, wie nach fünf, sechs Jahren AIDS-Aufklärung ihre Einschätzungen bezüglich der Infektionsgefahr bei Prostituierten sind. Zählen sie Prostituierte zu einer Hauptbetroffenengruppe, und glauben sie, daß sie sich bei einer Prostituierten infizieren können?

13 Männer beantworteten diese Frage mit Ja. Sie glaubten, daß Prostituierte durch ihren häufig wechselnden Geschlechtsverkehr beziehungsweise den gelegentlichen Kondomverzicht gefährdet sind. Einige Männer benannten Drogen gebrauchende Prostituierte als Risikoträgerinnen.

> Ich glaube es, und zwar aus dem einfachen Grunde, weil ich weiß, daß viele Männer — das habe ich aus den Gesprächen mit den Prostituierten herausgehört — sagen: Ach Gott, du, hör mal zu, ich bin gesund, ich gebe dir lieber etwas mehr Geld, aber laß dieses Gummiding weg. Und viele Frauen sagen: Ach Gott, ja nun, was soll's, das Geld kann ich gut gebrauchen — wer weiß, ob heute noch ein Kunde kommt, ich mache

mit. Und ich weiß, daß zum Beispiel die Geschlechtskrankheiten, wie Tripper, sehr im Vormarsch sind und daß eine Tripper-Infektion sich nur verkapselt, aber nie ausheilt. Das heißt also, die Veranlagung dazu ist immer noch da, und man kann heute noch einen Tripper nachgewiesen bekommen, selbst wenn man ihn vor zwanzig oder dreißig Jahren gehabt hat. Man läuft einfach Gefahr, daß man sich — AIDS nun ganz besonders — da eine Geschlechtskrankheit holt. Deshalb ist mir auch nie der Gedanke gekommen, auf ein Kondom zu verzichten. Ich weiß es nicht, warum ich es privat nicht mache — wahrscheinlich, weil ich dann doch zu sehr in meinem Glauben bin, daß eine »normale« Frau solche Krankheiten einfach nicht hat. (Chemiekaufmann, 48 Jahre)

Wenn eine Frau drei-, vier-, fünf- oder zehnmal mit verschiedenen Männern geschlafen hat, kann irgendwann mal bei einem von diesen zehn irgendwas aufgetreten sein, was nicht normal ist. Er kann auf irgendeine Art doch Kontakt mit der Frau gehabt haben oder nicht gesund sein oder sonst irgendwas. Es kann zum Beispiel sein, daß das Kondom geplatzt ist. Bei normalem Verkehr vielelicht nicht, aber man weiß ja nicht, ob alle Männer normalen Verkehr machen. Deswegen gehe ich davon aus, daß es bei einer Frau eben doch sehr wichtig ist, daß sie, auch wenn sie nur mit Kondom verkehrt, sich untersuchen läßt. Es gibt ja nicht nur AIDS, es gibt auch andere Geschlechtskrankheiten. Wenn ein Mann zum Beispiel Französisch macht, kann es ja auch sein, daß er sie ansteckt. (Krankenpfleger, 38 Jahre)

Das ist eine ganz einfache Überlegung. Wenn ich hartnäckig wäre und die so lange belatschern würde, daß sie sich schließlich doch dazu bereit erklärt, ohne Kondom mit mir zu verkehren, wäre die Wahrscheinlichkeit ja sehr groß, daß es jemand anders auch geschafft hat. Weiter brauchst du gar nicht zu sprechen. (Lehrer, 36 Jahre)

Mein Verstand sagt mir — weil es bei Prostituierten nur um Geld geht —, daß die eine oder andere sich doch drauf einläßt. Ich würde das auch versuchen, ich gebe es ja zu, Verkehr ohne Kondom. Ist 'ne Geldfrage. Wenn die aus der DDR vierzig Mark nehmen, mit Kondom, und da kommt jemand und sagt: Ich geb dir 'nen Hunderter, aber ohne; möchte ich wetten, bei dreien oder vieren würde man noch auflaufen, und die fünfte sagt doch ja. So kommt die Angst zustande. (Monteur, 48 Jahre)

Zu Rauschgiftsüchtigen würde ich nicht gehen. Zum einen ist das auch eine ästhetische Sache; die sehen nicht hübsch aus, man sieht es denen an; und zum anderen wegen AIDS. Bei Rauschgiftsüchtigen glaube ich, könnte ich mich infizieren. Ich weiß nicht, ob das richtig ist, aber was man so liest ... (Diplom-Ingenieur, 43 Jahre)

12 Interviewpartner glaubten jedoch nicht, sich bei einer Prostituierten infizieren zu können. Sie schlossen eine Infektionsmöglichkeit aufgrund der eigenen Sexualpraktiken, der Sauberkeit der Frauen beziehungsweise ihrer Arbeitsweise aus oder ließen sich zur eigenen Sicherheit den Bockschein der Frauen zeigen.

Was ich an Sexualkontakt mache, da ist keine Gefahr, für mich gibt es keine Praktiken, wo Blut im Spiel ist. Natürlich kratzt man auch mal, aber ich habe nie Lust gehabt, das über die einfache Schmerzgrenze hinauszubringen oder Blut zu sehen oder zu fühlen oder zu ahnen. Deshalb, denke ich, habe ich auch keine großen Schwierigkeiten mit AIDS. Mit einer Prostituierten mache ich grundsätzlich so was nicht; der sauge ich nicht das Blut aus. Deshalb geht für mich von einer Prostituierten keine besondere Gefahr aus. Ich lasse mich ja auch immer untersuchen; ich sehe da keine Probleme, und ich kenne auch Statistiken, die das bestätigen. (leitender Beamter, 60 Jahre)

Ich glaube nicht, daß es eine große Gefahr für die Bevölkerung darstellt. Gut, AIDS wird beim Geschlechtsverkehr übertragen, aber ich bin auch der Meinung, daß die Damen normalerweise Sauberkeit über alles schätzen und sich normal hinterher die Scheide ausspülen oder sonstwas machen; wenn sie im häuslichen Bereich arbeiten und nicht auf der Straße. Bei Straßenprostitution sieht es anders aus. (Beamter im mittleren Dienst, 44 Jahre)

Wenn ich weiß, wie die arbeitet, dann hab' ich in keiner Weise Angst. In der Puffstraße war ich keiner begegnet, die es ohne Gummi gemacht hätte. Ich hab' fünf oder sechs gefragt: Mit oder ohne Gummi? Die, wo ich dann mitgegangen bin, haben alle gesagt: Nur mit. Mit dem Problem bin ich wenig konfrontiert, weil die, die ich kenne, wirklich clean arbeiten. (österreichischer Religionslehrer, 31 Jahre)

Sie hat mir ihren Ausweis gezeigt, daß sie regelmäßig zur Gesundheitskontrolle geht, und dann gab es für mich keine Angst, daß ich mich da mit irgendwas anstecken würde. (Akademiker, 50 Jahre)

Wenn ich mich bei Prostituierten infizieren kann, dann sehe ich die gleiche Gefahr auch bei jeder anderen Frau. Ich glaube auch, daß ich mich eher bei einer fremden Frau infizieren würde als bei einer Prostituierten. Sie leben ja jeden Tag mit der Gefahr, und vielleicht auch bewußter. Zumindest, wenn jeden Tag fremde Leute kommen, achten sie gezielter darauf. Das ist so, als wenn jemand in 'ner großen Maschinenfabrik arbeitet und die entsprechenden Unfallverhütungsvorschriften beachtet. (Hausmeister, 40 Jahre)

Andere Männer schätzten das Risiko, sich bei einer Prostituierten zu infizieren, nicht höher ein als in Privatbeziehungen.

> Seit ich mich regelmäßig schütze, denke ich mir, ist die Wahrscheinlichkeit nicht größer oder kleiner als mit anderen Frauen auch. (Kommunikationsorganisator, 40 Jahre)

> Kommt auf den Lebenswandel der anderen Frau an. Bei der Prostituierten besteht die Gefahr, ja. Aber wenn ich den Lebenswandel auch von der anderen Frau weiß, wenn sie mit mehreren Männern Kontakt hat, dann ist es da oft gegeben, daß man sich anstecken kann. AIDS ist nicht nur eine Sache der Prostituierten, das kann jede Frau bekommen. Auch wenn sie 'ne Chefin von irgendwo ist, leider. Es ist, wie die Pest damals war, bloß in noch schlimmerem Ausmaß, finde ich. Da ist man schneller dran. (Einzelhandelskaufmann, 31 Jahre)

> Ich könnte mich überall infizieren, ist ja ganz klar. Ich würde nicht mal sagen, daß das Risiko größer ist bei einer Prostituierten. Wenn sie ihre Hygiene einhält, ist das Risiko gering. Wenn sie mit den Vorsichtsmaßnahmen lebt, dann kann ich es ja auch nicht kriegen. Richtig? (Polizeibeamter, 41 Jahre)

8 Interviewpartner machten keine näheren Angaben.

Zusammenfassend bleibt festzuhalten, daß zirka ein Drittel der befragten Männer die Meinung vertrat, sie könnten sich bei einer Prostituierten eher mit Geschlechtskrankheiten oder HIV/AIDS infizieren. Sie argumentierten zum einen mit deren häufig wechselndem Geschlechtsverkehr und zum anderen mit dem Spritzdrogengebrauch von Beschaffungsprostituierten, der in ihren Augen ein Infektionsrisiko darstellt. Einige Männer vertraten die Ansicht, Prostituierte böten aufgrund des Geldes auch Geschlechtsverkehr ohne Gummi an, wodurch sich das Risiko beim häufig wechselnden Geschlechtsverkehr erhöhe.

Die Hälfte der befragten Männer war jedoch der Meinung, daß der Verkehr mit Prostituierten kein Infektionsrisiko darstelle beziehungsweise kein größeres als zum Beispiel private Sexualkontakte. Einige schätzten das Infektionsrisiko sogar geringer ein, da Prostituierte professionell arbeiten und mit dem Kondom umzugehen verstehen.

*AIDS geht alle an: Kondome schützen!*

Über AIDS und Kondome ist viel gesagt und geschrieben worden. Es ist ein zentrales Thema unserer Zeit. Hauswurfsendungen des Bundesgesundheitsministeriums, Werbespots im Fernsehen, Plakate in U-Bahnen und auf der Straße konfrontieren mit der Krankheit AIDS und den Möglichkeiten, sich und die anderen davor zu schützen.

Wir wollten wissen, ob Männer »unter sich« ebenfalls über AIDS und Kondome sprechen, und wenn ja, mit welchem Tenor. Die Hälfte unserer Interviewpartner gab an, sich mit anderen Männern über AIDS und Kondome zu unterhalten.

> Vom Abgeordnetenhaus aus habe ich an einer Studie mitgearbeitet, speziell über Gesundheitspolitik. Da hatte ich auch das Thema AIDS und war intensiv mit der AIDS-Hilfe im Kontakt, um Informationen und Unterlagen zu bekommen. Ich habe mich auch privat sehr dafür interessiert. Die meisten Männer nehmen es leider auf die leichte Schulter, machen Witzchen oder irgendwelche dummen Bemerkungen darüber. Das ist die Erfahrung, die ich gemacht habe, wenn ich mit irgendwelchen Freunden oder Parteikollegen über das Thema geredet habe. Das ist, glaube ich, ein psychologisches Problem, keiner denkt, daß es ihn erwischt. Alle denken: Mir kann das nicht passieren. Das ist, Gott sein Dank, eine gesunde Eigenschaft des Menschen, eine gesunde Reaktion. Wenn wir diese Eigenschaft nicht hätten, würden alle Menschen ständig in Panik leben, ob Frau oder Mann. So sehe ich das. (Krankenpfleger, 38 Jahre)

Ich arbeite momentan in einer Gruppe mit, die sich, im Rahmen der Psychoanalyse, stark mit Sexualität beschäftigt. Da wird viel über Sexualität und auch über Verhütung gesprochen. In diesem Rahmen wird versucht, mit gegenseitiger Unterstützung zu einer freieren Sexualität zu kommen; und es wird sehr drauf geachtet, wie es die anderen halten. Zum Beispiel, was Kondome angeht. Man kann niemanden zwingen, aber es wird eben nachgefragt: Wie machst du es eigentlich? (Kommunikationsorganisator, 40 Jahre)

Einer hatte mal den Vorschlag gemacht, einen Kondomautomaten im Haus aufzustellen. Aber das fanden wir schlecht, weil auch alte Damen und alte Herren ins Haus kommen, und das gibt so einen komischen Anstrich. Wenn man verantwortungsbewußt handelt, dann hat man sein Zehnerpack Kondome auf dem Zimmer. Man kann sie ja auch in der Nachtapotheke kaufen; man braucht nicht einen Kondomautomaten auf jedem Männerklo. (Medizinstudent, 23 Jahre)

Über Kondome spricht man schon. Das ist eigentlich jedem klar, ohne Gummi läuft nichts mehr. Eigentlich hat auch fast jeder, den ich kenne, ein Kondom dabei. Es gibt einen Erfahrungsaustausch: Welche nimmst du denn immer? Alle sind sie unzufrieden mit Kondomen. Entweder zerreißen sie, oder sie sind zu klein, oder was weiß ich. Da kommt schon mal die Frage: Was nimmst du für eine Sorte? Dann berät man sich gegenseitig. Na ja, man spricht zum Beispiel nicht über das Berstvolumen. Ich habe noch nie zu einem Kumpel gesagt: Ich brauche einen anderen, weil meiner zu groß ist. Über die Größe meines Penis' würde ich nicht mit anderen Männern reden. (Erzieher, 30 Jahre)

Ein Großteil der Befragten redet jedoch nicht mit anderen über das Thema. Häufig fiel in diesem Zusammenhang das Wort »Tabu«.

Nein, das ist genauso tabuisiert wie Krebs oder ähnliche Sachen, das haben immer nur die anderen. (Industrieller, 42 Jahre)

Ich bin im Öffentlichen Dienst tätig; man kriegt also Broschüren. Es gibt Sachbearbeiter, die sich schwerpunktmäßig darum kümmern, da geht entsprechendes Informationsmaterial 'rum, was eigentlich auch jeder liest. Aber man ist untereinander so scheu, schüchtern, daß man nicht groß darüber spricht. Man nimmt es zur Kenntnis, und dann ist es also gebont. (Beamter im mittleren Dienst, 44 Jahre)

Da red' ich lieber mit Frauen drüber, das ist angenehmer. Wir werden ja von 'ner Frau geboren; vielleicht deswegen. Die Frauen haben ein anderes Verhältnis zum Sex, zur Liebe, als Männer. Mit Männern red' ich über andere Sachen, über Tennis oder so. (Einzelhandelskaufmann, 31 Jahre)

5 Interviewpartner machten keine Angaben.

AIDS und Kondome sind zumindest bei der Hälfte der von uns befragten Freier Thema. Problematisiert wird unter Männern das Kondom. Ratschläge und Tips über Sorten, Arten und Verwendung werden ausgetauscht. Diese Variante der »Kondomfrage« ist vielleicht so detailliert nicht mit einer Frau zu besprechen.

AIDS als Thema scheint etwas in den Hintergrund geraten zu sein — es ist für viele Männer etwas Abstraktes, etwas, das ganz weit weg ist und erst einmal nichts mit ihnen zu tun hat. Von daher redet Mann über Handfestes, Konkretes, Näherliegendes. Mann beschäftigt sich eher mit dem Schutz, sprich: dem Gummi.

Kritisch betrachten sollten wir dennoch, daß ein Drittel unserer Freier das Thema AIDS tabuisiert und verdrängt. Ist dies männerspezifisch?

Unserer Erfahrung nach sind viele Menschen — und zwar sowohl Männer als auch Frauen — immer noch der Auffassung, daß AIDS sie nicht betrifft und mit ihnen in keiner Weise etwas zu tun hat. AIDS »gehört« immer noch den Schwulen und Fixern.

Unter diesem Gesichtspunkt ist das Verhalten der Freier nicht spezifisch. Es zeigt aber, daß noch viel Aufklärung nötig ist, um diesbezüglich ein größeres Problembewußtsein zu erzeugen und Tabus auszuräumen.

*Immer wieder Kondome*

Das Sexualleben der Männer war einfach und schön. Das jahrelange Abwälzen der Verhütungsfrage/-vorsorge auf die Frau war nicht nur angenehm, sondern zeitgemäß. Pille, Spirale oder Diaphragma gewährten dem Mann und seinem allerliebsten Glied uneingeschränkte Bewegungsfreiheit. Männer sind besonders seit dem Auftreten der Immunschwächekrankheit AIDS gefordert.

Präventionsbotschaften sagen, der Mann solle seinen Penis in ein Kondom, auch Pariser, Lümmeltüte oder Gummi genannt, stecken. Plastik statt Freiheit! Abwehr statt Einsicht! Die ersten Jahre waren hart. Mann mußte lernen, mit dem Kondom umzugehen. Und nicht nur das: Er sollte es auch benutzen.

Prostituierte berichteten, daß selbst in den Jahren 1985 bis 1987, als die AIDS-Hysterie hohe Wellen schlug, die Freier immer noch gern »ohne« gemacht hätten. Wegen des Gefühls ...

Wir fragten unsere Interviewpartner, wie sie zum Kondom stehen. Wir wollten erfahren, ob die Männer inzwischen gelernt haben, besser mit »dem Ding« zurechtzukommen beziehungsweise wo die Schwierigkeiten liegen. Fast alle antworteten, sie verkehrten bei Prostituierten mit Kondom.

> Ich habe immer darauf bestanden, Kondome zu benutzen — weil ich eine panische Angst davor habe, in irgendeiner Form eine Geschlechtskrankheit zu bekommen. Damals war von AIDS ja noch nicht die Rede, aber ich hatte immer Angst. Toi, toi, toi — ich bin in der glücklichen Lage, daß ich mich noch nie angesteckt habe. (Chemiekaufmann, 48 Jahre)

> Natürlich nur mit Kondom, aber die Frage stand für mich gar nicht, weil das Kamikazehafte für mich nie in Betracht kam. (Erzieher, 30 Jahre)

Wer heutzutage meint, daß er es bei einer Prostituierten unbedingt ohne Gummi machen muß, den sollte sie rausschmeißen. Ich kann mir nicht vorstellen, daß sie es unbedingt nötig hat, auch solche Gäste aufzunehmen. (Beamter im mittleren Dienst, 44 Jahre)

Die Frauen haben Kondome. Das kommt auf die Frau an, ob sie meint, daß sie das verpacken müßte. Manchmal kommt es gar nicht zum richtigen Geschlechtsverkehr, und dann bleibt's auch weg. Aber das lasse ich machen ... Nee, ohne Kondom würde ich nicht zulassen. (Bäcker, 25 Jahre)

Wenn ich zu Prostituierten gehe, ist das selbstverständlich. Mit einer Prostituierten kann ich mit Kondomen umgehen. (Medizinstudent, 23 Jahre)

Nur notgedrungenerweise, weil es ja bei Prostituierten 'ne Pflicht ist. Ich finde mich damit ab, zumal es Techniken gibt, da merkt man's mitunter gar nicht. Da stutz' ich dann immer wieder. Ein großer Unterschied ist es ja eigentlich nicht, aber im Unterbewußtsein habe ich dann immer dieses Plastiktütengefühl. Aber das ist ja wohl nur im Kopf. Es ist, als hätte ich 'ne Plastiktüte über'm Kopf. Das nervt. (Laborant, 27 Jahre)

Ich kaufe nicht extra fünfhundert Präservative oder so. Es ist immer so, daß der angeboten wird. Aber auch wenn das nicht wäre, würde ich es verlangen. Die Vorstellung ist ja auch nicht sehr prickelnd, daß man den Bach 'runtergeht. (Lehrer, 36 Jahre)

Ich verlang' ihn nie, aber ich hau' ab, wenn kein Kondom benutzt werden soll. Wenn das 'ne Prostituierte ist, die von sich aus nicht darauf besteht, dann wird es mir zu gefährlich. (Fleischer, 26 Jahre)

Einige Männer überlassen es der Prostituierten. Sie benutzen nur dann ein Kondom, wenn es nicht anders geht.

> Immer ungern, aber wenn's nicht anders ging, dann ja. Wenn entweder die Frau nicht bereit war, es ohne zu machen, oder wenn sich sonst keine Alternative ergab. Nur wenn ich niemanden gefunden habe, die's ohne gemacht hätte, habe ich es mitgemacht. (Rechtsanwalt, 40 Jahre)

> Sie verlangen es hier in Berlin ja nun weitgehend, also muß man es akzeptieren. Aber beispielsweise in Madrid verlangen sie es nicht, in Spanien und Portugal, weil es die Männer dort generell ablehnen. (Student der Völkerkunde, 32 Jahre)

Nur 2 Männer sagten, sie benutzten bei Prostituierten kein Kondom. Sie waren auch bereit, dafür mehr Geld zu investieren.

> Ich lege manchmal was drauf. Dann, wenn sie was überschreiten muß, was sie sonst nicht macht, wenn ich sage: Ich möchte es gern ohne Kondom haben, dann ist das Risiko größer, du mußt vielleicht zum Arzt gehen. (leitender Beamter, 60 Jahre)

Ein Mann hatte bisher noch nie Geschlechtsverkehr, und ein Mann machte keine Angaben.

Dieses Ergebnis zeigt, daß es Usus ist, im Prostitutionsgeschäft Kondome zu benutzen. Die Freier haben hier relativ wenig Schwierigkeiten, ein Kondom zu benutzen beziehungsweise sich überstreifen zu lassen. Sie können das Kondom akzeptieren.

Wie sieht es aber im privaten Bereich aus? Gibt es hier mehr Schwierigkeiten oder Probleme?

Nur ein Interviewpartner benutzt grundsätzlich immer Kondome.

Ich habe keine feste Beziehung und kenne die Frauen nicht. Deshalb benutze ich immer Kondome. (Hausmeister, 40 Jahre)

Ein Großteil (15) der Befragten benutzt mehr oder weniger regelmäßig auch beim privaten Geschlechtsverkehr ein Kondom.

Ich muß sagen, daß ich bis zum Thema AIDS nie ein Kondom benutzt habe. Vor zwei, drei Jahren mußte ich damit anfangen, aber ich habe bis heute einen gewissen Horror davor. Es gibt zwei Frauen, mit denen schlafe ich ohne Kondome. Das ist meine ehemalige Freundin, mit der ich fünf Jahre zusammengelebt habe. Das geht einfach nicht, wir haben es schon x-mal festgestellt, wir nehmen es uns vor, aber es verbindet uns noch zuviel von früher, als daß wir jetzt auf einmal irgendwas dazwischenschieben könnten. Es ist eben doch ein ganz großer Unterschied, und das geht mit meiner Freundin nicht. Ich konnte aber mit ihr drüber reden, konnte sagen, ich nehme keine Kondome. Aber bei den anderen Mädchen habe ich gesagt: Mensch, wir müssen die doch nehmen. Ich habe meine Feundin mal gefragt: Mit wie vielen Männern schläfst du ohne Kondome? Sie sagte, eigentlich mit allen. Man eiert 'rum. Mir ist es mal passiert, daß ich bei einer Freundin war, und wir haben in der Nacht drei-, viermal zusammen geschlafen. Ich hatte aber nur zwei Kondome mit. Und beim dritten Mal habe ich gesagt: egal. (Erzieher, 30 Jahre)

Am Anfang benutze ich bestimmt eins. Bis ich ein Gefühl dafür entwickle, daß sie unheimlich sauber sind und daß sie nicht mit vielen Männern schlafen oder geschlafen haben. Was ich mir im voraus sage, ist aber nicht immer das, was ich tue. Nach meiner vorletzten Freundin habe ich mir geschworen, nie wieder ohne Kondom mit einer Frau zu schlafen, bis diese AIDS-

Scheiße geklärt wird. Aber daran habe ich mich mit meiner neuen Freundin nicht gehalten. (amerikanischer Betriebswirt, 27 Jahre)

Im privaten Bereich spricht man mit der Partnerin: Wollen wir, oder wollen wir nicht? Aber das war vor den AIDS-Zeiten. Da hat man es auch mal aus Spaß benutzt, um bestimmte Gefühle zu entwickeln, ob nun mit oder ohne Noppen. Die große Bastelstunde wird jeder mal durchgemacht haben. Klar, das macht man mal und findet es schön, aber daß ich es regelmäßig mache, kann ich nicht sagen. (Beamter im mittleren Dienst, 44 Jahre)

Manche Frauen mögen es nicht. Eine hat mir zum Beispiel gesagt: Das rubbelt manchmal so unangenehm. Und bei Französisch ist es ja wirklich so, daß man einen Unterschied merkt ob mit Gummi oder ohne. Da habe ich es lieber ohne. (Bibliothekar, 38 Jahre)

Wenn ich mit meiner Frau schlafe, benutze ich natürlich kein Kondom. Aber wenn ich mir ein Mädchen aus einer Discothek hole, dann mach' ich es nur mit Gummi. Ich habe immer Kondome bei mir, nicht nur wegen der Empfängnis, sondern auch wegen der Gesundheit. Auch damit man mir nicht eines Tages ein Baby anhängt, aber überwiegend wegen der Gesundheit. (Krankenpfleger, 38 Jahre)

Einige verwenden das Kondom zur Verhütung von Schwangerschaften.

Irgendwann kam sie damit, daß sie nur noch mit Kondomen möchte, weil sie die Pille nicht mehr verträgt, weil ihr ganzer Hormonhaushalt total im Eimer ist. (Fernmeldemonteur, 25 Jahre)

Zur Verhütung benutze ich mit meiner Freundin Kondome. (Kaufmann, vormals Seemann, 38 Jahre)

Meine Freundin hat die Pille abgesetzt, weil sie Schwierigkeiten gehabt hat. Dann ist klar, daß ich ein Kondom nehme, das ist kein Problem für mich. (österreichischer Religionslehrer, 31 Jahre)

8 Interviewpartner erklärten, sie benutzten privat keine Kondome.

Die Frauen wollen natürlich welche. Aber da sage ich glatt: Da bin ich Spanier, da diskutiere ich nicht. (Student der Völkerkunde, 32 Jahre)

Es ist nicht so schön mit Kondom. Ohne habe ich ein besseres Gefühl. Mit Kondom fühlt es sich an wie durch einen Handschuh. Welche Frau wird gern mit Handschuh gestreichelt? Ich bin nicht daran gewöhnt. Bei einer Prostituierten ja, bei meiner Freundin nicht. (Medizinstudent, 23 Jahre)

Wenn 'ne Frau privat sagt, ich möchte aber nur mit 'nem Gummi mit dir schlafen, dann habe ich die Hose schneller wieder oben, als ich sie vorher unten hatte. (Laborant, 27 Jahre)

14 Männer machten zum privaten Bereich keine Angaben.

Es zeigt sich, daß Männer wesentlich größere Probleme mit der Kondombenutzung haben, wenn es sich um ihren privaten Intimbereich handelt. Bei Prostituierten gehört das Kondom zum Geschäft, zur Abmachung.

Die Initiative und Geschicklichkeit der Prostituierten machen es den Männern leichter, ein Gummi zu akzeptieren und zu benutzen. Selbst Männer, die bei Prostituierten widerstandslos das Gummi benutzen, würden in einer privaten sexuellen Beziehung lieber das Bett verlassen als ein Kondom gebrauchen.

Liegt es an der Zurückhaltung der Frauen, die sich nicht trauen, offen ihre Wünsche durchzusetzen, oder verursacht die diffuse Vorstellung von »Liebe«, gepaart mit »Vertrauen haben«, die Kondomunlust? Ersichtlich ist, daß das Kondom nicht als Bereicherung des Sexuallebens, sondern als notwendiges Übel gesehen wird.

*Glücklich ist, wer vergißt ...*
Die Immunschwächekrankheit AIDS wird weitestgehend verdrängt. Insgesamt nur 7 Männer äußerten sich ausführlicher zu diesem Thema. Einige nannten AIDS ein Schicksal, das einen heimsuchen kann, relativierten es aber auch, indem sie sagten, AIDS sei nicht so schlimm, gerade auch im Hinblick auf die Quote der Verkehrstoten oder Krebskranken.

> Es ist auch mal ohne Gummi passiert, und ich habe dann langsam Muffe gekriegt: Machst du nun einen Test oder nicht? Ich will keinen machen, aber sie sagte, sie macht einen. Ein paar Wochen später hat sie mich angerufen und gesagt, daß alles in Ordnung ist. Da habe ich mir gesagt: Okay, bis zu dem Tag, weiß ich jetzt, war alles in Ordnung. Ich habe dann wieder ohne Gummi mit ihr geschlafen. Es gibt Situationen, da ist man unvernünftig. Und ich denke, AIDS ist auch nicht so eine Gefahr, es erreicht noch lange nicht die Quote von Verkehrstoten. (Erzieher, 30 Jahre)

> Ich habe eine völlig andere Einstellung dazu. Wenn es in meinem Programm steht, daß ich mit fünfunddreißig ins Gras beiße, denn beiße ich ins Gras, gleichgültig, ob ich an Blutkrebs, an AIDS oder an irgendeinem anderen Faktor kaputtgehe. Das ist meine Überzeugung. Ich muß mich also nicht präparieren. Das ist es mir absolut wert, das Vögeln ohne Kondom ... (Laborant, 27 Jahre)

Andere Männer wissen, daß sie nicht präventiv handeln, und holen sich ihre Absolution durch den HIV-Antikörpertest. (Möge er noch lange negativ sein!)

> Ich gehe so oft, wie ich kann, Blut spenden und lasse dabei auch immer mein Blut untersuchen. Ich halte mich damit ein bißchen unter Kontrolle; ich weiß, daß das nicht absolut sicher ist, aber ich werde nicht aus Furcht vor Ansteckung darauf verzichten, das ist ganz eindeutig. Und zu viele Manipulationen vorzunehmen, das mache ich nicht. (leitender Beamter, 60 Jahre)

> Sie mußte im Dienst einen AIDS-Test machen und wollte, daß ich auch einen mache. Ich habe gesagt: Wenn du willst, mach' ich es. Ist doch keine Schwierigkeit. Es war mir scheißegal; auch wenn sie was festgestellt hätten, dann wäre ich noch viel früher pensioniert worden; ich hab' da 'ne andere Einstellung. Das ist wie bei Krebs; meine ganze Familie hat Krebs gehabt, Tanten, Onkel, alle, also könnte ich es ja theoretisch auch haben. Damit muß ich genauso leben. (Polizeibeamter, 41 Jahre)

Aber auch die Beschäftigung mit dem Thema führt noch lange nicht zum verantwortungsbewußten Umgang mit Kondomen.

> Wenn ich heute eine Frau kennenlerne, muß ich ganz ehrlich sagen, denke ich nicht an Kondome. Ich habe so ein Ding nie in der Tasche, noch nie gehabt, weil es auch nur selten vorkommt, daß ich am ersten Abend mit der, die ich gerade kennengelernt habe, bei mir im Bett lande oder bei ihr. Aber es gibt einen Werbespot im Fernsehen, vom Senator für Gesundheit, der hat mich etwas nachdenklich gestimmt. Ohne daß ich allerdings mein Verhalten geändert hätte, das muß ich gleich dazusagen. Das ging da um AIDS, etwa so:

> Ja, ich weiß, du bist gesund, und ich bin auch gesund, wir bilden es uns ein, aber du warst vorher mit der zusammen, und ich war vorher mit dem zusammen. Ich möchte gern mit dir zusammensein, aber nur »mit«. Jedesmal wenn ich das Ding sehe, denke ich wieder daran, aber ich habe mein Verhalten noch nicht geändert. (Chemiekaufmann, 48 Jahre)

Ein Mann behauptete, er kenne seine Sexualpartnerinnen so gut, daß er wisse, sie seien nicht infiziert.

> Die meisten Frauen, mit denen ich außerhalb der Szene Kontakt habe, haben oft selber Kondome und benutzen sie auch anderweitig. Die kenne ich so gut, daß ich weiß, daß sie nicht infiziert sind. Und die kennen mich gut genug, um zu wissen, daß ich nicht infiziert bin. (Medizinstudent, 23 Jahre)

Die genannten Arten des Umgangs mit der Immunschwächekrankheit AIDS sind kein freierspezifisches Phänomen. Die Tatsache, daß Sexualität und Tod nah beieinanderliegen können, veranlaßt eine große Anzahl von Menschen, dieses Thema zu verdrängen.

Es werden zu viele Tabus angerührt, und wir haben nicht gelernt, offen damit umzugehen. Es muß noch viel getan werden, um zu einem bewußten und selbstverständlichen Umgang mit AIDS zu gelangen.

*Die staatliche geprüfte keimfeie Nutte*

*Das Gesetz zur Bekämpfung der Geschlechtskrankheiten besagt:*
»Nach diesem Gesetz obliegt es den Gesundheitsämtern, zur Bekämpfung von Geschlechtskrankheiten Maßnahmen zur Verhütung, Feststellung, Erkennung und Heilung der Erkrankungen sowie die vorbeugende und nachgehende Gesundheitsfürsorge zu ergreifen.« (GBG, § 2)

Nach § 4 müssen Personen, die dringend verdächtig sind, geschlechtskrank zu sein und Geschlechtskrankheiten weiterzuverbreiten, ein ärztliches Zeugnis über ihren Gesundheitszustand vorlegen. Geschlechtskrankheiten im Sinne dieses Gesetzes sind nur:
— Syphilis,
— Tripper,
— weicher Schanker,
— venerische Lymphknotenentzündungen,

obwohl es andere sexuell übertragbare Krankheiten gibt, deren Auswirkungen folgenreich sein können. Zum Beispiel können Clamydien zur Sterilität führen.

An keiner Stelle dieses Gesetzes werden Prostituierte ausdrücklich genannt; es wird immer von Personen mit häufig wechselndem Geschlechtsverkehr geredet. Dennoch sind es nur die Prostituierten, die einer regelmäßigen Untersuchungspflicht unterliegen. Die Durchführungsvorschriften zu diesem Gesetz sind regional unterschiedlich. Prostituierte müssen sich im Abstand von ein bis zwei Wochen beim jeweiligen Gesundheitsamt melden und sich dort auf *Geschlechtskrankheiten* hin untersuchen lassen, wobei sie aber keineswegs das Recht auf eine Behandlung haben. Wenn sie sich nicht beim Gesundheitsamt untersuchen lassen, müssen sie ein Attest eines niedergelassenen Arztes vorweisen. Über die Untersuchung erhalten Prostituierte eine Untersuchungsbescheinigung, den berühmt-berüchtigten Bockschein.

Das Gesetz zur Bekämpfung der Geschlechtskrankheiten wird in dieser Form nur zu Lasten der Prostituierten ausgelegt und wirkt diskriminierend. Prostituierte gelten als besonders überwachungsbedürftig; gleichzeitig wird ihnen aber auch die Verantwortung für die sogenannte »Volksgesundheit« auferlegt.

Von den Freiern wollten wir erfahren, was sie von dieser Untersuchungspflicht für Prostituierte halten.

Ein Großteil (16) der Befragten war der Auffassung, diese Untersuchungspflicht sei sinnvoll. Sie gewährleiste die Gesundheit der Freier und schütze so die Gesellschaft.

> Das schützt sie erstens selber und zweitens ihre Gäste. Und dann auch die Gesellschaft. (Azubi, 20 Jahre)

Ich finde, eine Prostituierte müßte selbst ein Interesse daran haben. Es kommt bloß darauf an, auf welche Art und Weise diese Untersuchung stattfindet. Sicher, wenn sie weiß, daß am Montag Bockscheinuntersuchung ist und sie alle da sitzen und der Arzt ziemlich respektlos mit ihnen umgeht, das ist also doof. Aber gerade in der Prostitution ist man ja anfällig, nicht nur für Geschlechtskrankheiten, sondern auch für Pilzinfektionen und für Herpes-Infektionen. Ich finde, das sollte man schon abklären lassen, und ich persönlich fühle mich sicherer, wenn es diese Pflicht gibt. Ich erwarte es einfach von einer Prostituierten, daß das in ihrem Verantwortungsbewußtsein liegt. So was gibt es ja auch in Lebensmittelbetrieben, und genauso etwas sollte es auch für Prostituierte eben. (Medizinstudent, 23 Jahre)

Ich finde das gut. Sie machen es hauptberuflich. Ich als Freier beschäftige mich nebenberuflich mit Prostitution. Also sollten vielleicht auch die Leute, die hauptberuflich damit zu tun haben, sich darum kümmern. Und ist es nicht so, daß die das vom Gesundheitsamt sowieso kostenlos kriegen? (Erzieher, 30 Jahre)

Wenn man sich vorstellt, man muß sich auf so ein Ding legen, und da ist dann diese Gabel für die Schenkel, und der macht einen Abstrich, oder wie man das nennt, das ist eine Situation, die die Kunden lieber der anderen Seite aufhalsen, also euch. Das ist so. Und das möchte ich auch nicht umgekehrt haben. Das ist eben eine der unangenehmen Seiten eures Berufes. So. Das müßt ihr dann eben in Kauf nehmen; jeder Beruf hat unangenehme Seiten. (Bibliothekar, 38 Jahre)

Ich finde es richtig, daß die Prostituierten kontrolliert werden. Die denken nicht so langfristig. Nicht alle. Man kann sich nicht auf die einzelne Frau verlassen, darauf, daß sie auf sich aufpaßt. Die meisten Frauen, glaube ich, und auch Männer sind nicht so intelligent zu verstehen, wie gefährlich es sein könnte. Die haben die medizinischen Kenntnisse nicht, und wenn es überhaupt gemacht werden soll, muß es von einer Behörde gemacht werden. Bei uns wird es nicht gemacht. Besonders als Ami habe ich immer die Vorstellung, daß man, wenn man nur wollte, eine Waffe haben könnte. Aber in dieser Atmosphäre, in Deutschland, wo alles reguliert wird, finde ich es passend, daß auch Prostituierte angemessen kontrolliert werden. Das ist wie in jedem anderen Beruf. (amerikanischer Betriebswirt, 27 Jahre)

Wenn eine Frau diese Art von Job hat, und sie läßt sich nicht regelmäßig untersuchen, ob sie nun privat zum Arzt geht oder zum staatlich verordneten, spielt dabei keine Rolle, sollte sie aus dem Verkehr gezogen werden. Zwangsweise einem Arzt vorgeführt werden. (Krankenpfleger, 38 Jahre)

Ich finde das sehr gut; es müßte sogar noch strenger sein. Es geht um die Gesundheit, ihre und unsere. Eigentlich sollte jeder untersucht werden, kontrolliert werden. (türkischer Taxifahrer, 34 Jahre)

Gut ein Viertel der Befragten hingegen stand der Pflichtuntersuchung kritisch gegenüber. Zum einen fanden diese Männer die einseitige Auslegung diskriminierend und meinten, dann sollten auch andere Personen beziehungsweise Freier zu dieser Untersuchung gehen müssen. Zum anderen vertrauten sie der Aussagekraft der Testergebnisse nicht.

Ich bin eigentlich immer davon ausgegangen, daß die Prostituierten, mit denen ich verkehrt hab', keinen Bockschein hatten. Ich könnte mir vorstellen, daß viele Frauen vielleicht regelmäßig ihren eigenen Arzt aufsuchen, um zu wissen: Hab' ich was gefangen oder nicht? Aber ich kann mir nicht vorstellen, daß 'ne Frau Lust hat, zum Amtsarzt zu gehen. Erstens, weil die Untersuchung unangenehm ist, zweitens, weil sie wahrscheinlich Angst hätte, daß sie in irgendeiner Form registriert wird, und drittens, und das nicht zuletzt, weil sie damit ja zu erkennen gibt, daß sie als Prostituierte arbeitet. Ich glaube, die Gesundheitsämter können von Personen mit häufig wechselndem Geschlechtsverkehr verlangen, daß die sich untersuchen lassen, aber es ist bei Frauen viel leichter nachweisbar, daß sie häufig wechselnden Geschlechtsverkehr haben, weil sie sich immer anbieten, wogegen die Freier immer anonym bleiben. Wenn du das ändern wolltest, müßtest du in irgendeiner Form auch die Freier registrieren — und das würde wahrscheinlich das Geschäft noch weiter kaputtmachen. (Rechtsanwalt, 40 Jahre)

Ich denke, daß es problematisch ist, weil es die Freier in einer falschen Sicherheit wiegt. Weil sie dann denken, sie könnten schadlos ohne Schutz mit den Frauen schlafen, weil der Staat dafür sorgt, daß alles in Ordnung ist. Wenn man bedenkt, daß davon eine ziemliche Gefahr für die Gesellschaft ausgeht, dann ist es im Grunde genommen nicht einzusehen — wenn schon eine staatliche Pflicht besteht, was ich grundsätzlich für nicht so gut halte —, warum das auf die Prostituierten beschränkt werden soll. Angenommen, es gäbe eine Bestimmung, daß auch Freier sich untersuchen lassen müßten, wäre das äußerst schwierig. Das ist eigentlich kaum umzusetzen. Aber manchmal nützen ja auch schon Paragraphen, die gar nicht kontrolliert werden können, allein dadurch, daß man drauf hinweisen kann. Zumindest ist der Zustand jetzt, daß diese Reglementierung nur auf seiten der Frauen besteht, unhaltbarer. (Kommunikationsorganisator, 40 Jahre)

> Ich halte die Bestimmung für nicht unangebracht, aber in ihrer Art und Weise für diskriminierend. Wenn 'ne Prostituierte vernünftig mit ihrem Körper und ihrer Gesundheit umgeht, einfach vor dem Hintergrund, daß sie ja damit Geld verdient, dann behaupte ich, daß sie auch von allein zum Arzt geht. Ich halte alles, was unter Zwang passiert, für bestimmte Gruppen von Menschen, egal, in welchem Bereich, für eine Diskriminierung. Zumal hier eine Macht ausgespielt wird, die auf der politischen Ebene eine ganz große Schweinerei ist. (Hausmeister, 40 Jahre)

Andere Interviewpartner gingen offensichtlich davon aus, daß es sich bei diesen Gesundheitsuntersuchungen um einen HIV-Antikörpertest handelt. Einige zweifelten die Effizienz einer diesbezüglichen Untersuchung an.

> Mir kam mal was zu Gehör, durch Zeitungs- und Fernsehberichte, daß Prostituierte zum Gesundheitsamt gehen und sich daraufhin untersuchen lassen, ob sie AIDS haben oder nicht. Sie müssen nämlich, wenn Kontrollen sind, von Polizisten oder anderen Leuten, nachweisen können, daß sie nicht angesteckt sind. (Einzelhandelskaufmann, 31 Jahre)

Einige unserer Interviewpartner hatten sich bisher nicht mit diesem Thema beschäftigt, es war ihnen schlichtweg egal.

> Darüber, da bin ich skrupellos, mache ich mir keine großen Gedanken. Daß die auf ihre Gesundheit achten, ist ja verordnet. Sicher ist es nicht gerecht, aber andererseits: Wie willst du das kontrollieren? Wer will mir nachweisen, daß ich häufig wechselnden Geschlechtsverkehr habe? (Laborant, 27 Jahre)

> Es ist auf der einen Seite eine Einschränkung der persönlichen Freiheit; auf der anderen Seite ist es eine gesundheitspolitische Maßnahme, so wie Mütter gezwungen werden, ihre kleinen Kinder zu Pockenimpfungen zu bringen. (Akademiker, 50 Jahre)

Insgesamt wird die Untersuchungspflicht für Prostituierte eher befürwortet. Ein Großteil der Interviewpartner findet diese Untersuchungen wichtig, richtig und sinnvoll, wobei die Männer nicht bedacht haben, daß sie, dadurch daß Prostituierte untersucht werden nicht vor Geschlechtskrankheiten geschützt sind. Nur wenige Erkrankungen sind feststellbar, und andere haben eine lange Inkubationszeit. Somit stellt der Bockschein für die Freier nur eine Scheinsicherheit dar, auf die sie sich aus medizinischer Sicht nicht verlassen dürften. Es gibt nicht die keimfreie, sterile Nutte als Serviceleistung des Staates. Aus den Antworten wurde deutlich, daß die Männer die Verantwortung für ihre eigene Gesundheit an die Prostituierte abgeben wollen. Das ist sicherlich sehr bequem, bleibt aber ein frommer Wunsch.

Insgesamt war auffällig, wie wenige Details sie von dem Gesetz zur Bekämpfung der Geschlechtskrankheiten kannten, daß sie das Absurde einer Untersuchung ohne Behandlungspflicht nicht sahen und daß sie die einseitige Diskriminierung von Prostituierten ignorierten.

*Was macht das Gummi auf der Nase?*

Prostituierte haben zwar wenige Rechte, dafür aber viele Pflichten. So verpflichtet der bayerische AIDS-Maßnahmenkatalog ausschließlich Prostituierte, sich regelmäßig vierteljährlich auf HIV-Antikörper testen zu lassen. Des weiteren sind die Frauen zur Kondombenutzung verpflichtet. Außerdem ist es HIV-positiven Prostituierten verboten anzuschaffen. Sinnvolle Alternativen werden den Frauen allerdings nicht geboten, so daß HIV-positive Frauen nicht aus purer Gemeinheit weiterhin anschaffen, sondern weil ihnen keine andere Wahl bleibt.

Die Bochumer und die Oberhausener Kondomverordnung verpflichten Prostituierte ebenfalls zur Kondombenutzung. Bei Verstößen drohen Geldbußen bis zu fünfzigtausend Mark.

Diese einseitige Verpflichtung wirkt sich äußerst negativ für die Prostituierten aus. Mit ein wenig Phantasie kann man sich vorstellen, wie hier dem Denunziantentum Tür und Tor geöffnet werden. Fälle, in denen Polizisten, als Freier getarnt, versuchten, Prostituierte zum gummilosen Geschlechtsverkehr zu überreden, um sie anzeigen zu können, sind Realität.

Geben wir uns an dieser Stelle doch einmal der Phantasie hin, daß Polizistinnen, als Prostituierte getarnt, versuchen würden, Freier zum ungeschützten Verkehr zu überreden, um dann gnadenlos zuzuschlagen, und diese Männer vor Gericht zu zerren.

Die genannten Verordnungen gelten zwar nicht in Berlin. Dennoch wollten wir wissen, ob sie mitsamt ihren Auswirkungen auf Prostituierte unseren Interviewpartnern bekannt sind und was diese von ihnen halten. Es stellte sich heraus, daß die wenigsten darüber Bescheid wußten und daß wir sehr viele Informationen über den Maßnahmenkatalog und die Kondomverordnungen liefern mußten.

Ein Großteil (15) der Männer sprach sich durchaus für staatliche Maßnahmen aus.

> Nehmen wir an, es gibt das Gesetz da; da kann die Frau sagen: Ich muß ein Kondom benutzen, weil es Gesetz ist. Ich will nicht mit dem Gesetz in Konflikt geraten. Sie kann darauf bestehen, auch wenn der Kunde es nicht will. Sie kann es wenigstens sagen. (belgischer Fotograf, 72 Jahre)

> Ich habe viel davon gehört, habe mich politisch damit auseinandergesetzt und viel darüber nachgedacht, und ich finde es richtig, daß es Maßnahmen gibt, um diese böse Krankheit AIDS einzudämmen. Und ich denke auch, daß die Verantwortung bei den Mädchen liegt. Sie muß ja nicht ohne Kondom mit einem Freier schlafen. Wenn sie es trotzdem tut, aus finanziellen Grün-

den oder um den Kunden nicht zu verlieren, dann ist sie dafür auch zur Verantwortung zu ziehen. Es muß einfach so gemacht werden, daß jede Prostituierte für sich die Verantwortung hat und sagt: Du kannst mir hundert Mark geben, du kannst mir tausend Mark geben, ohne Gummi ist bei mir nichts drin. Da ist die Tür. Wenn sie es trotzdem tut, nur weil der Blaue oder der Braune oder der Rote lockt, ist sie dafür allein verantwortlich zu machen. (Krankenpfleger, 38 Jahre)

Im großen und ganzen finde ich es gar nicht schlecht. Für die Frau ist es wahrscheinlich eher unangenehm. Aber ich als Freier fühle mich besser. Wenn die Frau ein Untersuchungsergebnis hat und sagt: Ich bin AIDS-frei; finde ich es sicherer. Obwohl ich natürlich als Mediziner weiß, daß so ein Test auch negativ sein kann, obwohl sie es im Blut hat; wenn es vielleicht gerade vor einer Woche war. Daß die unterschreiben, daß sie Kondome benutzen, finde ich, ehrlich gesagt, dümmlich. Eine verantwortungsvolle Prostituierte wird wahrscheinlich immer ein Kondom benutzen, auch aus Rücksicht auf sich selbst, wenn sie nicht gerade lebensmüde ist oder wenn sie nicht gerade importiert ist aus Thailand oder so keine Ahnung hat. So eine Maßnahme ist erschreckend dumm, bescheuert, hat irgendwie keinen Aussagewert. Wenn ich eine Prostituierte wäre, die normalerweise für hundert Mark arbeitet, und dann würde mir einer sagen: Hier, achthundert Mark für einmal ohne Kondom; dann würde ich mir doch sagen: einmal ist keinmal. Für achthundert Mark kann ich mir einen Video-Recorder kaufen oder mein Auto neu bereifen lassen oder sonstwas, was ich schon lange machen wollte. Aber der Untersuchungsschein gibt mir als Freier eine Sicherheit. Das ist natürlich eine typische männlich-chauvinistische Art und Weise zu denken, aber es ist halt so. (Medizinstudent, 23 Jahre)

Einige der Befragten waren der Meinung, diese Verordnungen sollten sowohl für Männer als auch Frauen gelten.

> Ich find's schon richtig, daß Leute, die infiziert sind und die trotzdem — ohne auf ihre Infektion hinzuweisen — weiter auf'n Strich gehen, aus'm Verkehr gezogen werden. Ich meine nicht Zwangslager, sondern daß man sich bemüht zu verhindern, daß die weiter auf'n Strich geht, in welcher Form auch immer. Ich fände auch ein Gesetz, wonach die Männer zur Kondombenutzung verpflichtet würden, nicht schlecht. Aber ob man damit sehr viel erreichen würde, das wage ich zu bezweifeln. Ich finde schon, daß beide Partner entsprechend verpflichtet sein sollten. (Rechtsanwalt, 40 Jahre)

> Ich finde es natürlich nicht okay, wenn beide dagegen verstoßen, daß nur der eine belangt wird. Aber daß es die Vorschrift gibt, daß Kondome benutzt werden müssen, das finde ich grunsätzlich richtig. Aber bei vielen Vorschriften ist es ja auch so, daß sie nicht eingehalten werden. (Lehrer, 36 Jahre)

Auch wenn diese Maßnahmen für wenig sinnvoll gehalten wurden, sollte nach Ansicht der Männer nicht auf sie verzichtet werden.

> Bayern, das Thema vergessen wir mal gleich, aber zur Kondombenutzung ist meine persönliche Meinung folgende: Wenn ich als Frau in dem Beruf arbeite, müßte es ja mein ureigenes persönliches Interesse sein, mich selber zu schützen. Von daher würde meiner Meinung nach der gesetzliche Zwang entfallen. Es ist aber Realität, daß es Männer gibt, die ohne Gummi wollen. Der Punkt ist der: Wenn wir alle erwachsen und verantwortungsbewußt wären, bräuchten wir über-

haupt keine Gesetze. Nur ist es leider nicht so, und von daher brauchen wir leider irgendwelche Zwangsmaßnahmen. Die meisten empfinde ich als nicht sonderlich sinnvoll, weil sie sich eh nicht durchsetzen lassen. Und weil sich jeder, der erwischt wird, als ungerechterweise zufällig herausgepicktes Opfer empfindet. (Tischler, 26 Jahre)

Fast die Hälfte der befragten Freier (17) lehnten diese Zwangsmaßnahmen jedoch aus unterschiedlichen Gründen ab. Sie empfanden diese unter anderem als diskriminierend für Prostituierte oder auch als persönliche Einschränkung.

Das finde ich ganz unmöglich. Als das damals in Bayern erlassen wurde, da habe ich mir zunächst gesagt: Jetzt erst recht mit Gummi. Aber das ist dann auch schnell wieder abgeebbt. Wenn es so eine Verordnung hier gäbe ... Wenn ich eine Belohnung kriegte, das wäre ja noch das Tollste, wenn die Freier dafür noch eine Belohnung kriegten, daß sie die Frauen anzeigen! Da bräuchte bei mir niemand Sorge zu haben. (leitender Beamter, 60 Jahre)

Ich verstehe solche Verordnungen gar nicht — es gibt doch viel Schlimmeres. Im Ruhrgebiet die Verschmutzung der Emscher beispielsweise ist ein viel schlimmeres Problem. Da wird ja überhaupt nichts gemacht. Aber Prostituierten werden gleich fünzigtausend Mark Strafe angedroht. (Student der Völkerkunde, 32 Jahre)

Erstens glaube ich, daß man es nicht kontrollieren kann, damit geht es schon mal los. Was soll ein Gesetz ohne Kontrollmöglichkeit, das ist Schwachsinn in meinen Augen. Zweitens bringt's 'ne Verunsicherung, drittens 'ne Diskriminierung. (Hausmeister, 40 Jahre)

Dafür ist ja der Herr Gauweiler sehr bekannt gewesen. Ein Sündenbock wird immer gesucht. Und da wird auf die Schwächsten hingewiesen, die sich am wenigsten wehren können, die sind dann also schuld. Früher waren es die Zigeuner, und heute sind es die Prostituierten. Ich bezeichne sie als schwache Gruppe, da sie im Grunde genommen keine Lobby haben. Man sucht sich eine schwache Gruppe aus, weil die am wenigsten Widerstand leistet, und sagt: Die sind dafür verantwortlich ... (Beamter im mittleren Dienst, 44 Jahre)

Würde mich das als Wichs-Freier auch betreffen? Wenn ich mir einen wichsen lassen will in München, das geht nur mit Kondom, oder wie ist das? Das find' ich nicht so gut. (Kaufmann, vormals Seemann, 38 Jahre)

Wenn die Frauen ohne Kondom mit Freiern schlafen, dann, denke ich mir, zu neunundneunzig Prozent deshalb, weil der Freier das partout will. Und weil die Freier so drauf sind, daß sie zum Teil bereit sind, Phantasiepreise zu bezahlen, wenn sie ohne Kondom vögeln können. Die Situation ist bei vielen Frauen höchstwahrscheinlich so, daß sie nicht ohne weiteres auf hundert Mark mehr verzichten können. Es ist einfach ein Wahnsinn, das alles auf der Seite der Prostituierten abzuladen. Auf dem Prostituierten-Kongreß ist ja auch eine Frau aufgestanden und hat gesagt, sie hätte ein, zwei Stammfreier, die kämen unheimlich oft und so weiter, und warum sie denen weniger glauben sollte als Ehefrau XY ihrem Mann glauben kann, daß er nie mit anderen Frauen vögelt. Beides ist gleich glaubwürdig oder unglaubwürdig. Wenn eine Prostituierte es ihrem Freier erlaubt, weil sie vielleicht ein sehr gutes Verhältnis zu ihm aufgebaut hat und es ihm einfach glaubt, dann ist das die freie Entscheidung der Frau; dann muß man das akzeptieren, und dann finde ich es einen Wahnsinn, wenn eine Frau in so einem Fall eine Strafe aufgebrummt bekommt. Was nichts daran ändert, daß ich es auch in so einen Fall schlecht finde, aber das ist meine persönliche Meinung. (Kommunikationsorganisator, 40 Jahre)

Das ist meiner Meinung nur aus bevölkerungspolitischen Gründen gemacht worden, um die Leute zu beruhigen. Die Behörde hat was getan, wir wissen ja alle, wie so was läuft. Der zuständige Oberkreisdirektor wahrscheinlich hat die Sache in Kraft setzen lassen: Wir in Oberhausen sind jetzt dabei, wir machen das jetzt. Mehr ist das nicht. (Polizeibeamter, 41 Jahre)

Die Vielfalt der Antworten zeigt deutlich, daß es keine konsensfähige Aussage gibt. Knapp die Hälfte der befragten Freier ist der Meinung, diese Zwangsmaßnahmen seien vollkommen berechtigt. Sie betrachten die Einhaltung der Vorschriften sozusagen als Dienstleistung der Prostituierten zum Schutze des Mannes, als eine im Preis inbegriffene Serviceleistung. Die Angst vor einer HIV-Infizierung läßt in ihren Augen die regelmäßigen Untersuchungen der Prostituierten als sinnvoll und notwendig erscheinen.

Offen bleibt dabei die Frage, ob der Glaube beziehungsweise Nichtglaube an die Schutzfunktion des Gummis hierzu beiträgt. Oder werden Kondome etwa doch nicht regelmäßig benutzt?

Deutlich wird jedoch, daß AIDS ein angst- und panikbesetztes Thema ist. Irgendwelche Maßnahmen, die zur Eindämmung der Krankheit dienen sollen, werden zunächst einmal als gut empfunden. Über ihre Effizienz wird, wenn überhaupt, später nachgedacht.

Ebenfalls knapp die Hälfte der Interviewpartner sah diese Maßnahmen kritischer. Sie empfanden sie als für die Frauen ungerecht, stigmatisierend und diskriminierend. Außerdem wurde die Effizienz der Untersuchungen in Frage gestellt. Eine Vielzahl der Befragten mochte den Testereien nicht vertrauen. Deutlich wurde auch eine eher ablehnende Haltung gegenüber staatlichen Maßnahmen.

Festzuhalten bleibt, daß die Pflichten der Prostituierten immer (noch) die Freiheiten der Freier sind. Zum heutigen Zeitpunkt entlassen diese Zwangsmaßnahmen die Männer aus ihrer Verantwortung und sind für sie daher äußerst bequem.

13

# »Unser« Freier als Polit-Barometer der Gesellschaft?
## Das politische Verständnis von Freiern

Viele Männer gehen zu Prostituierten und nehmen deren Dienstleistungen in Anspruch. Nur sehr wenige von ihnen geben offen zu, daß sie Freier sind, und noch seltener ist es, daß sie an die Öffentlichkeit gehen und darüber reden. Mit dem Begriff Prostitution verbinden die meisten Menschen nur die Prostituierten; sie vergessen die anderen Beteiligten, nämlich die Freier. Die Prostituierte ist die Hauptperson, während der Freier im Hintergrund steht. Er tritt nicht in Erscheinung und scheint unwichtig zu sein. Wenn Freunde oder Bekannte einander fragen, ob sie Freier sind oder einen kennen, gibt es meistens eine negative Antwort.

Wir wollten daher von unseren Interviewpartnern wissen, wie sie ihre Rolle als Freier sehen, wie sie damit umgehen, warum ihrer Meinung nach Frauen anschaffen gehen, ob sie sich Prostitution als Beruf vorstellen können, was sie über die rechtliche Situation von Prostituierten, die Prostituiertenbewegung und die Freierbewegung wissen.

*Warum gehen Frauen anschaffen?*

Obwohl alle Freier Prostituierte hautnah erleben, herrschen auch bei ihnen viele Klischees vor. Doch die meisten der von uns interviewten Männer bestätigten, was wir schon immer wußten und behauptet haben: Die Frauen gehen anschaffen, um Geld zu verdienen.

> Wegen des Geldes, kann man sagen. Und dann sind sie natürlich clever. Man kann bestimmt in relativ kurzer Zeit damit viel Geld verdienen. (Lehrer, 36 Jahre)

> Ich kann das wohl verstehen, wenn sie sagen: Ich mache es, um Geld zu verdienen. Das finde ich richtig. (Taxifahrer, 53 Jahre)

> Wie jeder Arbeitnehmer — weil sie Geld brauchen. (kaufmännischer Angestellter, 40 Jahre)

> Als Frau hat man ja weniger Chancen, Geld zu verdienen. Die ungelernte Frau noch weniger als der ungelernte Mann. Oder es hängt mit dem Elternhaus zusammen, mit dem sozialen Umfeld. (Sicherungsposten, 30 Jahre)

Darüber hinaus haben viele Freier konkrete Vorstellungen davon, wofür die Frauen das Geld benötigen:

> Erst mal reiner Geldmangel. Für drogenabhängige Frauen ist es auf jeden Fall, würde ich sagen, der schnellste Weg, an Kohle zu kommen. Für andere, um Schulden abzubauen ... (Musiker, 25 Jahre)

> Manche werden geschickt; einige haben große Unkosten mit ihrer Wohnung. Einige sparen auf ein Ziel hin. Eine, die ich kenne, hat ja ihre Ausbildung beendet ... (Ingenieur, 55 Jahre)

Die Meinung, daß Frauen durch Zuhälter zur Prostitution gezwungen werden, wird von den Freiern nur selten geäußert. Im Gegenteil, viele stellen sich vor, daß Frauen überwiegend freiwillig in die Prostitution einsteigen und sich selbstbewußt dafür entscheiden.

> Da, wo ich hingegangen bin, hatte ich das Gefühl, daß sie es sehr bewußt und sehr gern machen. Es waren auch in der Regel keine dummen Frauen, die haben teilweise nebenbei studiert, oder wenn es Ausländerin-

nen waren, konnten die mir genau sagen, wie lange sie noch in Deutschland sind, bis sie dort ihr Haus oder ihren kleinen Laden haben oder irgendwas, wovon sie träumen. (Industrieller, 42 Jahre)

Das gibt's bestimmt, daß Frauen gezwungen werden, anschaffen zu gehen. Aber das ist sehr selten, davon bin ich überzeugt. (Laborant, 27 Jahre)

Okay ist es für mich, wenn sie es für sich selbst machen, oder so, wie sie organisiert sind. Jedenfalls so, daß es ein normales Arbeitsverhältnis ist. (Lehrer, 36 Jahre)

Ich glaube, daß wenige Frauen zu Prostituierten werden, nur weil sie Spaß an der Sexualität haben und das die einfachste Art ist, an viele Männer 'ranzukommen. Es mag welche geben, die es aus Not machen, aber ich glaube, 'ne Prostituierte, die sich wirklich dazu bekennt und das auf längere Zeit machen möchte, die muß schon dazu stehen, die muß es ohne Druck machen. (Hausmeister, 40 Jahre)

Ich denke, daß es Frauen gibt, die diesen Beruf bewußt wählen, weil sie vielleicht mit den anderen Sachen, mit denen sie bisher Geld verdient haben, nicht zufrieden waren. Sie wollten sich vielleicht etwas mehr Freiraum oder Selbständigkeit schaffen, vielleicht auch ein bißchen mehr Geld verdienen. Oder bei diesen Frauen ist das Bewußtsein wirklich da: Ich möchte diesen Beruf ausüben, möchte Prostituierte sein und so meinen Lebensunterhalt bestreiten ... (Student der Politologie, 34 Jahre)

Für einige Freier ist Prostitution ein normaler Beruf, eine ganz normale Dienstleistung.

Die Leute müssen endlich kapieren, daß Prostituierte nicht den Abschaum der Menschheit darstellen, sondern selbständige Frauen sind, die eine Ware, eine Dienstleistung, zu verkaufen haben. Eine normale Dienstleistung, die wie Friseur, wie Massagen im körperlichen Sinne notwendig ist. (Beamter im mittleren Dienst, 44 Jahre)

*Sind Freier Freier?*

Was ist ein Freier? Im Wahrig, Deutsches Wörterbuch, steht: »Freier, Werber (um ein Mädchen), Verehrer; ‹auch› Kunde einer Prostituierten [zu freien]«. Im Duden, Die sinn- und sachverwandten Wörter, steht beim Wort »Freier« ein Querverweis auf das Wort »Bräutigam«: »Bräutigam, Verlobter, Heiratskandidat (scherzh.), Freier (veraltet), Zukünftiger (ugs.), Hochzeiter (oberd.), Bräuterich (landsch., scherzh.)«.

Wir wollten wissen, wie die Männer den Begriff »Freier« sehen, identifizieren sie sich damit? Einige empfinden den Begriff diskriminierend und identifizieren sich deshalb nicht damit. Sie ziehen den Vergleich zu den Schimpfwörtern »Nutte« oder »Hure«, und sie würden gern ein anderes Wort dafür finden.

Ich habe dieses Wort »Freier« eigentlich noch nie benutzt. Ich finde es genauso diskriminierend wie das Wort »Prostituierte«. Oder »Nutte« ... (Chemiekaufmann, 48 Jahre)

Ich finde den Begriff nicht gut, ich finde auch »Nutte« nicht gut ... (Medizinstudent, 23 Jahre)

Das Wort ist mir zu blöd, aber natürlich bin ich es, natürlich. (Laborant, 27 Jahre)

»Freier« ist das abscheulichste Wort, das es überhaupt gibt. Ich fühl' mich nicht als Freier. Ich gehe wohin, ich kauf mir Zeit, amüsier' mich, und dann bin ich weg. Aber nicht als Freier. (türkischer Taxifahrer, 34 Jahre)

> Ich finde, das Wort geht daran vorbei. Ich bin »Kunde«, oder ich bin »Besucher«. (Taxifahrer, 53 Jahre)

Die meisten Freier haben mit dem Begriff jedoch kein Problem, sie akzeptieren ihn.

> Ich fühle mich nicht diskriminiert. Aber ein gängiger Begriff ist es auch nicht für mich. Der Begriff »Freier« stammt aus dem Mittelalter oder ist zumindest ziemlich antiquiert, und nicht jeder weiß damit sofort was anzufangen ... »Freier« ist kürzer, genauso, wie für Prostituierte »Nutte« ein gängigerer Begriff ist als »Prostituierte«. (Beamter im mittleren Dienst, 44 Jahre)

> Wie man das Kind nennt, ist mir relativ egal, so lange, wie es keine ausgesprochenen Schimpfworte sind. Als solches empfinde ich »Freier« nicht. (Tischler, 26 Jahre)

> Für mich ist der Begriff ganz okay. Es ist schon fast eine wissenschaftliche Bezeichnung. Damit kann ich ziemlich viele Gefühle weglassen. (Raumausstatter, 27 Jahre)

> Im ursprünglichen Sinn ist das ja jemand, der um eine Frau wirbt, um sie zu heiraten. Das kann ja wohl schlecht diskriminierend sein. (Musiker, 25 Jahre)

> »Freier« paßt schon zur Szene. Wenn die Prostituierte nicht »Hure« heißen würde, sondern »Therapeutin« für dies und das, dann würde ich mich durchaus als »Patient« bezeichnen. (Kaufmann, vormals Seemann, 38 Jahre)

Manche Männer äußerten sich weniger zu dem Begriff »Freier« als zu der Frage, wann und ob ein Mann überhaupt ein Freier ist. Obwohl sie wissen, daß der Freier ein Kunde von Prostituierten ist, sehen sie sich selbst nicht als Freier.

Ich glaube, daß die meisten Männer zu Prostituierten gehen, wenn sie eine Frau wollen und keine kriegen. Das ist nicht meine Motivation. Deswegen denke ich, ich bin anders. Wenn ich die Typen sehe, die hingehen, die sehen manchmal nicht so gut aus und sind ein bißchen sehr scheu, haben wenig Selbstvertrauen. Und die älteren Männer können auch nicht leicht eine Frau kriegen. Deswegen gehen sie hin. (amerikanischer Betriebswirt, 27 Jahre)

Wenn ein Mann einmal im Leben in einen Puff gegangen ist, kann man den nicht »Freier« nennen. Für micht ist das sowieso ein blöder Ausdruck. Wenn ich in einen Puff gehe, fühl' ich mich wie ein Geschäftsmann, ich will nur mein Geld ausgeben. (türkischer Taxifahrer, 34 Jahre)

Darunter versteh' ich jemanden, der nicht nur zu Prostituierten geht, sondern der viel Geld hat und auch viel Geld ausgibt, der auch, wenn er mal in 'ne Kneipe geht, spendiert. (Azubi, 20 Jahre)

Die Männer würden lieber ein anderes Wort für die Bezeichnung »Freier« finden. »Kunde« oder »Gast« werden am häufigsten genannt. Auch die Männer, die die Bezeichnung »Freier« nicht diskriminierend finden, würden sie dennoch ändern wollen.

Ich würde es lieber mit »Kunde« umschreiben als mit »Freier«. (Beamter im mittleren Dienst, 44 Jahre)

Ich kann mit dem Wort »Freier« leben, aber »Gäste« fände ich schon besser. Wenn es nicht nur das Wort wäre, sondern wenn auch das vorhanden wäre, was dem Wort entspricht. (Soziologe, 36 Jahre)

> Ich würde mich lieber als »Kunde« bezeichnen. (Laborant, 27 Jahre)

> »Kavalier« könnte man zum Freier sagen ... (Einzelhandelskaufmann, 31 Jahre)

Obwohl die meisten Männer die Bezeichnung »Freier« unpassend oder gar blöd finden und manche sich nicht einmal als Freier verstehen, wollen wir aber doch anmerken, daß sie sich gerade von dem Wort Freier in unseren Suchanzeigen angesprochen fühlten.

*Warum schweigt der Freier?*
Der öffentliche Auftritt von Freiern ist selten. Eine rühmliche Ausnahme stellte das Verhalten von Männern bei der Podiumsdiskussion beim Abschluß unseres Kongresses »Prostitution und staatliche Maßnahmen« am 2. Dezember 1988 dar, als die Freier reihenweise aufstanden und sich bekannten.

Warum erleben wir solche Momente nicht häufiger? Auf die Frage nach den Gründen nannten viele Männer die Angst vor Diskriminierung oder vor Konsequenzen in ihrer Partnerschaft. Auch haben sie Angst, sich mit anderen über das Tabuthema Prostitution auseinanderzusetzen.

> Das hat verschiedene Gründe. Eine ganze Reihe Männer fällt sicherlich in den Topf der nicht Bekennenden 'rein, weil sie halt in 'ner dauerhaften Beziehung leben und die Frauen dieses Wissen nicht verkraften würden. Dann gibt es wahrscheinlich 'ne ganze Reihe Männer, die denken, ihre Geschlechtsgenossen könnten der Auffassung sein, anders bekämen die niemanden mehr. Es gibt aber wahrscheinlich auch Männer, die sogar damit protzen — ich kenne keinen, aber es gibt bestimmt welche. Das ist mir genauso schleierhaft. Ich glaub', daß unsere Gesellschaft multiple sexuelle Kontakte nicht gutheißt, ob das nun mit Prostituierten ist oder

auch mit Nicht-Prostituierten, und daß das der Hauptgrund ist. Wenn du da 'ne Änderung erreichen kannst, wird möglicherweise irgendwann auch mal die Prostituierte gesellschaftsfähig. Es gibt ja auch Gesellschaftsformen, wo sie gesellschaftsfähig ist, aber ich denke, daß die »Monogamie«, auch wenn's 'ne Beziehungskiste außerhalb der Ehe ist, bei uns doch ziemlich hochgehalten wird. (Rechtsanwalt, 40 Jahre)

Weil sie sich scheuen, sich dazu zu bekennen. Weil sie befürchten müssen, aufgrund der gesellschaftlichen Diskriminierung der Frauen in Verruf zu geraten. Weil sie Angst haben, aus dem allgemeinen Gesellschaftsbild herausgestoßen zu werden, wenn sie sich dazu bekennen. Weil — so geht es auch mir — die Menschen sich nicht in der Lage sehen, den Besuch bei einer Prostituierten als etwas ganz Normales anzusehen. Soweit sind wir eben noch nicht. Es fehlt die gesellschaftliche Akzeptanz, die meines Erachtens auch nie eintreten wird. Weil es zu viele ach so wohl erzogene Frauen gibt. Das ist mit ein bißchen Sarkasmus gesagt, aber ich sage es absichtlich so. (Chemiekaufmann, 48 Jahre)

Weil es als ehrenrührig gilt, Freier zu sein; allerdings weniger aus moralischen Gründen, ich glaube, da reicht der Einfluß der katholischen Kirche nicht mehr ganz so weit. (Kommunikationsorganisator, 40 Jahre)

Tabuthema total. Wer zu einer Prostituierten geht, ist entweder nicht richtig im Kopf oder hat es dermaßen nötig. Das ist ein Zeichen von Minderwertigkeit für einen Mann, wenn er zu einer Prostituierten geht. Das ist doch die allgemeine Meinung ... (Fernmeldemonteur, 25 Jahre)

Das liegt wahrscheinlich daran, das dieses gesellschaftliche Tabu besteht, daß man da eigentlich nicht hingeht. Dann werden viele Freier verheiratet sein; die befürchten Probleme in der Ehe, weil unsere ganze Gesellschaft ja auf die Zweierehe, auf Familie und Kind, aufgebaut ist, durchgehend. Die trauen sich nicht, sich öffentlich zu äußern. (Industrieller, 42 Jahre)

Weil die Prostitution in unserer Gesellschaft als 'was Schlechtes angesehen wird. Und wenn ich mich dazu bekenne, bin ich schlecht, also habe ich auch Nachteile dadurch. Ja, die Männer sind feige und stehen nicht dazu, klar, bestimmt. (Hausmeister, 40 Jahre)

Das ist ein gesellschaftliches Problem. Wir leben in einer Gesellschaft, wo keiner ehrlich sagt, was er denkt. Und das ist ein Thema, wo eigentlich jeder damit rechnet, sich die Schnauze zu verbrennen. Ich maul' wenigstens nicht über Prostituierte, wie es viele tun, die vermutlich trotzdem am nächsten Tag zu einer gehen. Aber offen und ehrlich für Prostituierte einstehen tu' ich auch nicht. (Fleischer, 26 Jahre)

Freier verhalten sich nicht anders als die meisten Menschen, sie leben mit der herrschenden Doppelmoral und haben nicht den Mut, zu ihrer Sexualität zu stehen.

Zwischen öffentlicher und privater Meinung ist da ein riesengroßer Unterschied. Ein Richter muß beziehungsweise kann ja frei entscheiden, aber dazu gehört Mut, und den hat er nicht. Auch wenn er sich am nächsten Tag von der Domina verhauen läßt ... (Beamter im mittleren Dienst, 44 Jahre)

Weil wir in Deutschland sind, und weil in Deutschland schon seit eh und je eine Doppelmoral vorherrscht. Das ist auf der einen Seite verdammenswert und auf der anderen Seite geil — mit Sicherheit auch eine typisch deutsche Eigenschaft, daß man es hier so extrem handhabt. Abends hingehen und am nächsten

Morgen drüber wettern, wie widerlich das ist und daß man es alles abschaffen sollte, klar. (Laborant, 27 Jahre)

Weil fünfundneunzig Prozent der Männer im Grunde genommen, sowie sie von der Prostituierten weg sind, sie wieder verurteilen. Die sind zwar jederzeit daran interessiert, die Prostituierten zu benutzen, aber die würden niemals in ihrem Umfeld jemanden akzeptieren, von der sie wissen, daß sie früher mal als Prostituierte gearbeitet hat oder noch arbeitet. (Monteur, 48 Jahre)

Einige Männer äußerten, öffentlich wurde über das Thema Sexualität so gut wie gar nicht offen gesprochen, geschweige denn über das Thema Freiersexualität.

Weil viele Männer unehrlich sind. Weil viele Männer intellektuelle Schweine sind. Die gestehen sich die Problematik der Sexualität nicht ein, die wird auf dem Rücken der Frauen abgewiegelt. Das ist das Kernproblem. Die Männer sind so durcheinander, daß sie dann die Frauen als Alibi für ihre Unklarheit benutzen. (Akademiker, 50 Jahre)

Unter Männern kann man unheimlich toll über Nutten, Huren, Prostituierte, Weiber überhaupt, über den gesamten weiblichen Kreis reden, überhaupt kein Problem. Wenn ich denen sage, ich habe gestern abend zwanzig Weiber gebumst, bin ich der größte. Aber komm mir bitte nicht mit dem öffentlichen Leben. Da ist Schluß. Das ist der Knackpunkt, wo wir noch immer in 'ner Männergesellschaft leben, wo das Geschlechtliche für den Mann hochgespielt wird. Die Frau hat die Schnauze zu halten, die Beine breit zu machen und gehört an den Herd. Und wenn 'ne Frau die Beine beruflich breit macht, ist das kein Beruf, sondern 'ne schlechte Sache. Nur für den Mann, wenn er mal was braucht, ist es gut. Man kann sie sich holen und anschließend abschieben. (Hausmeister, 40 Jahre)

Dahinter liegt doch letztlich eine Verdrängung, vor allen Dingen der eigenen Sexualität. Man will sich oder zumindest anderen gegenüber nicht eingestehen, daß man polygam ist. Das ist unanständig, das tut man nicht ... (österreichischer Religionslehrer, 31 Jahre)

Es herrscht bei den Befragten die Einsicht vor, daß die Diskriminierung von Prostituierten ungerecht ist. Doch Prostituierte unterstützen würden sie — wenn überhaupt — nur im privaten Bereich. Dabei würden sie allerdings ihre Gründe nicht offenlegen, denn damit könnte ja der Verdacht erweckt werden, daß sie Freier sind.

Wenn die Sprache darauf kommt, ob man selbst Freier ist, dann ehrlich zu sein, in der Öffentlichkeit, das ist schon ziemlich hart. Oder man muß es in der Situation blockieren und sagen: Das steht jetzt nicht zur Debatte, ob ich selbst Kunde bin, aber grundsätzlich kann ich nur diesen Standpunkt vertreten. So könnte ich das auch öffentlich vertreten. (Lehrer, 36 Jahre)

Ich wäre froh, wenn ich es offensiver sagen könnte. Die Freiergruppe war eine Möglichkeit, offensiver mit der Tatsache umzugehen. Im allgemeinen rede ich darüber, wobei ich mein Verhältnis dazu klarmache; ich versuche da, wo Prostituierte aus irgendwelchen niederen Beweggründen 'runtergemacht werden, im Suff oder weiß der Teufel, dagegen zu sprechen. (Hausmeister, 40 Jahre)

Ich spreche gar nicht mit anderen drüber, ich habe gar keine Gelegenheit dazu. Aber wenn von Prostitution mal im Bekanntenkreis die Rede ist, würde ich nie abfällig darüber sprechen. (Ingenieur, 55 Jahre)

Ich habe die Frauen immer akzeptiert, sie nicht herabgestuft, wie es oft Freier machen, die doch hingehen. Ich verteidige sie, wenn man schlecht über sie redet, sage daß sie ihr Geld verdienen wie jeder andere, daß man das anerkennen sollte. Das ist für mich ein Beruf wie jeder andere. (Einzelhandelskaufmann, 31 Jahre)

Ich tue insofern etwas dafür, als ich sie selber nicht diskriminiere. Ich bin ja auch ein Teil der Gesellschaft, und ab dem Zeitpunkt, wo ich sie diskriminiere, stoße ich sie aus der Gesellschaft raus. (Sicherungsposten, 30 Jahre)

Ich hasse die Öffentlichkeit ein bißchen. Ich weiß nicht, wie ich Prostituierte unterstützen könnte. Mehr drauf achten, daß nicht schlecht geredet wird, solche Unterstützung, die mach' ich schon von Haus aus. (Kaufmann, vormals Seemann, 38 Jahre)

Passiv muß ich zugeben, daß die Prostituierten ein wichtiger Bestandteil in meinem Leben sind, es sind die einzigen Frauen, die mir permanent wohlgesonnen sind. Aktiv wüßte ich gar nicht, wie ich was machen sollte. Ich rede positiv, wenn mich einer fragt. Männer fragen ja: wie ist denn das? Frauen fragen mich so was nicht. (kaufmännischer Angestellter, 40 Jahre)

*Hallo Freier!*
Wenn Freier sich nicht als Freier verstehen, wie können wir sie dann bei Aufklärungskampagnen und Kondompropagierungen im Zusammenhang mit AIDS erreichen? Wir baten sie um Kritik und Ideen.

Vielleicht sollte man in der Werbung, die ihr macht, etwas deutlicher werden. Mal dazuschreiben, was ihr überhaupt für 'ne Organisation seid. Die meisten gukken doch nur halbäugig hin. (Fleischer, 26 Jahre)

Bei euch im Fernsehspot ist es ja unheimlich nett dargestellt, da wird die Prostituierte auf einmal die große Retterin, die ein Kondom gibt. Das ist ja wirklich sehr schön, und auch das gehört dazu in der gesamten AIDS-Kampagne ... daß man Prostituierte darstellt als Menschen, die auch geschützt werden müssen. Und ich habe in keinem anderen Werbespot gesehen, daß eine Prostituierte auftritt. (Wirtschaftswissenschaftler, 41 Jahre)

Statt Werbung im Fernsehen oder im Kino zu machen, finden manche Freier es wichtiger, daß Prostituierte die Freier persönlich ansprechen. Sie meinen, das persönliche Gespräch würde im Sinne der Freieraufklärung viel mehr bringen.

Was dazu sicherlich beitragen könnte, wäre eine Runde, wo sich im breiteren Umfang Kunden mit Prostituierten unterhalten könnten über das, was Prostituierte erwarten. So etwas findet eigentlich so gut wie gar nicht statt. (Kommuni-kationsorganisator, 40 Jahre)

Ich würde es begrüßen, wenn man mit Prostituierten außerhalb des Bettes Kontakt haben könnte, auf ganz normale Art und Weise, in Form von Kaffee trinken, Tanzen gehen, weiß ich was. Ich glaube, daß über den persönlichen Kontakt mehr läuft, weil alles andere wieder zu anonym, zu groß wird. Da ist die Angst, wenn ich dahingehe, könnten mich ja tausend andere Leute sehen. Ich bin der Meinung, die Anonymität könnte man nur dann durchbrechen, wenn die Mädchen mitmachen. (Hausmeister, 40 Jahre)

Ich kann mir vorstellen, daß bei deutschen Männern, andere kann ich schlecht beurteilen, unheimlich viel zu machen ist, wenn man ihre Mütterlichkeit anspricht, also ihren Beschützerinstinkt. (Taxifahrer, 53 Jahre)
Gleich beim Kontakt, zum Beispiel in der Bar oder

im Club, könnte man vielleicht was machen. (Azubi, 20 Jahre)

Manche Freier wünschen sich Aufklärungskampagnen mit Persönlichkeiten der Politik, der Kunst oder vom Fernsehen.

Es hat mal eine Zeit gegeben, da sind Persönlichkeiten auf die Straße gegangen und haben Kondome verteilt, das fand ich gut. (Krankenpfleger, 38 Jahre)

Andere Freier erwarten von staatlicher Seite nicht viel.

Staatliche Behörden können, um Freier anzusprechen, glaube ich, gar nichts machen. Der Staat repräsentiert unsere Gesellschaft, die so konzipiert ist, daß es Prostitution zwar gibt, daß sie aber so ist, wie sie jetzt vorhanden ist. (Fernmeldemonteur, 25 Jahre)

Können Sie sich denn vorstellen, daß im Bundestag jemand wie der Herr Kohl sitzt und sagt: Wir müssen mehr Pariser ausgeben? Wäre doch undenkbar! Wäre doch toll, wenn es mal so etwas gäbe, das wäre eine tolle Lachnummer. (Wirtschaftswissenschaftler, 41 Jahre)

Das Thema kann man doch im Bundestag bei diesen gesetzten Herren überhaupt nicht ansprechen, muß man doch auch sehen. (Wirtschaftswissenschaftler, 41 Jahre)

Einige Freier konnten uns lediglich bestätigen, daß sie als Zielgruppe schwierig zu erreichen sind.

Es ist wahrscheinlich ein sehr mühsames Unterfangen,

weil es meiner Meinung nach zwei Gruppen gibt. Die, die sich einigermaßen darüber im klaren sind, was sie machen und wie sie es machen und daß die Frauen, zu denen sie gehen, die gleiche Sorte Mensch sind wie sie selber. Und die anderen, die Probleme mit ihrer Persönlichkeit haben und die dort austoben wollen. Bei denen werdet ihr wahrscheinlich gegen die Wand reden. (Tischler, 26 Jahre)

Vielleicht Veröffentlichungen in Zeitschriften, Tageszeitungen ... Mit Sicherheit wird man die Männer nicht anschreiben können. Es ist eben ein ganz großes Problem, Leute anzusprechen, den eigenen Standpunkt klarzumachen; wenn ihr das jetzt macht, ihr werdet auch sehr viel Ablehnung ernten ... (Lehrer, 36 Jahre)

Das Problem Gesundheit ist für mich ein nachgeordnetes Problem. Es kommt hinter dem Problem der Sexualität. Und da die Frage der Sexualität nicht geklärt ist, kann auch die Gesundheitsfrage für mich nicht befriedigend geklärt werden. Das ist 'ne Augenwischerei. (Akademiker, ca. 50 Jahre)

Aufklärung in sinnvollem Maßstab und eine Entkrampfung des Wortes Sexualität, das wäre viel, viel besser. Wobei ich jetzt gut reden kann, ich wüßte aber nicht, wo man die Ansätze finden soll. (Hausmeister, 40 Jahre)

Die Männer darauf anzusprechen ist natürlich schwer ... Holzhammer ist bei den Männern oft am besten. Auf andere Art und Weise findet man seltener Zugang zu Männern. (Einzelhandelskaufmann, 31 Jahre)

*Die Hure in der Gesellschaft*
Über die rechtliche Situation von Prostituierten ist in unserer Gesellschaft wenig bekannt. Viele wissen, daß Huren rechtlich diskriminiert werden, kennen aber die Gesetze nicht, die diese Diskriminierungen bedingen und regeln.

Prostitution gilt als verwerflich und soll abgeschafft beziehungsweise erschwert werden, damit die Frauen die Lust an der Arbeit verlieren und aussteigen oder erst gar nicht auf den Gedanken kommen einzusteigen. Die Medien berichten gern in skandalträchtigen Tönen über Prostitution, aber selten über die Ungerechtigkeiten der Gesetzgebung.

Unsere Interviewpartner wußten, daß Protituierte gesellschaftlich diskriminiert werden.

> Das liegt an unserer Gesellschaft. Da setze ich die Prostituierte gleich mit dem Vorbestraften — auch für den ist der Weg zurück in die Gesellschaft fast völlig versperrt. (Chemiekaufmann, 48 Jahre)

> Die werden schlimmer diskriminiert als Ausländer, und damit ist es schon schlimm genug bei uns. (Fleischer, 26 Jahre)

> Die Prostituierte ist leider in unserer Gesellschaft eine Person zwölften Ranges oder so 'was, die kommt ziemlich weit unten. Obwohl das eigentlich nicht so sein sollte. (Kaufmann, vormals Seemann, 38 Jahre)

Haben »unsere« Freier aber auch Ahnung von der rechtlichen Situation, der Rechtlosigkeit von Prostituierten? Die Antworten zeigen, daß diesbezügliches Wissen nur begrenzt vorhanden ist.

> Ich denke mir, daß die regelmäßig zum Gesundheitsamt gehen müssen, um sich untersuchen zu lassen ... (Erzieher, 30 Jahre)

Ich weiß nur, daß es, in Berlin nicht, aber in Westdeutschland Sperrbezirke gibt und Fristen der ärztlichen Untersuchungen. Und es gibt die Diskriminierung, die in keinem Gesetz steht. Die ist ja vielleicht noch schlimmer, weil man sie nicht fassen kann. (Bibliothekar, 38 Jahre)

Das habe ich gehört auf einer eurer Pressekonferenzen, daß der Lohn nicht einklagbar ist. Das wußte ich vorher nicht. Ich bin immer davon ausgegangen, daß, wenn man eine Dienstleistung erbringt, das eine Arbeit ist und daß man die Arbeit auch bezahlt kriegt. Ich halte das für ganz normal. Daß jemand umsonst arbeitet, das habe ich noch nicht gehört. (Industrieller, 42 Jahre)

*Die Hurenbewegung*

Die meisten Freier haben von der Hurenbewegung gehört, assoziieren sie mit einer Gewerkschaft und wissen, daß das Hauptziel der Hurenpolitik die Anerkennung von Prostitution als Beruf ist.

So kann man das hier im weitesten Sinne auch als Gewerkschaft bezeichnen. (Beamter im mittleren Dienst, 44 Jahre)

Ich kenne das aus den Medien, da hört man was über den Hurenball oder ähnliche Sachen. Und daß die versuchen, sich gewerkschaftlich zu organisieren ... (Industrieller, 42 Jahre)

Ich weiß nur, daß HYDRA so ein Projekt angesetzt hat, daß Prostitution anerkannt werden soll als Beruf. Das ist ja schon lange überfällig, denn es ist absolut hirnrissig und von der Logik her überhaupt nicht einsehbar, daß Prostituierte Steuern zahlen müssen, aber andererseits das als Beruf nicht anerkannt wird. (Wirtschaftswissenschaftler, 41 Jahre)

Es geht halt in erster Linie darum, gesundheitlich gesehen, daß die Möglichkeit besteht, die Prostitution als Beruf anzuerkennen. Daß man automatisch krankenversichert ist, und Rentenversicherung, solche Sachen sind ... angesprochen worden. (Sicherungsposten, 30 Jahre)

Die Freier finden es gut, daß Prostituierte sich organisieren, um eine Verbesserung ihrer rechtlichen und gesellschaftlichen Situation zu erreichen.

Erstens ist es für die Frauen gut, weil es deren Selbstbewußtsein hebt, weil sie so eine Solidarität erfahren. Und dann ist es auch für die Freier gut, weil die Frauen etwas machen, was die Männer eigentlich in erster Linie machen müßten, die schaffen es nämlich, die Prostitution ein winziges Stück mehr in Richtung Selbstverständlichkeit und Legalität zu rücken. Ich finde es auf jeden Fall ganz hervorragend, daß es überhaupt jetzt so was gibt wie diese Prostituiertenbewegung und in allerersten Anfängen die Freierbewegung ... (Kommunikationsorganisator, 40 Jahre)

Ich finde das so wichtig, daß sich wenigstens ein paar zusammentun und in Richtung Öffentlichkeitsarbeit aufstehen und etwas sagen. Viele wissen gar nicht, was hinter den Kulissen läuft. Und so mancher, der einfach vorurteilshaft denkt, oft aus religiösen Gründen auch noch, könnte zum Umdenken bewegt werden. (österreichischer Religionslehrer, 31 Jahre)

Doch, die Prostituiertenbewegung könnte da was bewirken. Eine gut organisierte Selbsthilfegruppe kann es. Auf alle Fälle haben Sie in Deutschland schon was erreicht. (belgischer Fotograf, 72 Jahre)

*Die Freierbewegung*
Im Jahre 1985 schlossen sich in Holland Männer in einer Gruppe zusammen, um sich über ihre Freier-Sexualität auszutauschen. Käufliche Sexualität sollte nicht mehr negativ bewertet werden. Auf unserem Kongreß »Prostitution und staatliche Maßnahmen« im Dezember 1988 erklärte ein Freier der Amsterdamer »Klep-Gruppe«:

»Neugier und ein gewisses Gefühl des Unbehagens lassen die Männer zu uns kommen. Niemand in unserer Gesellschaft mit christlichem Hintergrund kann sich ganz von Schuldgefühlen losreißen, besonders, da ein Tabu auf der Lust liegt. Es tut einem wohl zu bemerken, daß man nicht der einzige ist, der mit diesem Tabu ringt. So gibt es zum Beispiel Männer, die sich immer wieder vornehmen, nicht wieder zu Prostituierten zu gehen, und die dann doch wieder gehen und so die Idee bekommen, daß sie süchtig sind. Das entsteht aus der verklemmten Weise, auf die die Prostitution als etwas Tadelnswertes angesehen wird. Wir beraten auch bisweilen einen, der gern gehen möchte, aber nicht den Mut hat. Oder einen, dem es schwerfällt, frei mit seiner Frau darüber zu sprechen. In diesem Sinne sind wir eine Selbsthilfegruppe. Wir versuchen, Männern begreiflich zu machen, daß Schuldgefühle hier nicht angebracht sind und daß der Kontakt zwischen dem Kunden und der Prostituierten in Ordnung ist, wenn da beiderseits Respekt ist. Man soll die normalen Umgangsformen erfüllen und soll sich gegenseitig an die Vereinbarung halten; es ist eine klare geschäftliche Angelegenheit.

Männer gehen zu Prostituierten, weil sie Lust haben. Sex ohne Verpflichtungen ist recht angenehm. Manche Frau beneidet die Männer darum. Daß mancher schuldbewußte Mann sich dafür schämt, ist nicht nötig und nur schade. Ich möchte jedem Mann und jeder Frau sagen: Schäme dich nicht für deine Lustgefühle, mach' dir keine Probleme mit etwas, das viele Menschen für kürzere oder längere Zeit sehr vergnüglich zusammenbringt. Sei vorsichtig und geh kein Risiko ein, denn das gehört zum Respekt und zur Verantwortung, die du vor dir selbst und einem anderen haben mußt.«

Neben dem Erfahrungsaustausch unterstützt die Gruppe Prostituierte in ihren Forderungen und beteiligt sich aktiv an der AIDS-Aufklärung und Kondom-Werbung unter Männern. Die Podiumsdiskussion »Bockscheine für Freier« zum Abschluß unseres Kongresses bewegte auch die Berliner Freier. Sie gründeten im Jahre 1989 die Gruppe »Lust und Prostitution«.

Wir wollten von unseren Interviewpartnern wissen, ob und welche Informationen sie über die Freierbewegung haben. Die meisten wußten so gut wie gar nichts darüber und konnten sich eine Teilnahme auch kaum vorstellen.

> Hab' ich noch nicht von gehört und brauche ich nicht. (Erzieher, 30 Jahre)

> Ist das eine Anti-Prostituiertenbewegung? Habe ich noch nie was von gehört. (Ingenieur, 55 Jahre)

> Ich hab' mal ansatzweise was gehört, auch mal, glaube ich, 'ne Anzeige gelesen oder so was. (Sicherungsposten, 30 Jahre)

> Mein Gedanke ist, daß ich mich nicht verstecke deswegen und daß ich sowieso ein sehr kritisches Verhältnis zu Vereinen oder größeren Zusammenschlüssen von Menschen habe. (Tischler, 26 Jahre)

> Ich glaube nicht, daß mich so was interessieren würde. Mich würde viel mehr interessieren — und da wäre ich auch bereit, aktiv mitzuarbeiten —, die Diskriminierung der Frauen, die auf diese Art und Weise ihren gesellschaftlichen Beitrag leisten, zu beenden ... (Chemiekaufmann, 48 Jahre)

> Wenn es eine Gruppe gibt, wo man sagen kann: Ich war ein Freier; dann funktioniert das; aber wenn man sagt: Ich bin ein Freier; dann gibt's Probleme in der Ehe. (Industrieller, 42 Jahre)

Ich finde es unglaublich, daß Männer das machen würden, daß heterosexuelle Männer, die vielleicht Frauen oder Freundinnen haben, öffentlich sagen würden, sie sind Freier. Was denken die Mütter? Sind sie alle tot oder was? (amerikanischer Betriebswirt, 27 Jahre)

Prinzipiell finde ich das gut. In welcher Weise unterstützen? Finanziell? Wenn ich dort anonym bleiben würde, ja. Obwohl, was nützt jemandem das, wenn ich anonym bleibe? Das ist dann wieder keine Unterstützung. (Fleischer, 26 Jahre)

Was soll ich mich mit anderen Freiern über die Gänge zu Prostituierten unterhalten? Ich finde, das ist meine private Angelegenheit. (Kaufmann, vormals Seemann, 38 Jahre)

Einige Freier sind unser Lichtblick, sie finden die Freierbewegung gut und halten eine Unterstützung für sinnvoll. Das läßt uns für die Zukunft hoffen. Vielleicht werden andere dem Beispiel dieser Männer folgen ...

Super, daß es in Berlin auch eine Freiergruppe gibt. (österreichischer Religionslehrer, 31 Jahre)

Die Freierbewegung ist die, wo sich Leute zusammenschließen, die dazu stehen, daß sie zu Prostituierten gehen. Ich glaube, daß beide Bewegungen, also HYDRA einerseits, Prostituiertenbewegung, und andererseits die Freierbewegung, sich im Grunde genommen doch ergänzen. (Wirtschaftswissenschaftler, 41 Jahre)

Seitdem haben sich immer ein paar Männer getroffen — mit einem winzigen festen Kern und einem großen Teil von Männern, die nur ein- oder zweimal da waren. Die haben über Prostitution geredet, über unsere Aktivitäten als Freier und darüber, was man machen könnte, was man machen müßte. Wir haben ein bißchen Material gesammelt und untereinander verteilt, Literatur, die das Thema angeht, unter anderem das ganze Zeug von den Holländern über die Bewegung in Holland. Aber die Resonanz ist bis jetzt noch nicht sehr groß. Wir haben uns auch überlegt, woran das liegen könnte. Einmal haben wir gedacht: Na ja, Freiergruppe; es verlangt schon sehr viel Mut, sich zum eigenen Freiersein zu bekennen, vor allen Dingen schließt es auch die Männer aus, die keine Freier sind und sich trotzdem für diese Fragen interessieren, und die gibt es ja tatsächlich. Das ist auch eine Sache, die vielleicht ein bißchen Zeit kostet, die kann man nicht übers Knie brechen. Ich habe auch keine Lust, stellvertretend für Deutschland da irgendwas aus dem Boden zu stampfen, was sich nicht halbwegs natürlich ergibt. Ich habe momentan nicht die Courage, öffentlich aufzutreten, aber das könnte sich ändern. Bei mir kommt noch hinzu, daß ich ein unglaubliches Lampenfieber habe. Ich stelle mich ungern in die Öffentlichkeit und sage: Ich bin Freier. (Kommunikationsorganisator, 40 Jahre)

*Ich bin nicht so frei ... Ich bin nicht dabei*

Als nächstes wollten wir wissen, ob die Männer sich ein Engagement in der Prostituierten- und/oder Freierbewegung vorstellen könnten. Die Freier bestätigen, was sie schon während des ganzen Interviews geantwortet hatten: Sie nutzen größtenteils gern die Dienstleistungen von Prostituierten, haben aber Bedenken, aktiv in der Öffentlichkeit als Freier aufzutreten.

Ich glaube nicht, daß ich die Männer in einer solchen Männer-Bewegung unterstützen würde. Die Prostituierten-Bewegung — jederzeit, darum bin ich ja auch hier. (Chemiekaufmann, 48 Jahre)

Ein Schritt zur Unterstützung war für die Männer die Teilnahme an unserer Befragung. Fast alle haben bei uns zum ersten Mal über ihre Erfahrung mit Prostituierten geredet, wobei sie uns gegenüber sehr offen waren.

Das Sofa in unserem »Wohnzimmer« war ein abgeschnittener Mikrokosmos. Hier konnten sie frei reden, ohne sich schämen zu müssen, sie mußten keine Schuldgefühle haben oder Repressalien befürchten, und sie mußten sich keiner Gruppensituation aussetzen.

> Das ist eine Frage des Ausmaßes und des Mutes, und es liegt auch an meiner Scheu vor Männergruppen ... (Bäcker, 25 Jahre)

> Das würde meine bürgerliche Existenz viel zu sehr gefährden. (Medizinstudent, 23 Jahre)

> Wenn die Leute mich sonst nicht kennen, würde ich mich als Freier bekennen, warum nicht. Da hätte ich weniger Angst. (Raumausstatter, 27 Jahre)

> Wenn ich zu dieser Gruppe gehen würde, auch regelmäßig, das wäre schwierig für mich, weil ich es verstecken müßte. Und es ist schwierig, ein regelmäßiges Treffen zu verstecken. (amerikanischer Betriebswirt, 27 Jahre)

> Offiziell kann ich nicht mitmachen, meine Existenz ist mir wichtiger. Die Bevölkerung verabscheut dich in dem Moment. Davor hab' ich Angst. (türkischer Taxifahrer, 34 Jahre)

> Ich verhalte mich konform wie die meisten Freier, weil ich es muß, ja, stimmt. (Hausmeister, 40 Jahre)

> Ich kann die ideell unterstützen, aber ich bin ein relativer Einzelgänger. Ich gehe nicht gern in Gruppen. Da wird sowieso nur gequatscht. (Wirtschaftswissenschaftler, 41 Jahre)

> Es ist dasselbe wie das, was mich davon abhält, offen und ehrlich zu sagen, daß ich ab und an zu Prostituierten gehe. Daß Leute spotten, Hohn, Ironie, Verarschung. (Fleischer, 26 Jahre)

*Kurz und knapp*

Freier sehen zwar die Diskriminierung von Prostituierten und wissen, warum die Frauen anschaffen gehen. Sie finden die Diskriminierung von Prostituierten ungerecht, aber die dadurch bedingte eigene Diskriminierung verdrängen sie, und sie wollen sich auch nicht damit auseinandersetzen.

Unsere Hoffnungen, daß wir die Freier zu einem breiten öffentlichen Coming-out bewegen könnten, sind damit zunächst gedämpft worden.

Wir geben aber nicht auf! Die politische Diskussion über Freiersexualität muß weiter intensiviert werden. Freier müssen häufiger angesprochen und unterstützt werden, damit sie den Mut zu politischem Engagement finden.

Hier ein kleiner Leitfaden für zukünftige Polit-Freier:

| | | |
|---|---|---|
| 1. | Erkenntnis: | Ja, ich bin's! |
| 2. | Bewußtwerdung: | Ja, ich will's! |
| 3. | Reflexion: | Ja, ich steh' dazu! Ich erzähl's meinen FreundInnen. |
| 4. | persönlicher Mut: (Coming-out) | Alle sollen's wissen! Auch meine Frau |
| 5. | politischer Kampf: | Rein in die Freiergruppe! Raus aus der Isolation! |
| 6. | Glückwunsch, du hast es geschafft! | |

14

# Freier: Liebhaber und Frauenhelden?

*Das Selbstbild des Freiers*

Welches Selbstbild haben Freier? Wie sehen sie ihre Chancen bei Frauen allgemein und ihre Qualitäten als Liebhaber, sowohl privat als auch bei Prostituierten? Was sagen unsere Interviewpartner zu ihren Chancen bei Frauen? Die meisten beurteilten ihre Chancen bei Frauen weder besonders gut noch besonders schlecht. Neben der jeweiligen Situation trägt auch die eigene Erwartungshaltung zum Erfolg oder Mißerfolg bei Frauen bei.

> Jetzt kann man nur das Falsche sagen. Ich würde sagen, normal, mittelmäßig. Mittelmäßig gut und mittelmäßig schlecht. (Fleischer, 26 Jahre)

> Die Frage ist natürlich ziemlich hinterhältig. Ich bin der Meinung, daß man selber seine Chancen schlecht objektiv einschätzen kann. Zum anderen kommt es immer auf die Situation an, ob man relativ leicht Kontakt findet oder nicht. Wenn sich ein sinnvoller Einstieg anbietet, dann habe ich eigentlich keine Probleme, mit einer Frau in Kontakt zu kommen. Nur dieser Punkt des sinnvollen oder angemessenen Einstieges ist eben in unserer Gesellschaft das entscheidende Problem. Ich gehe nicht auf Suche nach Frauen. (Tischler, 26 Jahre)

> Chancen bei Frauen? Puh, also ich weiß nicht, ich denke schon, daß ich Chancen habe, aber irgendwie sind die Frauen so cool. Ich habe keine Lust, eine Frau zu erobern, das habe ich nie gemacht. Früher habe ich mich geärgert, daß ich es nicht kann, heute sage ich mir: Nicht mit mir. Ein gewisses Entgegenkommen, okay. Sonst kann sie mir gestohlen bleiben. (Musiker, 25 Jahre)

Ich kenne ziemlich viele Frauen. Wir gehen mal ins Konzert, machen eine Kneipentour oder gehen ins Theater oder meinetwegen in die Oper oder ins Kino; oder eine singt mir was vor, weil sie eine Opernsängerinnenausbildung gemacht hat. Ich gelte als der Halbwilde, der die schlimmsten Kreuzberger Kneipen kennt ... Irgendwie wird über mich geklatscht und getratscht, und mit verschiedenen Kolleginnen hatte ich auch was. Es gibt einen Song von den »Fehlfarben«, da heißt es: Was ich haben will, das krieg ich nicht, und was ich kriege, das gefällt mir nicht. So geht es mir manchmal. Aber man kann nicht sagen: einerseits und andererseits. Manche kriege ich ja, und auf der anderen Seite gibt es viele Situationen, wo ich eine gern kriegen würde, und es klappt nicht. (Bibliothekar, 38 Jahre)

Einige der Männer haben ihrer Meinung nach gute Chancen bei Frauen, gehen jedoch mehr auf Abstand oder werden von Frauen regelrecht umschwirrt.

Ich habe einen ganz guten Ruf im Betrieb, bei den Sekretärinnen. Klar, zu ‘ner Betriebsfeier, da ergibt sich schon mal was. Ich bin nicht gerade verschüchtert oder druckse. Die wissen, glaube ich schon, daß ich ziemlich geradeaus arbeite. Großer Gott, ich kann mich retten vor Angeboten, es ist überschaubar, aber es ist auch nicht so, daß ich ausschließlich zu Prostituierten gehe. Ich glaube, ich komme ganz gut zu Rande. (Laborant, 27 Jahre)

Ich kann mich nicht beschweren. Aber ich gehe immer ein bißchen auf Abstand, das mag halt auch mein gutes Verhältnis zu Prostituierten mit sich bringen. Das bringt natürlich auch eine gewisse Faulheit mit sich. Das gebe ich ganz ehrlich zu. (Hausmeister, 40 Jahre)

Wenn ich so viel, wie ich Frauen haben könnte, Geld hätte, wär' ich schon Millionär. (türkischer Taxifahrer, 34 Jahre)

Nur wenige Männer sagten, sie hätten schlechte Chancen bei Frauen.

Ich war öfter verliebt, aber immer ohne irgendwelches Glück. Ich bin nicht ein Mann, der sehr viel Erfolg hat bei den Frauen. Wäre ich ein Schauspieler gewesen, vielleicht wäre ich nie im Bordell gewesen, da hätte ich vielleicht die schönsten Frauen von der Bühne nehmen können. Ich meine, die haben es leicht, die Berühmten ... Wer sich für Psychologie interessiert, der kommt der Frau zu nüchtern vor. Das müßte eine Frau sein, die sich genauso dafür interessiert. Aber einer normalen Frau darf man nicht zuviel von seinen Abenteuern, von seinen Erfahrungen erzählen. Das wußte ich damals nicht. Ich hörte es gern, wenn die Frau mir erzählte, was sie im Leben so gemacht hatte. Mit einer Frau, die eine fremde Sprache sprach und mit der ich mich nicht unterhalten konnte, hatte ich Chancen. Zu der Zeit, als ich noch keine schiefe Nase hatte, vor dem Automobilunfall, als ich jung war, da war ich ein hübscher Mann. Ich habe es akzeptiert. Meine Chancen gingen zugrunde durch mein Gespräch. Das ist immer noch so. Merkwürdigerweise, die Frau, mit der ich mich am wenigsten kompromittiere, das ist die Hure. Denn mit der kann ich mich unterhalten. (belgischer Fotograf, 72 Jahre)

Weil ich bei keiner richtig hingekommen bin. Ist ja auf der anderen Seite logisch, wenn man sich befreundet oder anfängt zu befreunden: Was machst du denn? Ach, Pfarrer, wolltest du Pfarrer werden? Logisch, daß da keine anbeißen kann. Das hängt auch mit dem

> Zölibat zusammen ... (österreichischer Religionslehrer, 31 Jahre)

Ein Interviewpartner mußte den Kontakt zu sogenannten »normalen« Frauen erst erlernen.

> Wichtig ist auch, 'ne Frau aufzureißen, den Kontakt zu machen. Ich hatte unheimliche Schwierigkeiten am Anfang. Jetzt will ich nicht untertreiben, ich will aber auch nicht übertreiben, aber vielleicht die ersten dreißig Frauen waren bei mir nur Prostituierte. Ich hatte nie ein Kontaktgespräch, brauchte kein Kontaktgespräch; außerdem sprach ich die Sprachen nicht. Aber als ich dann nach Deutschland kam, hatte ich Probleme mit Frauen, ich wollte gern bumsen, aber ich konnte nicht sprechen. Ich wußte nicht, was man sagt, wie man mit normalen Frauen ... Aber das hat sich geändert. (Kaufmann, vormals Seemann, 38 Jahre)

Und wie beurteilten die Männer ihre Qualitäten als Liebhaber? Die meisten Interviewpartner waren von ihren Qualitäten überzeugt und schätzten sich demzufolge als guten bis sehr guten Liebhaber ein. Einige von ihnen verfügen scheinbar über supermanartige Fähigkeiten.

> Ich bin ein guter Liebhaber. (amerikanischer Betriebswirt, 27 Jahre)

> Wenn ich es nicht zu oft mache, gut, sehr gut sogar. Wenn die Befriedigung der Frau mit dem Körper, mit dem Glied läuft, schaff ich es sicher auch, aber bei mir läuft eben vieles nicht über Kraft, sondern mehr über Zärtlichkeit ab. Das führte sogar soweit, daß zwei Prostituierte, die ich mal kennengelernt hatte, mit denen ich länger zusammen war, jedenfalls eine davon sagte, sie versteht, gar nicht, daß meine Frau so ein Juwel

nicht zu würdigen weiß. Ich kann die Worte nicht wiederholen, aber in dieser Art etwa. (Ingenieur, 55 Jahre)

Ich habe, ehrlich gesagt, wenig Vergleichsmöglichkeiten. Meine Freundin, das weiß ich, ist mit mir ziemlich zufrieden. Sie sagt, sie ist sehr zufrieden, sie möchte aber trotzdem mehr mit Robert Redford ins Bett gehen. Oder mit Mickey Rourke. Da ich Mickey Rourke nicht ausstechen kann, würde ich sagen, gut, sonst würde ich sagen eins plus. Bei Prostituierten plus. Einfach deshalb, weil ich mich jeden Tag wasche, relativ jung bin und relativ unkompliziert. Ich glaube, ich bin ein relativ beliebter Kunde, ich motz' da nicht. Ich kann mir vorstellen, daß es sehr viele schwierigere Leute gibt als mich. (Medizinstudent, 23 Jahre)

Als ich im besten Alter war, hatte ich immer etwas Schwierigkeiten, zum Orgasmus zu kommen, also hatte ich Ausdauer. Ich kann mich erinnern, daß ich drei Stunden lang Liebe gemacht habe mit einer Frau, die bekam zwölf Orgasmen und ich einen. Mit meiner Ehefrau, am Tage, wo ich sie um ihre Hand gebeten hatte, haben wir achtzehn Stunden im Bett verbracht, und sie hat dreißig Orgasmen bekommen, ich zwei. Und danach hat sie vierundzwanzig Stunden lang geschlafen. (belgischer Fotograf, 72 Jahre)

Egal, mit welche Frau ich im Bett war, auch wenn Schluß ist, die schwärmt immer von mir. Ich will mich nicht selbst loben, aber kannst du gern Freunde fragen. Ich bin nie ein Ich-Mensch, ich versuch' erst mal, meinen Partner zu befriedigen. Auch bei den Prostituierten merk ich, ob sie möchten oder nicht. Wenn ich merke, daß sie es auch gern hat, dann versuche ich, daß es ihr auch gfällt. Aber wenn ich merke, sie ist froh, wenn ich weg bin und ihre Zeit um ist oder meine Befriedigung da ist, sag ich: Gut, meine Befriedi-

> gung hab' ich, dann verzieh ich mich. (türkischer Taxifahrer, 34 Jahre)

> Das ist kein Quatsch, ich halte mich für einen absoluten Supermann. Ist blöd, was? Ich habe jahrelang dafür trainiert; ich kann nicht viel, aber das kann ich, wirklich. Ist kein Machotrip oder so, ein Ego oder so, man unterhält sich mit Normalen, also mit den Abgeschleppten. Nicht die blöde Frage: Wie war ich? Aber man will Kritiken hören. Und man kriegt gute Kritiken, und ich finde doch, ich kann's. Man merkt es ja auch an der Reaktion. Ich hab' ein paar Haare auf der Brust; wenn sie anfangen, mit denen 'rumzuspielen, das war wohl denn ein gutes Zeichen. Daß ich ein guter Liebhaber bin, hat mir eine Prostituierte noch nicht gesagt, aber man merkt's. Wenn da natürliche Reaktionen eintreten. (Laborant, 27 Jahre)

Demgegenüber äußerten sich andere Männer zurückhaltender über ihre Liebhaberqualitäten. Sei es, daß sie meinten, es selbst nicht richtig beurteilen zu können, sei es, daß sie zugaben, daß ihre Leistungen situationsbedingt mal besser oder schlechter sind.

> Da solltest du meine Frau fragen. Sie ist damit seit zehn Jahren zufrieden. (Industrieller, 42 Jahre)

> Über Prostituierte braucht man dabei nicht zu reden, da sind diese Qualitäten ja sowieso nicht gefragt. Und im Privaten kann ich auch nicht mehr sagen, als daß wir bislang ganz gut zurecht gekommen sind. Und dann hängt es auch davon nicht ausschließlich ab. Irgendwelche vergleichenden Diskussionen habe ich nie geführt. Es ist schwer, das 'rauszukriegen. (Bäcker, 25 Jahre)

> Wahrscheinlich glauben die weitaus meisten Männer, daß sie ganz tolle Hechte oder Lover sind. Aber ich

glaube, daß ich nicht schlecht bin. Ich habe auch einige Frauen, die ich nicht bezahlt habe, und die eigentlich ziemlich schwach waren. Ich habe da Vergleichsmöglichkeiten, und das war so: Du machst das so gut. Aber daß die so verklemmt oder gehemmt waren, fand ich eigentlich gar nicht gut. Ich will nicht sagen, daß ich top bin, aber ich bin auch nicht schlecht. Ich bin wahrscheinlich über dem Mittelfeld. (Bibliothekar, 38 Jahre)

Das ist sehr schwierig. Das ist unterschiedlich, situationsbedingt. Es gibt sicherlich Situationen, wo ich Frauen sehr beglückt habe, und es gibt sicherlich Situationen, wo Frauen mich mehr beglückt haben und ich für die Frauen eine absolute Pleite war. Aber das kann man doch nicht so pauschal über einen Kamm scheren. Das kommt auch darauf an, was sich im Kopf abspielt. Das braucht ja gar nicht viel zu sein; man hat etwas gemacht oder ist in eine ganz bestimmte Situation geraten, und plötzlich ist man der größte Liebhaber. (Wirtschaftswissenschaftler, 41 Jahre)

Ich glaube, ich bin leider nur durchschnittlich momentan, was damit zusammenhängt, daß ich oftmals einfach so ein Programm im Kopf habe, von dem ich denke, das müßte ich jetzt machen, damit ich gut bin. Ich versetze mich ganz oft einfach in die Frau hinein. Der umgekehrte Fall ist natürlich auch Käse, aber ich denke oft: Mensch, was erwartet die Frau, oder wie muß ich's bringen, damit ich ganz toll bin? Das ist oft nicht gut für mich, denn im Grunde genommen spürt das die Frau, daß ich da irgendwie wieder Akrobatik mache oder eine Show und nicht so richtig so eins bin mit mir selber. Das kommt häufiger vor, und die Frauen sagen dann auch mal: Mensch, achte doch auch auf dich selber! Ich achte auf mich und du achtest auf dich. Das wird dann schon was. (Kommunikationsorganisator, 40 Jahre)

Nur wenige Männer hatten von sich als Liebhaber eine schlechte Einschätzung. Sie haben bestimmte Vorstellungen, wie man(n) als guter Liebhaber zu sein hat, denen sie nicht zu entsprechen glauben.

> Mies, ganz mies, weil für mich, wenn ich 'ne Frau habe, sie ein bißchen dominant sein sollte. Daraus folgt logischerweise, daß ich ihr Liebhaber gar nicht sein kann. Ist ganz normal. Der Liebhaber muß ja die hauptaktive Rolle spielen, so seh ich das jedenfalls. Ich laß mich aber gern belehren. Ich geb' mir große Mühe. Das sieht man vielleicht beim ersten Mal nicht so, aber es ist so. So'n Liebhaber bin ich nicht, einer der sämtliche Register ziehen kann und jede Frau 'rumkriegt. Aber ich geh' sehr gut auf die Frau ein, das ist für mich das ein und alles, was ich machen kann. (Polizeibeamter, 41 Jahre)

> Es gibt ja immer die zwei Möglichkeiten, wenn du dir vornimmst, 'ne Frau zu verwöhnen: Entweder ist es echt, oder es ist nicht echt. Du kannst es auch ignorieren, du kannst sagen: Ich habe jetzt meinen Spaß, ich mach' mir an ihr zu schaffen. Und sie spielt mir was vor, und dann kann ich sagen: Ich mach' mir keine Gedanken. Manchmal ist man in so einer Scheißegal-Stimmung. Aber manchmal ist es wirklich tierisch, da wird dir der Hals steif, und die kommt immer noch nicht. Und da sagst du dir: Nun wird es langsam Zeit. Oder du läßt es halt sein. Ich mach' mir da keine Gedanken. Ich möchte aber verwöhnt werden, wie auch immer. Sei es auch manchmal bloß seelisch oder zärtlich. Und andererseits ist für mich ganz klar: Das ist kein Stück, das ist nicht ein Hund, den ich da tätschel, der da schön artig sitzt und treu zu Herrchen aufschaut. Ich glaube, das steckt bei manchen Frauen ganz schön drin, die sich ziemlich mies vorkommen. Aber ich bin in

> keiner Weise der bessere Teil. Ich bin das Gegenstück dazu. (kaufmännischer Angestellter, 40 Jahre)

Es zeigt sich, daß »unsere« Freier durchaus vielfältige Kontakte zu »soliden« Frauen haben und sich auch zutrauen, eine Frau zu befriedigen. Den chancenlosen, sexuell minderbemittelten Freier, wie er durch die Vorstellung so mancher Leute geistert, haben wir nicht gefunden.

15

# Was Lehrt Uns Das?

Mit dieser Studie wollten wir beweisen, daß Freier nicht zu einer kleinen randständigen Gruppe von intellektuell minderbemittelten, sexuell verklemmten, krankhaften Männern gehören, sondern Männer sind wie andere auch.

Doch es ging uns nicht allein darum, mit dem Mythos des Freiers aufzuräumen und der Öffentlichkeit glaubhaft darzustellen, daß jeder Mann ein potentieller Freier ist — denn das haben wir schon immer gewußt —, sondern wir wollten auch für uns mehr über das Verhältnis der Freier zu Prostituierten erfahren und herausfinden, ob wir sie als potentielle Bündnispartner gegen die Diskriminierung von Prostituierten und zur Unterstützung unseres politischen Zieles, der Anerkennung der Prostitution als Beruf, gewinnen könnten.

Die Ergebnisse unserer Studie zeigen, daß die Chancen dafür nicht schlecht stehen. Neben dem Wunsch, über das Freiersein und die Sexualität mit Prostituierten zu sprechen, nannte ein Großteil der Männer, die sich auf unsere Annoncen hin meldeten, als Motivation für die Teilnahme an unserer Studie ein Interesse an HYDRAs Arbeit und daran, sich gegen die Diskriminierung von Prostituierten einzusetzen und etwas gegen die Doppelmoral in dieser Gesellschaft zu tun.

Unsere Interviewpartner waren zwischen 19 und 72 Jahre alt. Ein Drittel war bis 30 Jahre alt, ein Drittel zwischen 31 und 40 Jahre, und ein Drittel war älter als 40 Jahre. Somit boten »unsere« Männer einen repräsentativen Altersdurchschnitt der geschlechtsaktiven männlichen Bevölkerung. Bei ihrem ersten Kontakt zu Prostituierten waren zwei Drittel der Freier 15 bis 21 Jahre alt, und für die meisten Männer war der Erstkontakt mit einer Prostituierten gleichzeitig der erste sexuelle Kontakt zu einer Frau überhaupt. Dieses Ergebnis war für uns um so erstaunlicher, als ein Großteil dieser Erstkontakte ab Mitte der 60er Jahre stattfand, also im Zeitalter der beginnenden sexuellen Freizügigkeiten beziehungsweise der sogenannten sexuellen Revolution. Daraus läßt sich schließen, daß Männer die Dienstleistungen von Prostituierten unabhängig von der Verfügbarkeit »solider« Frauen in Anspruch nehmen.

Knapp zwei Drittel der Interviewpartner bewerteten ihr erstes Erlebnis mit einer Prostituierten als positiv. Entscheidend für diese Bewertung war nicht nur die Erfüllung vorhandener Erwartungen, sondern die gesamte Situation; die Atmosphäre und das Erlebnis der »Mannwerdung« spielten dabei eine wichtige Rolle. Gut ein Drittel der Interviewpartner störte beim Erstkontakt das Geschäftliche an der Prostitution, und sie empfanden die Atmosphäre als unpersönlich.

Nur 17 unserer Interviewpartner konnten sich erinnern, beim Erstkontakt ein Kondom benutzt zu haben. Bei den Erstkontakten (8), die ab 1985 stattfanden, wurden jedoch durchgängig Kondome benutzt — angesichts von AIDS ein ermutigendes Ergebnis.

Positive beziehungsweise negative Eindrücke vom Erstkontakt führten nicht automatisch dazu, daß später entsprechend häufiger beziehungsweise seltener Prostituierte besucht wurden. Auch ist das Vorhandensein oder das Fehlen einer Partnerschaft kein entscheidendes Kriterium. Immerhin lebte die Hälfte unserer Interviewpartner zum Zeitpunkt der Befragung in einer festen Beziehung. Der weitere Kontakt zur Prostituierten ist vielmehr von diversen Faktoren abhängig. Dazu gehören die finanzielle Situation, die Bereitschaft der Partnerin zu sexueller Offenheit, beziehungsstreß, Trennungssituationen, der Wunsch nach Abwechslung oder speziellen sexuellen Dienstleistungen oder auch die Faszination am Prostituiertenmilieu.

Das Sexualverhalten der Freier entspricht im großen und ganzen dem der durchschnittlichen männlichen Bevölkerung. Außergewöhnliche Sexualpraktiken lernten wir nicht kennen. Auffällig war, daß gängige Praktiken wie zum Beispiel »französisch« in privaten Beziehungen mancher Freier tabuisiert sind. An der Sprachlosigkeit in der Beziehung scheinen beide Partner beteiligt zu sein, und die Männer lösen dieses Dilemma für sich damit, daß sie zu Prostituierten gehen.

Ein kleiner Teil (zirka ein Viertel) unserer Interviewpartner hatte ein recht ambivalentes Verhältnis zur Prostitution. Für sie standen dabei Lust und Sucht, Freude und Notstand dicht nebeneinander — Gefühle allerdings, mit deren Widersprüchlichkeit sie zu leben gelernt hatten.

Die Mehrheit unserer Interviewpartner hatte ein eher positives Verhältnis zur Prostitution. Neben dem sexuellen befriedigen sie hier eine Reihe anderer Bedürfnisse, insbesondere das nach Zärtlichkeit, Nähe, Streicheln/Kuscheln, das nach Unterhaltung und nach Muße. Allerdings können sie diese Bedürfnisse im Gegensatz zu den Wünschen nach speziellen Sexualpraktiken (insbesondere im dominanten Bereich) bei Prostituierten nicht artikulieren. Sie hoffen stillschweigend auf deren Erfüllung.

Das mag daran liegen, daß diese »anderen« Bedürfnisse tatsächlich einen nachrangigen Stellenwert für die Männer haben, wenn sie zu Prostituierten gehen. Auf die konkrete Frage hin gaben 29 Interviewpartner an, daß sie Prostituierte vor allem wegen ihrer sexuellen Dienstleistung aufsuchen. Als Vorteile beim Sex mit Prostituierten wurden vor allem der fehlende Leistungsdruck, die Abwechslung, die Möglichkeit, eine passive Rolle einzunehmen, und der schnelle, unkomplizierte Sex ohne Verpflichtungen genannt.

Werden neben dieser sexuellen Dienstleistung zusätzlich andere Bedürfnisse (nach Nähe, Zärtlichkeit, Muße und Unterhaltung) befriedigt, so verschönert das gegebenenfalls das Erlebnis, aber tatsächlich ist die Befriedigung dieser Bedürfnisse von geringerer Bedeutung. Das zeigte sich sehr deutlich an den Antworten auf die Frage, ob die Freier das Gespräch mit Prostituierten suchen. Nur 2 Männer äußerten, sie suchten das Gespräch zu Prostituierten im Sinne eines Gedankenaustausches, sie wollten dabei mehr über die Frau erfahren.

Die meisten Männer verstanden unter Unterhaltung »sich unterhalten lassen«, weil das Erlebnis dadurch verschönert wird, weniger unpersönlich ist und Nähe zumindest suggeriert. Ein kleiner Teil der Männer hatte allerdings auch an einer nur oberflächlichen Unterhaltung wenig oder gar kein Interesse. Da scheint es folgerichtig, daß diese Männer auch die meisten Probleme haben, ein positives Verhältnis zu Prostituierten zu entwickeln.

Die meisten unserer Interviewpartner dagegen sagten, sie hätten ein positives Verhältnis zu Prostituierten, wobei sie ihren Respekt vor Prostituierten teilweise von der Qualität der gebotenen

Dienstleistungen abhängig machen. Das bestätigt, daß Freier die Prostitution als ein Dienstleistungsgewerbe wie jedes andere in Anspruch nehmen. In der Regel suchen sie keine besondere private Beziehung zu den Frauen. Andererseits konnte sich der größte Teil unserer Interviewpartner aber auch vorstellen, eine private Beziehung mit einer Prostituierten einzugehen, wobei allerdings fast alle mit negativen Konsequenzen für sich oder die Prostituierte rechneten, falls im Verwandten- oder Freundeskreis bekannt würde, daß sie mit einer Prostituierten liiert sind. Sie sind sich also der Stigmatisierung von Prostituierten bewußt.

Einerseits meinten unsere Interviewpartner überwiegend, daß Prostituierte eine Dienstleistung anbieten wie andere Dienstleistungsanbieter auch und dementsprechend als potentielle Partnerin für Privatbeziehungen ebenso in Betracht kommen, andererseits war gut die Hälfte der Interviewpartner der Ansicht, Prostituierte seien anders als andere Frauen. Als positive Eigenschaften nannten sie die große Lebenserfahrung der Frauen, ihre Menschenkenntnis, ihre Tabulosigkeit, Unverklemmtheit und Reife; als negative Eigenschaften erwähnten sie Geldgier, Liebesunfähigkeit (wegen der vielen Männer) und eine abgekapselte Lebensführung im Prostituiertenmilieu.

Am Beispiel der Clubbesitzer und Zuhälter zeigte sich, daß zwei Drittel unserer Interviewpartner keine konkreten Kenntnisse über das Milieu hatten. Das Bild, das die Männer davon haben, ist durch die Medien und die dort verbreiteten Vorurteile geprägt; Zuhälter und Clubbesitzer werden in einen Topf geworfen, und es wird kaum differenziert zwischen Arbeitgeber und Ausbeuter, Freund und Mißhandler. Unsere Interviewpartner konnten sich von ihren vorgefaßten Meinungen nur bedingt lösen. Durch persönliche Kontakte haben einige jedoch erfahren, daß das Geschäft weniger mit »sex and crime« zu tun hat, als allgemein angenommen wird.

Daß die Mehrheit der Bevölkerung angeblich nichts über Freier weiß oder keine kennt, liegt nicht allein an den Freiern. Unsere Studie zeigte, daß bei den Freiern ein großes Bedürfnis vorhanden war, darüber zu sprechen. Offensichtlich ist es eher die Einschätzung der Freier, keiner wollte wirklich hören oder wissen, daß sie Freier sind, die sie daran hindert, darüber zu sprechen.

Mit ihren Partnerinnen reden viele Männer nicht darüber, weil sie große Konflikte, Unverständnis und möglicherweise eine Trennung befürchten oder weil sie die Reaktionen der Partnerin nicht einschätzen können. Nur sehr wenige Männer sprechen offen mit ihren Partnerinnen und berichten von deren Verständnis und Toleranz. Die anderen Männer machen Andeutungen, sprechen von einmaligen oder früheren Prostituiertenkontakten und reden nur gezwungenermaßen, zum Beispiel beim Auftreten einer Geschlechtskrankheit, offen darüber. Gegenüber anderen Menschen ist die Hemmschwelle, über das Freiersein zu reden, geringer. Allerdings wählen die Männer ihre Gesprächspartner gezielt aus, um mögliche negative Konsequenzen zu vermeiden. Deshalb reden sie auch eher mit Freunden als mit Kollegen darüber. Auffällig war jedenfalls, daß Freier offensichtlich doch mit relativ vielen Menschen über das Freiersein sprechen, wenn auch manchmal nur in Andeutungen und die Reaktion abwartend. Wir müssen also sagen, daß es sich bei vielen Menschen, die wir durch unsere Arbeit kennenlernen und die angeblich keine Freier kennen, offensichtlich um Co-Freier handelt, die die Tabuverletzung ihrer Freunde und Bekannten vertuschen helfen.

Ebenso wie Sexualität ist Geld ein Thema, über das nicht offen geredet wird. Trotz intensiver Nachfragen erhielten wir von unseren Interviewpartnern nur wenige detaillierte Angaben zu ihren Ausgaben für die Prostitution. Einige Freier äußerten, ihre Ausgaben für die Dienstleistungen von Prostituierten stünden in keinem Verhältnis zu ihrem Einkommen. Die von den Frauen geforderten Preise zahlen sie in der Regel, ohne sie zu beanstanden. Daß die Preise in der Prostitution in den letzten Jahren konstant geblieben oder zum Teil sogar gefallen sind, veranlaßt sie allerdings nicht zu besonderen Großzügigkeiten. Doch es kommt für sie auch nicht in Frage, die Frauen um ihren Lohn zu prellen.

Unsere Interviewpartner waren weder gesundheitsbewußter noch nachlässiger als der Durchschnitt der Bevölkerung. Um ihre Gesundheit zu erhalten, treiben einige Sport, andere schränken Genußmittel ein und achten auf gesunde Ernährung. Einige gehen regelmäßig zum Arzt oder Zahnarzt. Manche tun gar nichts, und manche machen einen »AIDS-Test«.

Ein Drittel der Interviewpartner war der Meinung, bei einer Prostituierten sei die Gefahr, sich mit Geschlechtskrankheiten oder HIV/AIDS zu infizieren größer, weil die Prostituierten häufig wechselnden Geschlechtsverkehr haben, drogenabhängig sind oder wegen des Geldes auch Geschlechtsverkehr ohne Kondom anbieten. Der größte Teil unserer Interviewpartner war jedoch der Meinung, daß Prostituierte kein Infektionsrisiko oder gar ein geringeres darstellen, da sie professionell arbeiten und mit Kondomen umzugehen, also sich und andere zu schützen wissen.

Für viele Interviewpartner ist das Kondom durchaus ein Thema; Ratschläge und Tips über Sorten, Arten und Verwendung werden ausgetauscht. AIDS als Thema scheint dagegen in den Hintergrund geraten zu sein. Für viele Männer war es etwas Abstraktes, etwas, das letztendlich nichts mit ihnen zu tun hat. Immerhin ein Drittel unserer Interviewpartner verdrängte dieses Thema sogar vollständig. Hier zeigte sich deutlich, daß noch viel Aufklärung nötig ist, um diesbezüglich ein größeres Problembewußtsein zu erzeugen und Tabus auszuräumen. Männer tauschen sich nach ihren Angaben zwar über Kondome aus, aber mit der Benutzung haben sie doch immer noch Probleme.

Unsere Studie zeigt, daß es Usus ist, im Prostitutionsgeschäft Kondome zu benutzen. Die Freier haben hier relativ wenig Schwierigkeiten, ein Kondom zu verwenden beziehungsweise sich überstreifen zu lassen. Doch wenn es sich um ihren privaten Intimbereich handelt, haben Männer offensichtlich wesentlich größere Probleme mit der Kondombenutzung. Bei Prostituierten gehört das Kondom zum Geschäft, zur Abmachung. Doch in einer privaten sexuellen Beziehung würden selbst Männer, die bei Prostituierten widerstandslos das Gummi benutzen, lieber das Bett verlassen als ein Kondom zu gebrauchen.

Woher soll die Bereitschaft der Männer, aktiv zur Verhütung sexuell übertragbarer Krankheiten beizutragen, auch kommen? Frauen galten schon immer als zuständig für die Verhütung von Schwangerschaften, und im Prostitutionsgeschäft wurden allein die Huren von den Gesundheitsämtern als überwachungsbedürftig betrachtet und für die sogenannte »Volksgesundheit« verantwortlich gemacht.

Unsere Interviewpartner wußten so gut wie gar nichts über das Gesetz zur Bekämpfung der Geschlechtskrankheiten und noch weniger über den bayerischen AIDS-Maßnahmenkatalog oder die Bochumer Kondomverordnung. Wir mußten ihnen sehr viele Informationen darüber geben, wobei wir natürlich unsere Meinung, daß wir diese Gesetze und Verordnungen für eine einseitige Diskriminierung von Prostituierten halten, offen zum Ausdruck brachten. Doch unsere Empörung darüber beeindruckte den Großteil der Interviewpartner überhaupt nicht. Im Gegenteil, sie befürworteten die Untersuchungspflicht für Prostituierte.

Offensichtlich hatten viele Männer Angst, sich trotz Kondom zu infizieren, und nach dem Motto »Doppelt hält besser« oder »Sicher ist sicher« begrüßten sie die einseitige Untersuchungspflicht von Prostituierten, auch wenn sie teilweise einsahen, daß diese Gesetze sowohl diskriminierend als auch wenig effektiv sind. Die Pflichten der Prostituierten sind heute immer noch die Freiheiten der Freier. Offensichtlich sind die Grundrechte der Männer in Deutschland folgende: Kein Kondom und 180 Stundenkilometer auf der Autobahn.

Nur wenige von unseren Interviewpartnern hatten ein politisches Selbstverständnis von sich als Freier. Die meisten von ihnen glaubten zwar nicht an die gängigen Klischeevorstellungen von Prostituierten, sondern betrachteten Prostitution als Arbeit. Aber daß die Diskriminierung von Prostituierten auch die Diskriminierung von Freiern zur Folge hat, verdrängten die meisten von ihnen. Genauso wie Prostituierte führen Freier ein Doppelleben, das ihnen zwar nicht behagt, an dem sie aber auch nichts zu verändern suchen. Sie fürchten sich vor Diskriminierungen oder Konsequenzen in der Partnerschaft oder haben überhaupt Angst, sich mit anderen über das Tabuthema Prostitution auseinanderzusetzen. Wenn überhaupt, würden sie Prostituierte nur im privaten Bereich unterstützen, nicht aber öffentlich.

Die Freier finden es gut, daß die Huren sich organisieren, aber sie haben große Bedenken, selbst aktiv in der Öffentlichkeit als Freier aufzutreten. Unsere Hoffnungen, daß wir die Freier durch diese Studie zu einem öffentlichen Coming-out bewegen könnten, wurden durch die Aussagen unserer Interviewpartner zumindest gedämpft.

Vielleicht können wir die Freier als politische Partner der Hurenbewegung mobilisieren, wenn wir es schaffen, etwas an den in der Öffentlichkeit gängigen Klischeevorstellungen über Freier zu verändern, und wir hoffen, daß diese Studie dazu beiträgt.

Zu diesen gängigen Klischeevorstellungen gehört unter anderem die Annahme, Freier seien alte, häßliche, perverse Männer, die sonst keine Chance haben, eine Frau abzubekommen. Diese Annahme ließ sich weder durch die Ergebnisse unserer Studie noch durch die Selbsteinschätzung »unserer« Freier bestätigen. Sie haben durchaus viele Kontakte zu »soliden« Frauen und sind sich sicher, eine Frau befriedigen zu können. Den chancenlosen, sexuell minderbemittelten Freier haben wir nicht gefunden.

16

# Der »Mehrheitsfreier«

Nachdem wir unsere Interviewpartner sozusagen in ihre Einzelteile beziehungsweise Einzelaussagen zerlegt haben, wollen wir sie abschließend wieder zusammenfügen und im ganzen zu Wort kommen lassen. Und da keiner bevorzugt oder benachteiligt werden soll, hat die Mehrheit das Wort. Alles folgende wurde tatsächlich gesagt, nur nicht von einem einzelnen Interviewpartner, sondern von mehreren. Viele Aussagen und Meinungen werden bekannt sein, sie sind an anderen Stellen des Buches den entsprechenden Auswertungskriterien zugeordnet.

Hier nun verlassen wir das wissenschaftliche Terrain und stellen ein fiktives Interview zusammen. Auswahlkriterium für die folgenden Aussagen bildete die in den vorangegangenen Kapiteln mehrheitlich vertretene Auffassung. Manche andere prägnante Aussagen fehlen daher hier.

Das erste Mal bei einer Prostituierten war mein erster sexueller Kontakt überhaupt. Ich hatte damals überhaupt keine Erfahrung mit Frauen, und diese Frau hat mir praktisch meine ersten sexuellen Erfahrungen vermittelt. Das war gut, und ich habe mich eigentlich wohl gefühlt, trotz meiner Aufregung und so. Da war sehr viel Zeit, und die Frau war auch unheimlich nett. Die hat mir abgenommen, daß es was ganz Neues für mich ist. Ja, ich hatte auch einen Orgasmus. Das hat schon meinen Erwartungen ungefähr entsprochen. Es war natürlich entkleidet aller Zeremonien, aber das hatte ich mir auch so gedacht. War eigentlich fast noch mehr Drumrum, als ich erwartet hatte. Ich habe einen Kaffee angeboten gekriegt und so, auch ein kleines Stück Gebäck. Na ja, sie hat die Kondome dabeigehabt, ich glaube, das war für sie auch keine Frage, natürlich nur mit Kondom. Eigentlich fand ich das nicht gut, aber ich mußte mich damit abfinden.

Der Anlaß ist eben der, daß sie mir das gibt, was meine Frau mir nicht geben will, französisch einfach. Also diese spezielle Technik, da kann sich meine Frau einfach nicht überwinden.

Nein, regelmäßig kann man das vielleicht nicht nennen. Und mit anderen Frauen, das war mir alles zu nervig und zu anstrengend. Da gibt es immer erst dieses Kennenlernen, diese ganzen Beziehungskisten, und man gibt sich in Abhängigkeiten 'rein, man kann nicht Schluß machen, wenn es nicht das Richtige ist, und das zieht sich alles so. Außerdem habe ich ein Faible für dieses ganze Milieu entwickelt, ich mochte die Frauen einfach. Ich mochte die mehr als die dummen Disco-Mädchen. Die waren mir irgendwo sympathischer, hatten viel mehr Lebenserfahrung, waren viel interessanter, viel spannender. Und irgendwann habe ich mal das Gefühl, daß ich sehr viel gebe, auch beruflich, und wenig zurückkommt. Dann sage ich: So, es ist soweit, heute willst du mal der totale Egomane sein. Und dann denke ich mir, wenn ich eine Prostituierte nehme, kann ich egoistisch sein.

Was ich erwarte? Befriedigung, sexuelle sowie auch körperliche Befriedigung; das heißt, ich verbinde das Sexuelle auch sehr mit dem Seelischen. Obwohl das nicht immer in Einklang zu bringen ist. Manchmal fühlt man sich dann auch schlechter als vorher, je nachdem, was sie gebracht hat und wie sie war, das kommt auf die Frau an. Manchmal hat man das Gefühl, sie macht eben nur Geschäft, schnell, schnell, fertig, aus, abspritzen und fertig. Es gibt aber auch andere, die lassen sich ein bißchen mehr Zeit. Ich glaube, von allem ein bißchen. Schmusen, einfach zärtlich zusammen liegen, auch ein bißchen mit dem Partner reden können. Das ist das, was für mich auch bei einer Prostituierten wichtig ist. Da laß ich auch gern mal ein paar Mark mehr springen, wenn sie ein bißchen Zeit hat.

Es geht einfacher und schneller und unkomplizierter, wenn man zu 'ner Prostituierten geht. Außerdem ist es geiler, weil man die Frau nicht kennt und sie zum ersten Mal sieht. Da ist es die Attraktion. Man kann neue Brüste sehen, die man noch nie gesehen hat, und Beine und alles mögliche. Die Prostituierte gibt mir den Quickie, ohne Anlaufzeit, ohne Kontaktgespräch, aus dem Stegreif, aus dem Stand, aus der Hüfte.

Das andere war, daß ich in einer Beziehung das Gefühl hatte, sexuell immer präsent sein zu müssen. Und das ist etwas, was ich bei Prostituierten nicht brauche. Da habe ich das Gefühl, sie nehmen mich in dem Zustand, in dem ich bin.

Normaler Verkehr und Blasen, mehr passiert nicht. Ich bin ein Mensch, der ganz normal Sex haben will, weder irgendwelche Perversitäten noch irgendwelche Sonderwünsche. Ich mache ganz normalen Sex ...

Der Unterschied? In privaten Beziehungen spielt meines Erachtens der Körperkontakt eine sehr, sehr große Rolle, bei mir jedenfalls. Das Kuscheln, das Streicheln, das Liebkosen und Ähnliches, das spielt eine wesentliche Rolle. Der Geschlechtsverkehr natürlich auch, aber gerade das Vorspiel und das Nachspiel, dieses Zusammensein, dieses reine körperliche Geborgenheitsgefühl, das spielt im privaten Bereich doch eine größere Rolle als in dem anderen.

Ich bin häufiger von Frauen, die ich in einer Bar oder auch in ihrem Berufsappartement kennengelernt habe, hinterher in ihre Wohnung eingeladen worden.

Welche Bedeutung Pornos für mich haben? Der harte Pornofilm regt mich heute nicht mehr auf. Denn das sind Filme, die ohne jegliches Gefühl gedreht werden, da kommt es auf den ersten Metern schon zum Geschlechtsverkehr, die Frau wird immer nur als unterwürfiges Wesen betrachtet, das nur dazu da ist, dem Mann zu dienen. Was mich anregt, sind — und diese Filme sind leider Gottes sehr, sehr selten — Filme mit einer Handlung, in der das beiderseitige Bedürfnis gefühlsmäßig dargestellt wird.

Aber jeder kann nach seiner Fasson selig werden, wobei der Bereich Jugend und Jugendliche total ausgeschlossen ist. Für Pornographie mit Kindern habe ich kein Verständnis. Einen gewissen Abscheu habe ich auch vor Pornographie mit Tieren, aber ansonsten sollte jeder nach seiner Fasson selig werden. Ich gehöre nicht zu den Leuten, die sich in irgendwelchen Peep-Shows ergötzen, aber ich muß dazu sagen, daß man auch mal irgendwo in einen Laden geht und sich ein Magazin anschaut. Aber meistens guckt man, um vielleicht neue Anregungen zu finden oder Ähnliches. Man läßt sich irgendwann mal einen Wäschekatalog für Gummikleidung oder so etwas schicken; oder wenn man mal in anderen Städten ist, guckt man mal in so einen Laden rein.

Wenn mir eine Frau sympathisch ist und wir die gleichen Interessen haben und sie auch eine Einstellung zu ihrer Arbeit hat, die mit meiner übereinstimmt, dann ist ihre Tätigkeit mit Sicherheit kein Hinderungsgrund, mit ihr befreundet zu sein. Entscheidend ist, wie sie zu mir steht. Wenn sie in ihrem Beruf drin ist und meint, sie muß dem noch nachgehen, aus finanziellen Gründen — denn meist ist es ja finanzieller Art, als reines Hobby kann ich mir das nicht vorstellen — dann muß sie es eben machen, ich würde mich nicht daran stoßen.

Aber ich weiß nicht, ob ich es jemandem sagen würde, da bin ich ganz ehrlich. Weniger weil ich um meine Reputation fürchte, sondern vielmehr weil ich fürchte, daß sie dann abgelehnt wird. Und diese Ablehnung, die kann ein sehr herber Dolchstoß sein, der ein ganzes Menschenleben zerstören kann.

Ob Prostituierte anders sind als andere Frauen? Ich glaube, daß wahrscheinlich unter Prostituierten ein höherer Prozentsatz ist an Frauen, die ein bißchen unverklemmter und freier sind in ihrer Sexualität. Anders sind die vielleicht insofern, daß sie mehr auf ihr Äußeres achten. Das sind doch überdurchschnittlich attraktive Frauen. Und sie machen halt einen anderen Job. Das ist eine sehr intime Arbeit, viel intimer als zum Beispiel Pflege auf einer Intensivstation. Das hat schon irgendwie was gemeinsam, aber die Prostituierte ist mehr gefordert.

Also Clubbesitzer kenne ich keinen. Ich habe auch nur sehr vage Vorstellungen, muß ich sagen. Ich kann es nicht beurteilen, ob ein Film realistisch gemacht ist oder nicht. Aber ich denke, daß gerade diese deutschen Serien sich in Realitätsnähe bewegen. Ich weiß es nicht. Und wenn man das für bare Münze nehmen kann, dann habe ich keine hohe Meinung von solchen Leuten.

Was ich von Zuhältern bisher gehört habe, die sich ja selber so gern als Beschützer für diese Mädels bezeichnen, ist mehr oder weniger das, daß diese Herren zu faul sind zu arbeiten, daß die sich von ihren Damen aushalten lassen, ihnen mehr oder weniger das Geld aus der Tasche holen und sich dann den ganzen Tag irgendwo herumdrücken, in Spielkasinos und was weiß ich. Es mag ein Pauschalurteil sein, das kann ich nicht beurteilen, aber es läßt mich diese Menschen vollkommen ablehnen ... Etwas Positives über Zuhälter habe ich noch nicht erfahren; im Gegenteil. So daß ich also sagen kann: Das ist ein Schmarotzervolk.

Meine angetraute Frau weiß, daß ich vorher bei Prostituierten war und auch zwischendurch mal untreu war, sie weiß das. Aber ich bin nicht so geschmacklos, daß ich gesagt habe: Ich war jetzt wieder bumsen, die war aber besser als du. Ich habe das gemacht, und still ruht der See.

Meinem besten Freund würde ich es erzählen, den ganz guten Freunden auch, das kommt auf die Leute an. Das ist genauso, wie ich nicht allen Leuten erzähle, mit wie vielen Frauen ich geschlafen habe oder so. Das erzählt man ja auch nicht jedem.

Ob ich um den Preis feilsche? Es ist blödsinnig, um Preise zu handeln. Wenn ich heute in einen Laden gehe und mir einen Anzug kaufe, steht der Preis dran — das ist gesetzlich geregelt. Und wenn ich heute zu einer Prostituierten gehe, die hat — wenn ich es mal so kaufmännisch ausdrücken darf — ihre eigene Kalkulation; sie weiß, was sie braucht, und sie weiß, was sie wert ist.

Für gute Arbeit kann jeder gutes Geld verlangen. Ich will ja auch gutes Geld für gute Arbeit haben.

Bei mir wurde es so gehandhabt: Die Frau hat ihren Preis verlangt, ich habe diesen Preis — das ist ja immer Vorkasse — bezahlt, und wenn es besonders schön war, habe ich mich nicht gescheut, noch was draufzulegen.

Ich lege manchmal drauf. Aber das ist keine Frage der Großzügigkeit, sondern das sind dann die Stellen, wo sie was überschreiten muß, was sie sonst nicht macht. Also wenn ich sage: Ich möchte es gern ohne Kondom haben oder so.

Und ich habe eigentlich gute Erfahrungen damit gemacht, wenn die Frau gesagt hat, sie bekäme zweihundert Mark, und ich habe ihr Zweihundertfünfzig gegeben, daß sie mich dann auch etwas netter behandelt hat.

Und die Frau um das Geld zu prellen, nein. Warum sollte ich? Ich bin ja auch nie geprellt worden um die Leistung. Wenn das eine mit mir versucht hätte, hätte ich es wahrscheinlich mit einer anderen auch versucht.

Der höchste Preis war, völlig besoffen, dreihundert Mark, und das Niedrigste waren vierzig Mark, nachdem ich stundenlang gerannt bin und verglichen habe.

Die Preise? Das scheint sich eingependelt zu haben. 1975 war es so um die achtzig Mark, mehr als Hundertsechzig aber nie. Das ist fast gleich geblieben. Manche haben schon früher Hundertfünzig verlangt und manche, so Luxus-Playgirls, die haben schon immer Zweihundert oder Zweihundertfünfzig verlangt. Die Tendenz war eigentlich, daß es einen fallenden Preis gegeben hat. Aber das gilt wahrscheinlich eher für den Straßenstrich. Und das mit der Handentspannung zum Beispiel läuft ja schon seit vielleicht zwanzig Jahren auf 'nem Dreißig-Mark-Niveau.

Ich kann mir vorstellen, daß es zum Beispiel hier, in Berlin, regionale Unterschiede gibt, daß es zum Beispiel in Kreuzberg billiger sein dürfte als in Zehlendorf. Aber das ist nur eine vage Vermutung; da kann ich noch so in Not sein — in Kreuzberg würde ich mich in kein Haus wagen.

Infektionsrisiken? Na ja, wenn es darum geht, könnte ich mich überall infizieren, ist ja ganz klar. Und daß das Risiko bei einer Prostituierten größer ist, würde ich nicht sagen. Wenn sie ihre Hygiene einhält, ist das Risiko gering, ist doch logisch.

Ja, über Kondome spricht man schon. Na ja, so ein Erfahrungsaustausch: Welche nimmst du denn immer? Alle sind sie unzufrieden mit Kondomen. Entweder zerreißen sie, oder sie sind zu klein, oder was weiß ich. Da kommt schon mal die Frage: Was nimmst du denn eigentlich für eine Sorte? Dann berät man sich gegenseitig.Na ja, man spricht zum Beispiel nicht über das Berstvolumen. Ich habe noch nie zu einem Kumpel gesagt: Ich brauche einen anderen, weil meiner zu groß ist. Über die Größe meines Penis' würde ich nicht mit anderen Männern reden.

Ja, und wenn ich zu Prostituierten gehe, ist das Kondom selbstverständlich. Mit einer Prostituierten kann ich mit Kondomen umgehen. Und privat muß ich sagen, daß ich bis zum Thema AIDS nie ein Kondom benutzt habe. Vor zwei, drei Jahren mußte ich damit anfangen, aber ich habe bis heute Horror davor. Mit meiner Freundin nehme ich keine Kondome. Aber mit den anderen Mädchen, irgendwie eiert man da rum dann. Mir ist es mal passiert, da war ich bei einer Freundin, und in der Nacht haben wir drei-, viermal zusammen geschlafen. Ich hatte aber nur zwei Kondome mit. Und beim dritten Mal habe ich gesagt: egal.

Was ich von der Untersuchungspflicht für Prostituierte halte? Wenn man sich vorstellt, man muß sich auf so ein Ding legen und da ist dann diese Gabel für die Schenkel, und der macht so einen Abstrich oder wie man das nennt, das ist eine Situation, die die Kunden lieber der anderen Seite aufhalsen, also euch. Das ist so. Und das möchte ich auch nicht umgekehrt haben. Das ist eben eine der unangenehmen Seiten eures Berufes. Das müßt ihr dann eben in Kauf nehmen.

Wenn eine Frau diese Art von Job hat, und sie läßt sich nicht regelmäßig untersuchen, ob sie nun privat zum Arzt geht oder zum staatlich verordneten, spielt keine Rolle, sollte sie aus dem Verkehr gezogen werden. Zwangsweise einem Arzt vorgeführt werden.

Und eine Kondompflicht für Freier; erstens mal glaube ich, daß man es nicht kontrollieren kann. Ich glaube, damit geht es schon mal los. Was soll ein Gesetz ohne Kontrollmöglichkeiten, das ist Schwachsinn in meinen Augen. Zweitens bringt es 'ne Verunsicherung, drittens 'ne Diskriminierung.

Warum Frauen anschaffen gehen? Also die Frauen, mit denen ich geredet habe, die haben gesagt, weil sie da viel Geld verdienen, weil sie in einer Woche mit so viel Geld nach Hause gehen können, wie sie als Krankenschwester in einem Monat verdienen.

Also, der Begriff Freier paßt schon zur Szene. Ich meine, wenn die Prostituierte nicht Hure heißen würde, sondern Therapeutin für dies und das, dann würde ich mich durchaus als Patient bezeichnen.

Wenn die Sprache drauf kommt, ob man selbst Freier ist, dann ehrlich zu sein, in der Öffentlichkeit, das ist schon ziemlich hart. Oder man muß es in der Situation blockieren und sagen: Das steht jetzt nicht zur Debatte, ob ich selbst Kunde bin, aber grundsätzlich kann ich nur diesen Standpunkt vertreten. So könnte ich das öffentlich auch vertreten.

Ja, die Prostituierte ist leider in unserer Gesellschaft eine Person zwölften Ranges oder so was, die kommt ziemlich weit unten. Obwohl das eigentlich nicht so sein sollte. Wenn sie geprellt werden, daß der Lohn dann nicht einklagbar ist, das wußte ich vorher nicht. Das habe ich auf eurer Pressekonferenz gehört. Ich weiß nicht, welche genauen Bestimmungen es für Prostituierte gibt. Ich weiß nur, daß sie sich regelmäßig untersuchen lassen müssen, und ansonsten, daß sie steuerpflichtig sind.

Die Hurenbewegung? Ich kenne das aus den Medien, da hört man was über den Hurenball oder ähnliche Sachen. Und daß die versuchen, sich gewerkschaftlich zu organisieren.

Und von der Freierbewegung habe ich noch nicht gehört, aber die brauche ich nicht. Was soll ich mich mit anderen Freiern über die Gänge zu Prostituierten unterhalten? Ich finde, das ist meine eigene, private Angelegenheit. Ich gehe nicht gern in Gruppen, da wird sowieso nur gequatscht. Ja, ich verhalte mich konform wie die meisten Freier.

Noch was zu meinen Chancen bei Frauen? Ich kenne ziemlich viele Frauen. Wir gehen mal ins Konzert, machen mal eine Kneipentour oder gehen ins Theater oder meinetwegen in die Oper oder ins Kino. Irgendwie wird über mich geklatscht und getratscht, und mit verschiedenen Kolleginnen hatte ich auch was. Es gibt einen Song von den »Fehlfarben«: Was ich haben will, das krieg ich nicht, und was ich kriege, das gefällt mir nicht. So geht es mir manchmal. Aber man kann nicht sagen: einerseits und andererseits. Manche kriege ich ja, und auf der anderen Seite gibt es viele Situationen, wo ich eine gern kriegen würde, und es klappt nicht.

Ich bin ein guter Liebhaber. Egal, mit welcher Frau ich im Bett war, auch wenn Schluß ist, die schwärmt immer von mir. Das ist kein Machotrip oder so. Man unterhält sich mit Normalen, also mit den Abgeschleppten. Jetzt nicht die blöde Frage: Wie war ich? Aber man will Kritiken hören. Und man kriegt gute Kritiken, und ich finde doch, ich kann's. Man merkt es ja auch an der Reaktion. Ich hab' ein paar Haare auf der Brust; wenn sie anfangen, mit denen 'rumzuspielen, das war dann wohl ein gutes Zeichen. Daß ich ein guter Liebhaber bin, hat mir eine Prostituierte noch nicht gesagt, aber man merkt's. Wenn da natürliche Reaktionen eintreten.

# Glossar

| | |
|---|---|
| Bockschein | Gesundheitsausweis der Prostituierten, der von den Gesundheitsämtern ausgestellt wird. |
| Coming-out | Bezeichnung der Schwulen für den Zeitpunkt, zu dem sie sich zu ihrem Schwulsein bekennen. Dieser Begriff ließe sich analog auf Freier übertragen. |
| Domina | Prostituierte, die sadistische Sexspiele anbietet. |
| Englisch | zartdominante Behandlung |
| Französisch | Mundverkehr, Cunnilungus, Fellatio |
| Fußfetischismus | Füße, Strümpfe und hochhackige Schuhe sind Objekte sexueller Erregung. |
| Griechisch | Analverkehr |
| Kaviar | Koten auf den Körper des anderen und/oder essen. |
| Klappe | öffentliche Männertoilette, auf der auch sexuell verkehrt wird. |
| Mastino | Kampfhund |
| Missionarsstellung | Geschlechtsverkehr, bei dem der Mann oben liegt. |
| Natursekt | Urinieren auf den Körper des anderen und/oder trinken. |
| Quickie | schneller Geschlechtsverkehr ohne Vorspiel. |
| »solide« Frau | Bezeichnung von Prostituierten für Nicht-Prostituierte. |
| Spanisch | Fick zwischen den Brüsten, der sogenannte Tittenfick. |

# AUSGEWÄHLTE LITERATUR

AGISRA — Arbeitsgemeinschaft gegen internationale sexuelle und rassistische Ausbeutung (Hg.): Sextourismus und Frauenhandel. 1987

AGISRA (Hg.): Frauenhandel und Prostitutionstourismus, eine Bestandsaufnahme. Trickster Verlag, München, 1990

Aktionskomitee des kant. züricherischen Männervereins zur Bekämpfung der Unsittlichkeit (Hg.): Die Prostitutionsfrage in der Schweiz, Berücksichtigung der Verhältnisse in Zürich. Selbstverlag des Vereins, Zürich 1913

Alexander, Priscilla: Prostitutes prevent AIDS: A manual for health educators. California Prostitutes Education Project (CAL-PEP), San Francisco 1988

Armin, Thomas P.: Männer mieten Männer. Foerster Verlag, Frankfurt/M. 1990

B., Elisabeth: Das ist ja zum Peepen. Eichborn Verlag, Frankfurt/M., 1983

Barbara / De Coninck, Christine: Die geteilte Frau. Verlag Gundula Lorez, Berlin 1980

Barry, Kathleen: Sexuelle Versklavung von Frauen. Sub Rosa Frauenverlag, Berlin 1983

Bauer, Willi: Geschichte und Wesen der Prostitution. Weltspiegel Verlag, Stuttgart 1. Auflage 1956, 5. Auflage 1956

Beauvoir, Simone de: Das andere Geschlecht — Sitte und Sexus der Frau. Rowohlt Taschenbuch Verlag, Reinbek 1968

Bebel, August: Die Frau und der Sozialismus. Dietz-Verlag, Berlin 11. Auflage 1979

Belenky, Mary Field, u.a.: Das andere Denken — Persönlichkeit, Moral und Intellekt der Frau. Campus Verlag, Frankfurt/M., New York 1989

Benard, Cheryl / Schlaffer, Edit: Der Mann auf der Straße — Über das merkwürdige Verhalten von Männern in ganz alltäglichen Situationen. Rowohlt Taschenbuch Verlag, Reinbek 1980

Benard, Cheryl / Schlaffer, Edit: Liebesgeschichten aus dem Patriarchat. Rowohlt Taschenbuch Verlag, Reinbek 1984

Berliner AIDS-Hilfe e.V. (Hg.): AIDS — Frauen. Eine Broschüre von Frauen für Frauen zu HIV und AIDS. Berlin 1990

Bernsdorf, Wilhelm: Soziologie der Prostitution. In: Giese, Hans (Hg.): Die Sexualität des Menschen, Handbuch der medizinischen Sexualforschung. Stuttgart 1971

Biermann, Pieke: Wir sind Frauen wie andere auch — Prostituierte und ihre Kämpfe. Reinbek 1982

Biermann, Pieke: Prostitution — Sexualität — Hausarbeit. In: Dokumentationsgruppe der Sommeruniversität e.V. (Hg.): Frauen als bezahlte und unbezahlte Arbeitskräfte, Beiträge zur 2. Berliner Sommeruniversität für Frauen. Frauenbuchvertrieb, Berlin Oktober 1977

Biermann, Pieke: Laßt hundert Schwänze stehen. Gespräche und Gedanken über sehr linke Bordell-Pläne. In: Die Tageszeitung, 30.01.1981

Bilitewski, Helga: AIDS, Otto und die Nutte. In: Sigusch, Volkmar (Hg.): Aids als Risiko. Über den gesellschaftlichen Umgang mit einer Krankheit. Konkret Literatur Verlag, Hamburg 1987

Blumenthal, Stefan: Geschlechtsrollenübernahme bei gewerblich registrierten weiblichen Prostituierten. PSZ Verlag, Ulm 1987
Bolze, Daniela: Bei Anruf Sex. Liebe mit Callboys. Ullstein Verlag, Frankfurt/M., Berlin 1990
Bornemann, Ernest: Das Patriarchat — Ursprung und Zukunft unseres Gesellschaftssystems. S. Fischer Verlag GmbH, Frankfurt/M. 1975
Bornemann, Ernest: Lexikon der Sexualität. Liebe von A bis Z. Heyne Verlag, München 1986
Bredow von, Wilfried / Noetzel, Thomas: Befreite Sexualität? Streifzüge durch die Sittengeschichte seit der Aufklärung. Junius Verlag, Hamburg 1990
Brownmiller, Susan: Gegen unseren Willen. Vergewaltigung und Männerherrschaft. S. Fischer Verlag, Frankfurt/M. 1978
Bude, Heinz: Deutsche Karrieren — Lebenskonstruktionen sozialer Aufsteiger aus der Flakhelfer Generation. Suhrkamp Verlag, Frankfurt/M. 1987
Bücherkreis, Der (Hg.): Prostitution — Liebe — Ehe. Bücherkreis Heft 3, Berlin 1930
Bürger, Joachim: Mann bist Du gut — Was Männer den Frauen immer sagen wollten. Peter Erd Verlag, München 1990
Bütler, Daniela / Flückiger, Stephan / Hansen, Elke: Einmal »Ohne« ist zuviel. Grundlagen für eine Aidsprävention bei Freiern. Veröffentlichte Diplomarbeit im Auftrage der AIDS-Hilfe Schweiz. Schule für Sozialarbeit Solothurn/Schweiz 1990
Carnes, Patrick: Zerstörerische Lust. Sex als Sucht. Wilhelm Heyne Verlag, München 1987
Chasseguet-Smirgel, Janine (Hg.): Psychoanalyse der weiblichen Sexualität. Suhrkamp Verlag, Frankfurt/M. 1974
Cordelier, Jeanne: Die Verweigerung, Wien 1978
Corso, Carla / Landi, Sandra: Ritratto a tinte forti. Firenze 1991
Cousins, Jeane: Make it happy. Das Buch über Liebe, Lust und Sexualität für Anfänger, Ratlose, Draufgänger. Reinbek 1987
Cronau, Gabriele: Ein ganz normaler Job. Pardon, Nr. 7/1976
Cutrufelli, Maria Rosa: Der Nächste bitte. Warum Männer zu Prostituierten gehen. Bastei Lübbe Verlag, Bergisch Gladbach 1983
Czajka, Meike-Angela: Prostituierte mit Familie — ihre psychosoziale Situation und ihre beruflichen Existenzbedingungen. Unveröffentlichte Diplomarbeit. Evangelische Fachhochschule Rheinland-Westfalen-Lippe, Bochum 1989
Dalby, Liza: Geisha. Edition Payot, Paris 1985
Delacosta, Frederique / Alexander, Priscilla: Sexarbeit. Frauen in der Sexindustrie. Wilhelm Heyne Verlag, München 1989
Donati, Ingeborg / Metelmann, Thomas: Die Davidwache. Das berühmte Polizeirevier. Verlag am Galgenberg, Hamburg 1990
Dora: Nichts geht mehr. Situationen einer Frau aus dem Milieu. Unionsverlag, Zürich 1980
Dowling, Colette: Der Cinderella Komplex. Die unheimliche Angst der Frauen vor der Unabhängigkeit. Fischer Taschenbuch Verlag, Frankfurt/M. 1984
Dunde, Siegfried Rudolf: AIDS und Moral. Über ein psychosoziales Problem. Fischer Verlag, Frankfurt/M. 1989

Dworkin, Andrea: Pornographie. Männer beherrschen Frauen. Fischer Verlag, Köln 1987
Emmermann, Heide-Marie: Credo an Gott und sein Fleisch. Hoffmann und Campe Verlag, Hamburg 1991
Engels, Friedrich: Der Ursprung der Familie, des Privateigentums und des Staates. Verlag Neuer Weg GmbH, Berlin 1946, 1. Auflage 1884
Enquete Kommisssion des 11. Deutschen Bundestages: AIDS: Fakten und Konsequenzen. Endbericht: Gefahren von AIDS und wirksame Wege zu ihrer Eindämmung. Deutscher Bundestag, Referat Öffentlichkeitsarbeit, Bonn 1990
Europäisches Parlament: Entschließungsantrag zur Prostitution in Europa. Sitzungsdokumente, Dokument 1-320/80, 1.7.1980
Fischer, Wilhelm: Dirnentum und Liebesmarkt. Die Prostitution. Verlag Hans Hedewig's Nachf. Curt Ronniger, Leipzig 1928
Freud, Sigmund: Sexualleben. In: Studienausgabe. S. Fischer Verlag, Frankfurt/M. 1972
Galaberte, A. Jesse (Hg.): Tanzende Lichter im Schatten: Prostituierte schreiben. Edition Klaus Isele, Eggingen 1989
Gehrke, Claudia, u.a. (Hg.): Frauen und Pornographie. Konkursbuch Verlag, Tübingen 1988
Gersch, Claudia / Heckmann, Wolfgang / Leopold, Beate / Seyer, Yann: Drogenabhängige Prostituierte und ihre Freier. Sozialpädagogisches Institut Berlin, Berlin 1988
Giesen, Rosemarie / Schumann, Gunda: An der Front des Patriarchats — Bericht vom langen Marsch durch das Prostituiertenmilieu. Päd. extra buchverlag, Bensheim 1980
Giesen, Rosemarie / Schumann, Gunda: Macht Prostitution frei? In: EMMA, 7/1979
Giesen, Rosemarie / Schumann, Gunda: Prostitution als Emanzipation. In: Gipser/ Stein-Hilbers: Wenn Frauen aus der Rolle fallen. Weinheim und Basel 1980
Giger, Andreas: Mann und Ehefrau. Das Verhältnis des deutschen Mannes zu Ehe, Frau und Sexualität im Spiegel von Befragungsdaten. Verlag Paul Haupt, Bern und Stuttgart 1981
Gipser, Dietlinde / Stein-Hilbers, Marlene (Hg.): Wenn Frauen aus der Rolle fallen. Beltz Verlag, Weinheim und Basel 1980
Girtler, Roland: Der Strich — Sexualität als Geschäft. Wilhelm Heyne Verlag, München 1985
Girtler, Roland: Die Prostituierte und ihre Kunden. In: Kölner Zeitschrift für Soziologie und Sozialpsychologie, 36. Jg., 1984
Gülzow, Wolfgang / Schnitzer, Wilfried: Die Bruchstraße. Traditionsinsel im Abseits. Dokumente zur Prostitution in Braunschweig 1807-1927. Kuhle Verlag, Braunschweig 1986
Härlin, Benny / Sontheimer, Michael: Potsdamer Straße. Rotbuch Verlag, Berlin 1983
Halvorsen, Ida: Harter Asphalt, Autobiographie. Verlag Frauenoffensive, München 1987
Hans, Marie Francoise / Lapouge, Gilles: Die Frauen. Pornographie und Erotik. Interviews. Luchterhand Verlag, Darmstadt und Neuwied 1979
Hegelein, Hans: AIDS — aus der Sicht von Prostituierten. Unveröffentlichte Diplomarbeit. Friedrich-Alexander-Universität, Erlangen-Nürnberg 1990
Heimel, Cynthia: Sex Tips für Girls. Sympathie Verlag, Berlin 1985

Hite, Shere: Frauen und Liebe, der neue Hite-Report. Bertelsmann Verlag, München 1988

Hite, Shere / Colleran, Kate: Keinen Mann um jeden Preis. Das neue Selbstverständnis der Frau in der Partnerbeziehung. Falken Verlag, Niederhausen/Ts 1989

Hoigard, Cecilie / Finstad, Liv: Seitenstraßen — Geld, Macht und Liebe oder der Mythos von der Prostitution. Rowohlt Taschenbuch Verlag, Reinbek 1987

Hollstein, Walter: Die Männer. Vorwärts oder zurück? Deutsche Verlags-Anstalt, Stuttgart 1990

Hollstein, Walter: Nicht Herrscher, aber kräftig. Die Zukunft der Männer. Rowohlt, Reinbek 1991

Hübner, Irene / Roper, Maggie: Protest in Spitzenhöschen. Huren wehren sich. Brandes und Apsel Verlag, Frankfurt/M. 1988

Hunold, Günter: Hetären, Callgrils und Bordelle. Geschichte und Erscheinungsform der Prostitution, Wilhelm Heyne Verlag, München, 1980

Hydra: Beruf: Hure. Verlag am Galgenberg, Hamburg 1988

Hydra: Nachtexpress — Zeitung für Bar, Bordell und Bordstein. Berlin 1982–1990, erscheint jährlich

Jäkl, Reingard: Vergnügungsgewerbe rund um den Bülowbogen. Streifzug durch die Geschichte der Großstadt-Prostitution. Bezirksamt Berlin-Schöneberg, Berlin 1987

Janssen-Jurreit, Marielouise: Sexismus. Frankfurt/M. 1980

Janssen-Jurreit, Marielouise: Frauen und Sexualmoral. Fischer Taschenbuch Verlag, Frankfurt/M. 1986

Janus, Sam / Bess, Barbara / Saltus, Carol: Die Mächtigen und der Sex. Ullstein Verlag, Frankfurt/M. — Berlin — Wien 1979

Kahmann, Jürgen / Lanzeratz, Hubert: Weibliche Prostitution in Hamburg. Kriminalistik Verlag, Heidelberg 1981

Kappeler, Susanne: Pornographie. Die Macht der Darstellung. Verlag Frauenoffensive, München 1988

Kentler, Helmut (Hg.): Texte zur Sozio-Sexualität. Uni-Taschenbücher, 247. Eine Arbeitsgemeinschaft der Verlage, Leske-Verlag, Opladen 1973

Kern, Elga: Wie sie dazu kamen — Lebensfragmente bordellierter Mädchen. Sammlung Luchterhand, Darmstadt und Neuwied 1985

Kleiber, Dieter / Wilke: AIDS und Sextourismus. Untersuchung zu sozialen und psychologischen Charakteristika deutscher Sextouristen, Berlin 1991

Kleiber, Dieter / Velten, Doris / Jacobowski, Constanze: Soziale und psychologische Charakteristika von Besuchern weiblicher Prostituierter: Untersuchung von Ansätzen zur AIDS-Prävention. 1. Zwischenbericht. Sozialpädagogisches Institut Berlin, Berlin 1990

Klippel, Susanne: Schwarz war ihr Haar, die Augen wie zwei Sterne so klar — Frauen in St. Pauli. Frauenbuchverlag, München, 1980

Konkret 1985: Sonderheft Sexualität

Koster, Dora: Geteert und gefedert. Neuer Malik Verlag, Kiel 1983

Kreuzer, Margot Dominika: Die Entwicklung der heterosexuellen Prostitution in Frankfurt am Main. Von 1945 bis zur Gegenwart unter besonderer Betrachtung des

Einflusses von Syphilis und AIDS. Inaugural Dissertation, Frankfurt/M. 1987
Kück, Marlene (Hg.): Der unwiderstehliche Charme des Geldes — Vom Umgang mit Geld aus der Sicht von Frauen. rororo, Reinbek 1988
Kühne, Hans-Heiner: Prostitution als bürgerlicher Beruf? In: Zeitschrift für Rechtspolitik, Nr. 8/1975
Kursbuch Nr. 17: Frau, Familie, Gesellschaft. Suhrkamp Verlag, Frankfurt/M. 1969
Kursbuch Nr. 44: Unsere Unterwelt. Rotbuch Verlag, Berlin 1976 Lamnek, Siegfried: Qualitative Sozialforschung, Band 1 — Methodologie. Weinheim, München 1988; Band 2 — Methoden und Techniken. Weinheim, Müchen 1989
Lasky, Maren: Jeannette. Ein Hurenbericht. Ullstein Verlag, Berlin 1991
Laztza, Berit: Sextourismus in Südostasien. Fischer Taschenbuch Verlag, Frankfurt/M. 1987
Lerche, Doris: Ich mach's dir mexikanisch! Bunte Bilder aus dem Puff. Eichborn Verlag, Frankfurt/M. 1987
Lewis, Diana: The prostitute and her clients. Your pleasure is her business. Springfield Illinois 1985
Lovelace, Linda: Ich packe aus. Die Hauptdarstellerin von »Deep Throat« enthüllt die Machenschaften des Pornogeschäftes. Wilhelm Heyne Verlag, München 1980
Luhmann, Niklas: Paradigma lost: Über die ethische Reflexion der Moral. Suhrkamp Taschenbuch Verlag, Frankfurt/M. 1990
Lukas, Manfred: Und die Kerle lechzen ... Begegnungen in Bars, Peep-Shows, Bordellen. Klartext Verlag, Essen 1986
Maddocks, Peter: Kondo-Manie. 80 Möglichkeiten, ein Kondom zu benutzen. Cadmos Verlag, Bempflingen 1988
Maiworm, Heinrich: Diskussionsbeitrag über AIDS-Prävention bei weiblichen Prostituierten. In: AIDS-Forschung. Heft 8, August 1988
Malee: Tigerkralle und Samtpfote — Der Lebensroman eines thailändischen Freudenmädchens. Verlag Simon & Magiera, München 1984
Masters, William / Johnson, Virginia: Liebe und Sexualität. Ullstein Verlag, Berlin 1987
Masters, William / Johnson, Virginia / Kolodny, R.: Das verdrängte Risiko. Sexualverhalten im AIDS-Zeitalter. Knaur Verlag, Düsseldorf 1988
Maurer, Mechthild: Tourismus — Prostitution — AIDS. Kleine Reihe Tourismus & Entwicklung. rotpunktverlag, Zürich 1991
Meru, Elisabeth: Scherbengesicht. Mein Weg aus der Prostitution. Kösel Verlag, München 1990
Mielck, Andreas: Weibliche Prostituierte und HIV-Ausbreitung: Diskussion der epidemiologischen Erkenntnisse. In: AIDS-Forschung, April 1990, Heft 4
Millett, Kate: Das verkaufte Geschlecht — Die Frau zwischen Gesellschaft und Prostituion. Rowohlt Taschenbuch Verlag, Reinbek 1983
Millhagen, Susann: Gefühle kann man nicht kaufen — Das Buch zum Thema Jugendprostitution. Rowohlt Taschenbuch Verlag, Reinbek 1986
Odierna, Simone: Was Männer von Frauen wollen. Rowohlt Verlag, Reinbek 1990
Pappritz, Anna: Einführung in das Studium der Prostitutionsfrage. Verlag Johann Abrosius Barth, Leipzig 1919
Pheterson, Gail: Hurenstigma. Wie man aus Frauen Huren macht. Verlag am Gal-

genberg, Hamburg 1990
Pross, Helge: Die Männer — Eine repräsentative Untersuchung (mit »Brigitte«) über die Selbstbilder von Männern und ihre Bilder von der Frau. Rowohlt Verlag, Reinbek 1978
Rasp, Renate: Chinchilla — Leitfaden zur praktischen Ausübung. Rowohlt Verlag, Reinbek 1973
Reck, Siegfried: Identität, Rationalität und Verantwortung. Suhrkamp Taschenbuch Verlag, Frankfurt/M. 1981
Reich, Wilhelm: Die Funktion des Orgasmus — Die Entdeckung des Organs. Kiepenheuer & Witsch, Köln / Berlin 1969
Reich, Wilhelm: Die Sexualität im Kulturkampf — Zur sozialistischen Umstrukturierung des Menschen. Sexpol-Verlag, Kopenhagen 1936
Reich, Wilhelm: Die sexuelle Revolution — Zur charakterlichen Selbststeuerung des Menschen. Europäische Verlagsanstalt, Frankfurt/M. 1966
Reiser, Andrej / Zschocke, Fee: Domenica und die Herbertstraße. Eichborn-Sonderheft Nr. 1, Eichborn Verlag, Frankfurt 1984
Reiss, I.L.: Freizügigkeit, Doppelmoral, Enthaltsamkeit — Verhaltensmuster der Sexualität. Rowohlt Taschenbuch Verlag, Reinbek 1970
Reng, Brigitte / Redhardt, Reinhard: Das sexuelle Verhalten junger weiblicher Prostituierter. In: Bürger-Prinz, H. / Giese, H. (Hg.): Prostitution bei weiblichen und männlichen Jugendlichen. Beiträge zur Sexualforschung, 45. Heft, Ferdinand Enke Verlag, Stuttgart 1968
Renz, Martin: Freudenmädchen packen aus. Carl Stephenson Verlag, Flensburg 1983
Richardson, Diane: Frauen und die AIDS-Krise. Orlanda Frauenverlag, Berlin 1987
Riley, Elisabeth: All diese falsche Moral. Frauenoffensive Verlag, München 1979
Röhr, Dorothea: Prositution — Eine empirische Untersuchung über abweichendes Sexualverhalten und soziale Diskriminierung. Suhrkamp Verlag, Frankfurt/M. 1972
Rosenbrock, Rolf / Salmen, Andreas (Hg.): AIDS-Prävention, Ergebnisse sozialwissenschaftlicher AIDS-Forschung, Bd. 1. edition Sigma, Berlin 1990
Saadawi el, Nawal: Ich spucke auf euch — Bericht einer Frau am Punkt Null. Frauenbuchverlag, München 1984
Saint-Phalle, Nicki de: AIDS. Vom Händchenhalten kriegt man's nicht. Bücherverlag, München/Luzern 1987
Schäfer, Bernhard (Hg.): Grundbegriffe der Soziologie. Leske und Budrich Verlag, Opladen 1986
Schmackpfeffer, Petra: Frauenbewegung und Prostitution. Über das Verhältnis der alten und neuen deutschen Frauenbewegung zur Prostitution. Bibliotheks- und Informationssystem der Universität Oldenburg, 1989
Schönfelder, Heinrich: Deutsche Gesetze. Sammlung des Zivil-, Straf- und Verfahrensrechts, Stand: 15.11.1990. C. H. Beck'sche Verlagsbuchhandlung, München 1991
Schröder, Burkhard: Spuren der Macht — Memmen, Macker, Muskelmänner. Rowohlt Verlag, Reinbek 1990
Schröder, Burkhard: Unter Männern — Brüder, Kumpel, Kameraden. Rowohlt Verlag, Reinbek 1988

Schulte, Regina: Sperrbezirke — Tugendhaftigkeit und Prostitution in der bürgerlichen Welt. Syndikat, Frankfurt/M. 1979

Schwarzer, Alice: Der »kleine Unterschied« und seine großen Folgen, Fischer Taschenbuchverlag, Frankfurt/M. 1977

Schwarzer, Alice: Prostitution und Menschenwürde. In: EMMA, 4/1981

Seiffert, Helmut: Einführung in die Wissenschafts-Theorie 1 und 2, Verlag C. H. Beck, München 1971

Segeth, Uwe Volker: Kinder, die sich verkaufen. Eine Analyse der Prostitution von weiblichen Minderjährigen. Ullstein Verlag, Frankfurt/M., Berlin 1980

Sereny, Gitta: Dann schon lieber auf den Strich. Die unsichtbaren Kinder. Wilhelm Heyne Verlag, München 1986

Sobota, Heinz: Der Minus Mann. Wilhelm Heyne Verlag, München 1985

Stallberg, Friedrich W.: Bibliographie zur Soziologie der Prostitution. Universität Bremen, 1986

Stallberg, Friedrich W.: Prostitution als soziales Problem. Hamm 1988

Steffan, Werner: Theoretische und empirische Analyse lebensweltbezogener Sozialarbeit. Unveröffentlichte Dissertation

Ussel van, Jos: Sexualunterdrückung. Geschichte der Sexualfeindlichkeit, Focus Verlag, Gießen 1977

Valverde, Mariana: Sex, Macht und Lust. Orlanda Frauenverlag, Berlin 1989

Wachs, Volker: Liebe zu kaufen. Zehn Photographen sehen die Prostitution. Edition Stemmle, Schaffhausen 1987

Walter, Melitta (Hg.): Ach, wär's doch nur ein böser Traum. Frauen und AIDS. Kore Verlag, Freiburg 1987

Wieck, Wilfried: Männer lassen lieben. Die Sucht nach der Frau. Fischer Taschenbuch Verlag, Frankfurt/M. 1990

Zingler, Peter: Der Puff Poet. Geschichten aus einem Edelbordell. Wilhelm Heyne Verlag, München 1987